高等职业教育“十三五”规划教材
工科类汽车、机电、农机系列规划教材

汽车装饰与美容技术

胡　晓　蒋开正　主编

中国农业大学出版社
·北京·

内 容 简 介

随着社会进步及人类文明程度的不断提高，汽车正以大众化消费品的姿态进入百姓生活，而汽车的款式、性能以及汽车的整洁程度，无一不体现出车主的性格、修养、生活观及喜好。所以，许多人想让自己的“座驾”看起来干净漂亮，用起来风光舒适。围绕这一目的，进行的一系列工作，就是许多人眼里笼统意义的“汽车美容”。

为了适应形式与社会发展的需要，提高汽车服务业从业人员的技术水平，我们组织编写了《汽车装饰与美容技术》。本教材主要包括汽车美容的概述、车表的美容、内饰的清洁与护理、汽车漆面的美容与修复、汽车装饰、汽车的内部装饰 6 个项目的内容。本教材以高职高专汽车类专业教学大纲为基础，结合实际工作任务，以实用为原则编写，既可以作为高职院校师生教材使用，还可以作为汽车装饰与美容行业培训教程，此行业的从业人员及广大车主也可以参考使用。

图书在版编目(CIP)数据

汽车装饰与美容技术/胡晓，蒋开正主编. —北京：中国农业大学出版社，2017.6
ISBN 978-7-5655-1830-0

Ⅰ.①汽… Ⅱ.①胡… ②蒋… Ⅲ.①汽车-车辆保养-高等职业教育-教材 Ⅳ.①U472

中国版本图书馆 CIP 数据核字(2017)第 120972 号

书　名 汽车装饰与美容技术
作　者 胡 晓 蒋开正 主编

策划编辑 张 蕊 张 玉　　**责任编辑** 张 蕊
封面设计 郑 川　　**责任校对** 王晓凤
出版发行 中国农业大学出版社
社　址 北京市海淀区圆明园西路 2 号　　**邮政编码** 100193
电　话 发行部 010-62818525，8625　　读者服务部 010-62732336
编辑部 010-62732617，2618　　出 版 部 010-62733440
网　址 http://www.cau.edu.cn/caup　　**E-mail** cbsszs @ cau.edu.cn
经　销 新华书店
印　刷 北京鑫丰华彩印有限公司
版　次 2017 年 8 月第 1 版　2017 年 8 月第 1 次印刷
规　格 787×1092　16 开本　14.75 印张　360 千字
定　价 37.00 元

图书如有质量问题本社发行部负责调换

编 审 人 员

主　编　胡　晓　黄冈职业技术学院
　　　　蒋开正　四川职业技术学院

副主编　张　斌　黄冈职业技术学院
　　　　蒋　珂　四川职业技术学院
　　　　张海友　黑龙江农垦科技职业学院

参　编　水东莉　辽宁农业职业技术学院
　　　　刘双源　南阳农业职业学院
　　　　李颜龙　黑龙江农垦科技职业学院
　　　　苗春龙　潍坊职业学院
　　　　王传凯　南阳农业职业学院
　　　　赵莎莎　新疆农业职业技术学院

主　审　周翼翔　四川职业技术学院
　　　　吴东阳　湖南生物机电职业技术学院

前　言

随着中国汽车产业的飞速发展，汽车作为一种代步工具走入了寻常百姓的家庭。汽车行业的上下游产业链延伸至实体经济的诸多方面，是国民经济发展的中流砥柱，过去的10年中汽车工业总产值占GDP工业总产值的比重稳步提升，2015年占GDP工业总产值的比重超过12%，对经济平稳运行有较强的带动作用，因此国家也极为重视汽车产业的政策护航。受益于去年起实施的购置税优惠政策对于乘用车销量的带动，2016年1～10月我国已实现汽车销量2 200万辆，同比增长13.8%，全年汽车总销量有望超过2 700万辆；预计未来5年我国汽车产销量将保持近5%的复合增速，至2020年有望突破3 300万辆。中国再度蝉联全球第一大汽车生产国和最大新车销售市场。

随着我国居民收入水平的增长，有车族将更加注重汽车文化的享受。我国城镇居民已经开始从汽车代步时代向享受汽车文化的时代迈进，大部分地区的城镇居民正在进入汽车消费时代，汽车已不再是人们身份和地位的象征，成为汽车消费者对个性化、多元化文化取向的集中体现。汽车大规模地进入家庭为汽车美容养护行业开辟更广阔的市场。市场调查表明，我国60%以上的私人高档汽车车主有给汽车做外部美容养护的习惯；30%以上的低档车车主也开始形成了给汽车做美容养护的观念；30%以上的公用高档汽车也定时进行外部美容养护；50%以上的私车车主愿意在掌握基本技术的情况下自己进行汽车美容和养护。不难看出，汽车美容业在我国有着巨大的市场发展空间，行业急需大量汽车美容与装饰理论知识扎实、技能熟练的专业技术人员。

为了适应形式与社会发展的需要，提高汽车服务业从业人员的技术水平，我们组织编写了《汽车装饰与美容技术》。本教材以高职高专汽车类专业教学大纲为基础，结合实际工作任务，以实用为原则编写。

本书由黄冈职业技术学院胡晓、四川职业技术学院蒋开正主编，参与编写的人员还有黄冈职业技术学院张斌、肖贝、蔡栋、薛风，新疆农业职业技术学院赵莎莎，四川职业技术学院蒋珂，辽宁农业职业技术学院水东莉，潍坊职业学院苗春龙，南阳农业职业学院刘双源。此书由四川职业技术学院周翼翔，湖南生物机电职业技术学院吴东阳担任主审。

限于作者知识有限，加之时间仓促，书中难免有错误和疏忽，敬请专家、同仁和读者批评指正。

编者

2017.7

目　　录

项目1　汽车美容的概述

任务1　汽车美容的介绍

一、汽车美容的由来

“汽车美容”源于西方发达国家，英文名称表示为“car beauty”或“car care”“car detail”。由于汽车工业的发展，社会消费时尚的流行，以及人们对事物猎奇、追求新异思想的影响，这些国家的新车款式更新换代速度非常快，追新族们为得到新车而不愿旧车贬值，因而在汽车消费与二手车市场之间，汽车美容装饰业也就应运而生。换句话说，汽车美容是工业经济高速发展、消费观念进步以及汽车文化日益深入人心的必然产物。

随着社会进步及人类文明程度的不断提高，汽车正以大众化消费品的姿态进入百姓生活，因而汽车的款式、性能以及汽车的整洁程度，无一不体现出车主的性格、修养、生活观及喜好。所以，许多人想让自己的“座驾”看起来干净漂亮，用起来风光舒适。围绕这一目的，进行的一系列工作，就是许多人眼里笼统意义的“汽车美容”。

而今天的汽车美容由于借鉴了人类“美容养颜”的基本思想，被赋予仿生学新的内涵，正逐步形成现代意义的汽车美容。汽车美容新概念，不只是简单的汽车打蜡、除渍、除臭、吸尘及车内外的清洁服务等常规美容护理，还包括利用专业美容系列产品和高科技技术设备，采用特殊的工艺和方法，对漆面增光、打蜡、抛光、镀膜及深浅划痕处理，全车漆面美容，底盘防腐涂胶处理和发动机表面翻新、轮胎更换维修、钣金、车身油漆修补等一系列养车技术，以达到“旧车变新，新车保值，延寿增益”的功效。

汽车美容的英文术语直译为汽车的细节。所以说，汽车美容是从细节开始的，一切的汽车美容都是从洗车开始的。洗车的好坏决定着技术基础，不可忽视！

二、汽车美容的定义

我们通常所说的汽车美容，主要是指针对汽车各个部位的不同材质采取有针对性的、有区别的保养工艺和保养产品，从而达到汽车保养、美容和翻新的目的。通过进行汽车美容保养，能够使我们的爱车焕然一新，长久保持亮丽的外表，优良的性能，从而有效延长汽车的使用寿命。汽车美容与保养在传入中国之初几乎包含了所有汽车服务项目，随着汽车后市场不断发展与演变，如今的汽车美容所包含的内容已经细分到汽车洗车、汽车漆面美容（打蜡、封釉、镀膜、镀晶）、汽车内饰护理（内室清洁、内室桑拿等）和汽车其他部件翻新（发动机翻新、轮毂翻新、大灯翻新等内容)。汽车精品、汽车装饰等也成为汽车美容的项目。

“汽车美容”在西方国家被称为“汽车保养护理”,汽车美容应使用专业优质的养护产品,针对汽车各部位材质进行有针对性的保养、美容和翻新。这些产品是采用高科技手段及优等化工原料制成的,它不仅能使汽车焕然一新,更能让旧汽车全面彻底翻新,并长久保持艳丽的光彩。使经过专业美容后的汽车外观洁亮如新,漆面亮光长时间保持,有效延长汽车寿命。

汽车美容装饰是通过增加一些附属的物品,以提高汽车表面和内室的美观性,这种行为叫做汽车装潢,所增加的附属物品,叫做装饰品或者装饰件。根据汽车装饰的部位不同,可分为汽车外部装饰和汽车内室装饰。

此外,更为专业的汽车美容是通过先进的设备和数百种用品,经过几十道工序,从车身、车室(地毯、皮革、丝绒、仪表、音响、顶棚、冷热风口、排挡区等进行高压洗尘吸尘上光)、发动机(免拆清洗)、钢圈轮胎、底盘、保险杠、油电路等作整车处理,使旧车变成新车并保持长久,且对较深划痕可进行特殊快速修复。

任务2　汽车美容行业的现状及发展前景

近几年,随着我国经济健康快速的发展,我国的汽车保有量也有了较大的提升。据统计,截至2013年年底,全国汽车保有量已达到1.37亿辆,2003—2013年这10年间,我国汽车保有量从2 400万辆增长到1.37亿辆。2014年中国汽车工业依然发展迅速,截至2014年9月,中国汽车的产销量分别是1 722.59万辆和1 700.09万辆,同比增长8.08%和7.04%。

伴随着我国汽车保有量的增加,汽车美容店也如雨后春笋般出现在大街小巷,“七分修,三分养”的维修理念已被人们抛弃。“七分养,三分修”的养护理念深入人心。据《2014—2018年中国汽车美容行业预测及投资策略研究报告》显示,在我国大约有80%的私人高档汽车车主有为汽车做美容保养的习惯;60%以上的私人中低档车车主也逐步意识到应该给汽车做一些日常的美容养护。据估算,一辆10万元的汽车,一般家庭的使用年限为5~10年,如果每年的行驶里程按照3万km来计算,每年的汽车美容保养的费用大概在4 000元左右,以我国汽车拥有量来计算,汽车美容业发展的“钱景”十分可观。

我国车市的火爆使我国的汽车美容业也有了较大的发展,汽车美容业早在20世纪初就已经进入我国市场,随着近几年国人的汽车消费理念、汽车使用理念的逐渐成熟,越来越多的人意识到汽车美容养护的重要性。在巨大的利益驱使下,越来越多的商家进入汽车美容业中,从而有力地推动了整个市场的前进。目前,我国的汽车美容业已经走过了起步阶段,进入到发展阶段,汽车美容项目也打破了原先的单一性,呈现出多样化、标准化和高端化的趋势。目前,我国汽车美容业发展迅速,已经有了一些成熟的理念和经营模式,但是由于起步相对比较晚,经验不足,依旧存在下面几个问题。

一、消费者认识不成熟

目前,随着“七分养,三分修”的养护理念深入消费者的内心,人们意识到汽车和我们日常用的家用电器一样,要想使它能够正常良好的运行,也必须要定期进行美容保养。但是,到目前为止，仍有很大一部分消费者对于汽车美容业没有一个全面的认识与了解，对相关项目的认识不透彻。如日常经常进行的洗车作业，大部分汽车使用者认为洗车仅仅是为了洗掉车身的灰尘和脏污，使汽车看起来更加美观，却不知道洗车更重要的是为了防止车身附着物腐蚀车漆，使车辆面漆受损，长期不洗，就会严重影响汽车的使用性能。更有甚者一些车主用碱性洗衣液、洗洁精来洗车，严重影响车漆寿命。这些错误的认识，都直接影响了我国汽车美容业的健康发展。

二、企业经营管理不规范、制度不健全

“汽车美容”的概念在我国一经引入，众多的洗车店、汽配店、加油站很快就盯上了这个新兴行业，把汽车美容市场弄得热火朝天。目前，汽车美容店开店标准和三类汽车维修企业[指专门从事汽车专项修理(或维护)生产的企业和个体经营户]是一样的，没有专门针对汽车美容行业的市场准入制度，这就决定了大部分企业的经营无法得到规范。存在着经营范围不清、来历不明的商品混迹市场、以次充好的现象。

近年来，由于汽车美容行业的准入制度标准比较低，相关政策也不健全，以至我国汽车美容店的规模也参差不齐。我们经常在路上看到一些街边挂着汽车美容牌子的店铺内，经营洗车、轮胎检测、贴膜、汽车饰品、汽车装潢等业务。同样的，有很多的汽车美容店，甚至一些相对比较正规的4S店里，销售的一些汽车导航、汽车音响、防爆太阳膜都没有中文厂址，卖家以进口产品为借口，向消费者索要高价，但很少有经营者能提供报关手续。

三、从业人员素质参差不齐

通过对汽车美容市场的调研发现，汽车修理人员有上岗证，分为初级、中级、高级证书。而目前，进行汽车美容行业的从业人员大部分都是学徒工，不少学徒仅仅具有初中或中专的文化程度，没有进行过相关系统性的学习。他们对于汽车美容这一技术的掌握主要是通过师傅传、帮、带来完成的，从而导致他们所掌握的技术和知识十分有限。同时，从事汽车美容的技工对汽车美容产品缺乏鉴别能力，无法辨别质量参差不齐的汽车美容养护产品，加上车主对汽车美容养护知识了解得也不多，养护用品常“以次充好”，对汽车美容养护业的暴利现象无法识别，给一些不良商家带来可乘之机。

四、潜在市场大

2009年，我国汽车产销量达到1 300万辆，首次超过美国，成为全球产销量第一的国家。2014年，我国私人轿车保有量已经达到1.4亿辆。根据汽车行业专家们的预测，我国轿车的保有量在未来的一二十年里还会有飞速的提升。近年来，随着“三分修，七分养”的汽车养护理念深入人心，人们对汽车的日常清洁美容、汽车养护用品采购等行为也就自然成为日常消费习惯。专家指出，每1元购车消费将带动0.65元的汽车售后服务，因此这些行为都极大促进了汽车美容行业的发展，其社会效益和经济效益将是十分显著的。

五、规范行业制度

目前，我国应将汽车美容行业从汽车维修行业中独立出来，制定相对来说比较规范的汽车美容业的市场准入制度、技术标准、设备标准和收费标准。我国相关政府部门也应加强对汽车美容业的监督和管理。将那些在经营规模、技术、人员、设备等方面不符合标准的企业拒之门外，使我国的汽车美容业处于一个健康的发展环境中。

六、专业化的从业人员

我国各个职业院校，应以市场为导向，加强对汽车美容行业人才的培养。同时我国应制定汽车美容服务项目从业人员技术要求，根据工人的技术水平和操作熟练程度，划分出不同等级并颁发相应的技术证书，从而维护消费者的利益，提高其服务水平。

七、品牌化、专业化的经营理念

目前，在汽车美容业中能凭借品牌影响力在行业内占据优势、市场份额能唱上"主角"的企业尚未形成。各种汽车美容店规模大小不一，各种洗车、美容、装饰用品质量和服务水平良莠不齐，商家在个性化服务和产品创意方面很少有独到的见解。同时，我国连锁经营协会的专家已经指出，要想使我国汽车美容业健康快速发展，必须要发展品牌化、专业化、标准化、规范化的连锁经营模式。

任务 3　为什么汽车要美容

任何一辆汽车，其技术革新状况将随着行驶里程的增加而逐渐变坏，各部机件的配合必然产生不同程度磨损和松动。车用保护液更换不彻底，发动机、动力转向系统及自动变速箱内部出现积碳、结垢等问题。对此如不及时进行针对性的保护保养，则会影响汽车的正常工作，还可能造成某些部件的过度磨损，甚至导致严重的事故。因此，必须依据科学的保养方法和技术规范定期或按里程对车辆进行保养，使汽车各部件始终工作良好，达到全寿命使用。

正如人们护理皮肤一样，皮肤如果得不到爱护就会变得粗糙，失去弹性和光泽，就会未老先衰，汽车的保养也同样如此。

通常情况下，车身表面主要受到来自以下几方面的侵害。

一、紫外线

对汽车漆面侵害。阳光中含有强烈的紫外线，汽车油漆经过长期的阳光照射，漆层内部的油分会大量损失，漆面日益变得干燥，于是出现失光、异色斑点，甚至龟裂。

二、有害气体

对漆面的侵害。大气中的有害气体，如二氧化硫、二氧化碳、二氧化氮等含量随着全球大气污染的日益严重而增高。汽车在高速行驶中车体与空气摩擦使车身表面形成一层强烈的静电。静电吸附的灰尘、有害气体分子附着物逐渐加厚，时间久了就会形成一层顽固的交通膜，持续损伤漆面。由于交通膜的产生，使得原来很光亮的车身变得暗淡起来，颜色也不那么鲜艳了，同时严重影响以后上蜡的质量。

三、雨水

对漆面的侵害。由于工业污染，使雨水中二氧化硫、二氧化碳、盐分及其他有害物质的含量越来越多而形成酸雨，造成对漆面的持续侵害。在热带、海边等地区的潮湿空气中盐分含量很高，也会对车身产生持续的侵蚀。

四、其他因素

对车漆的损害。汽车在运行过程中也会受到外界的伤害，如车漆被硬物等划伤和擦伤、鸟粪和飞漆等黏附于漆面而形成的侵害。漆面由以上种种原因而造成的伤害，不是简单的洗车和普通的汽车美容能够轻易消除的，只有通过专业汽车美容才能得到真正的清洁护理。

任务4 汽车美容的行业要求

一、汽车美容的依据

汽车美容应根据车型、车况、使用环境及使用条件等因素，有针对性地、合理地安排美容作业的时机及项目。

(一)因“车型”而异

由于汽车美容项目、内容及使用的用品不同，其价位也不一样。对汽车进行美容不仅要考虑到效果，同时也要考虑费用问题。因此，不同档次的汽车所采取的美容作业及使用的美容用品应有所不同。对于高档轿车应主要考虑美容效果，而对于一般汽车只要进行常规的美容作业就可以了。

(二)因“车况”而异

汽车美容作业应根据汽车漆膜及其他物面状况有针对性地进行。车主或驾驶员应经常对汽车表面进行检查，发现异变现象要及时处理。

(三)因“环境”而异

汽车行驶的地域和道路不同,对汽车进行美容作业的时机和项目也不同。如汽车经常在污染较重的工业区使用,应缩短汽车清洗周期,经常检查漆面有无污染色素沉着,并采取积极预防措施。如在沿海地区使用,由于空气潮湿,且大气中含盐分较多,容易造成金属锈蚀。如在西北地区使用,由于当地风沙较大,漆面易失去光泽,应缩短抛光、打蜡的周期。

(四)因“季节”而异

不同的季节、气温和气候的变化,对汽车表面及内室部件具有不同的影响。如在夏季由于高温,漆膜易老化;在冬季,由于严寒,漆面易冻裂。需要进行必要的预防护理作业。另外,冬、夏两季经常使用空调,车内易出现异味,应定期进行杀菌和除臭作业。

二、汽车美容的原则

(一)预防与治理相结合的原则

汽车美容要以预防为主,即在汽车漆膜及其他物面出现损伤之前进行必要的维护作业,预防损伤的发生。一旦出现损伤应及时进行治理,恢复原来状态。因此,汽车美容应坚持预防与治理相结合的原则。

(二)车主护理与专业护理相结合的原则

汽车美容很多属于经常性的维护作业,如除尘、清洗、擦车和检查等,几乎要天天进行,这些简单的护理作业,只要车主或驾驶员掌握了一定的汽车美容知识,完全可以自己完成。但定期到专业汽车美容场所进行美容也是必不可少的,因为还有很多美容项目是车主无法完成的,尤其是汽车漆面或内室物面出现某些问题时,必须进行专业护理。为此,车主或驾驶员护理一定要与专业护理相结合,这样才能将车护理得更好。

(三)单项护理与全套护理相结合的原则

汽车美容作业的项目和内容很多,在作业中应根据汽车自身状况有针对性地选择项目和内容,进行某些单项护理就能解决问题的不必进行全套护理,这样不仅是为了节省费用,同时对汽车本身也是有利的。如汽车漆膜的厚度变薄,当磨透车漆时,就必须进行重新喷漆,这就得不偿失了。当然在需要时对汽车进行全面护理也是必要的,关键是要根据不同情况具体对待。

(四)局部护理与全车护理相结合的原则

汽车漆膜局部出现损伤时,只要对局部进行处理即可。只有在全车漆膜绝大部分出现损伤时,才能进行全车漆膜处理。在实际工作中应根据需要决定护理的面积。只需局部护理的,不要扩大到整块板,只需整块板处理的,不要扩大到全车。

三、汽车美容行业人员从业要求

汽车美容行业从客户开车进厂到轿车交车离开,甚至后期的电话回访中,从业人员在仪容仪表、谈话交流、手势表情等服务规范方面要严格要求自己,良好的礼仪规范是员工自尊自爱的体现,又是对岗位工作高度的责任感与事业心的反映,更是对顾客的尊重。

(一)仪容仪表

不同的行业对从业人员的仪容仪表有不同的要求,但总体来讲,仪容仪表是指人的外表部分,它包括容貌、姿态、服饰多个方面。仪容仪表是一个人精神面貌的外在表现,是人际交往中一个不可忽略的重要因素。顾客对汽车美容装潢门店的第一印象常常来源于员工的穿着打扮和行为举止。良好的仪容仪表既是员工自尊自爱的体现,又是对岗位工作高度的责任感与事业心的反映,更是对顾客的尊重。因此,汽车美容装潢行业的从业人员应从以下几个方面对日常的仪容仪表进行规范。

1.服装穿着

衣着是体现人们审美情趣的一个重要方面,从事汽车美容服务的人员也需注意自己的服饰。由于汽车美容装潢的主要作业对象是汽车,同时在某种程度上又是在与客户进行面对面的交流,这里既有技术操作因素,也有服务工作的成分,再加上作业本身所具有的特点,因此,从业人员的着装应当体现如下几个原则。

(1)服装宜宽不宜紧。由于在进行汽车美容装潢作业时,从业人员要不断地变换各种姿势,因此服装当选择宽松一点的样式,以免影响操作。

(2)服装不宜有硬质物件外露。一旦服装有硬质物件外露,容易对汽车表面的涂层或内部其他饰件造成损伤。因此,从业人员的服装最好不要采用拉链或者外露的纽扣,特别是金属纽扣的样式,较为理想的应当是使用塑料纽扣的样式。秋冬服装的袖口如需上紧,则不宜使用纽扣而最好用袢纽,并且将袢纽做得略微靠里一点,以免硬物直接与汽车接触。

(3)服装颜色应比较醒目。由于从业人员的服务对象是汽车,驾驶员前来接受服务时,需要驾车进来。从业人员的服装较为醒目,可避免一些车辆无意的碰、擦事故。此外,服装颜色过于灰暗,也不利于从业人员的自身形象。

(4)服装不宜采用纯化纤制品。因化纤制品容易产生静电,尤其冬天气候干燥时,会在服装上吸附一些灰尘等有害物质。此外,静电还容易对一些高档汽车内部的某些电子元件造成不必要的损坏。

(5)制作服装的面料不应过分低劣。因为劣质面料工作服容易褪色,一旦服装被汗水或洗车水打湿,容易污染汽车内饰。

(6)服装不能过于陈旧。有的从业人员喜欢穿一些很旧的服装上岗操作。殊不知,服装过于陈旧,表面的纤维容易脱落,而这些不断脱落的纤维又会附着在汽车上,影响到服务质量。

(7)服装的样式应该合适。服装的口袋尽可能少,特别是口袋最好不要做在正面。如需要留有口袋放置一些小记录本、圆珠笔之类的物品时,可将放笔的口袋安排在上衣左袖管上臂的外侧,将放本子的口袋安排在裤子背面臀部的上侧或裤管的右大腿外侧。夏季服装一般为短袖、短裤,但短裤的裤腿不能过短,一般以刚好在膝盖以上为宜,裤腿可略宽松一点。

(8)服装穿着应该规范。服装的口袋里尽量不要放置太多的东西,使口袋显得鼓鼓囊囊的,一方面不美观,另一方面口袋里的东西一多也容易碰擦汽车。在冷热交替的季节里,服装穿着不易把握,但不能因为怕热而将裤腿卷起,以免使顾客看了不舒服。

2.配件与饰品

在服务行业常常有用以显示身份的工号牌以及进行各种促销活动时所佩戴的标志物。为了避免对汽车造成损伤,汽车美容服务从业人员工作时,除工号牌外,一律不能佩戴戒指、手表、项链、手(脚)镯(链)等其他饰品。对于每位员工必须要佩戴的工号牌也不宜采用别针或金属夹固定在前胸的样式,最好能将其佩戴在左上臂。

3.仪容卫生

从业人员在进行汽车清洗作业时,难免会将脏水溅到身上和四周环境,给个人及环境卫生的保持带来一定的困难。但良好的仪容卫生既能表示对顾客的尊重,又能体现从业人员的自尊自爱。它不仅会产生积极的宣传效果,同时还能弥补由于条件限制、缺乏某些服务配套设施而产生的不足。因此,从业人员应当做到如下几点:

(1)头发要经常梳洗,发型要朴实大方。男性不留小胡子、大鬓角,不留长发,要做到"侧发不掩耳、后发不及领"。女性以短发为宜。

(2)指甲要经常修剪,不得留长指甲。指甲过长不仅会给作业带来不便,而且还有可能对汽车的某些部位造成伤害。

(3)注意个人卫生。由于汽车美容装潢作业工作量较大,容易出汗,故从业人员应当勤洗澡,勤换衣,还要忌吃葱、蒜、韭菜等带有异味的食物。否则有可能在汽车内饰清洁后,使车内留下异味,给顾客造成不快。出于同样的原因,从业人员最好不要抽烟,如有抽烟习惯且确实难以戒除的,也应当以少抽为宜。

4.仪表仪态

仪态是指人在行为中的姿态和风度。从业人员的仪态,既包括平时迎客、候客时的仪态,也包括在汽车美容装潢操作时的各种姿态。

(1)站姿。站姿一般是在工作场所等候顾客时的常用体姿。对站姿的要求:站要端正、自然、亲切、稳重,也就是人们常说的"站如松",即站得要像松树一样挺拔。正确的站姿要领应该是:上身正直,头正目平,面带微笑,微收下颌,挺胸收腹,腰直肩平,双肩向后向上,不要含肩。两臂自然下垂,两腿相靠站直,脚掌分开呈"V"字形,肌肉略有收缩感,站立时,脚千万不要抖动。双手可自然下垂于身体两侧,手指稍有弯曲,呈半握拳状。也可将双手轻握放在后腰处或者双手相交放在小腹部,但切忌双手叉腰或者将双手抱在胸前,这样会给顾客造成一种傲慢和懒散的印象。

(2)坐姿。一般情况下,从业人员在工作岗位上不宜采取坐姿,遇特殊情况确需坐下时,应注意对坐姿的要求是"坐如钟",即坐相要像钟那样端正。其基本要领:上身正直,腰背稍靠椅背,两腿自然弯曲,两腿平落地面。但在采取坐姿时,切忌如下几种坐姿:二郎腿坐姿、两腿交叉前伸坐姿、分腿坐姿、"O"形腿坐姿。

(3)步姿。从业人员在工作中有时需要来回走动,此时要注意走路的姿态,不能一步三摇,或摇头晃脑,让人看起来不舒服。正确的步姿要求是"行如风",即走起路来要像风一样轻快。其基本要领:上身正直不动,两肩相平不摇,两臂自然摆动,两腿直而不僵,步度适中均匀,步位相平直前。行走姿势正确的人，脚印应是正对前方的，如果走起来两脚尖向内或向外歪斜，就是俗称的“内八字”或“外八字”脚，这是从业人员应尽力避免的。

此外，还要注意步位和步度，步位是指两脚下落到地面的位置。行走时，两脚要踩两条平行线，两脚轮换前进。男子行走要用大腿发力，不能甩小腿，踩的平行线要略宽一点。而女子因臀部肌肉比较丰满，行走时，踩的平行线尽可能窄一点。这样，从背后看去可显得姿态优美。步度指跨步时两脚之间的距离，一般步度的大小因个人腿的长度而异，总的原则应以步态轻松为宜。

(4)手势。恰当地运用手势，可以增强与顾客之间感情的表达。但从业人员与顾客交谈时，手势不宜过多，动作不宜过大，更不要手舞足蹈。在引路、指示方向时，切忌用手指或者手中的物件进行指点。为顾客带路时的正确姿势：面带微笑，身体微倾，同时使用手势和敬语，走在顾客左前方，与顾客保持 0.8～1.2 m 的距离，并按顾客的步履节奏行走，注意不能走得太快，以免顾客感到匆忙。在为顾客指示方向时，需四指并拢，手心向上，同时用亲切的语调不时向顾客进行提示。当送别顾客时，应走在顾客后面，其余要求同引路礼仪。

(5)表情。表情就是人的思想感情的外露。人的感情是复杂的，在人际交往中，喜、怒、哀、乐等表情最为常见。作为从业人员，尽管也经常会受到各种情绪的干扰，但在为顾客服务时，应注意始终要面带轻松友善的微笑，真诚地为他们服务。

(二)礼貌礼节

礼貌是人与人之间在接触交往中，相互表示敬重和友好的行为准则，它既体现了时代的风格和道德品质，又体现了人们的文化层次和文明程度。而礼节则是人们在日常生活中，特别是在人际交往场合中，相互问候、致意、祝愿、慰问以及给予必要的协助与照料的惯用形式，是礼貌的具体外在表现。在社会生活中，人们往往把讲究礼貌礼节作为衡量一个国家和民族文明程度的重要标志；对个人而言，礼貌礼节是衡量其道德水准和教养程度的重要标准。汽车美容装潢是一个窗口行业，因此，讲究文明礼貌更有其特殊的意义。

1. 思想态度

人与人相互观察和了解，一般都是从礼貌礼节开始的。德国著名哲学家弗兰西斯·培根说：“行为举止是心灵的外衣。”我国古语也有：“诚于内而形于外”之说，即只有思想“诚”，才能表现在行动中自觉的讲究礼貌礼节。因此，从业人员在为顾客进行汽车美容装潢服务时，首先要端正自己的思想态度和服务意识，即注意以下几个方面：

(1)不卑不亢，自尊自爱。从业人员在接待顾客时，要特别注意把握分寸。既要克服汽车美容装潢工“低人一等”的自卑观念，又要避免简单粗鲁的工作作风。

(2)一视同仁，真诚关心。汽车美容装潢服务的对象来自各个领域，但不管是豪华车的车主还是出租车驾驶员，不管是外国人还是国人都应满腔热忱地进行接待和服务，绝不能有任何看客施礼的意识，更不能有以貌取人的错误态度。从业人员应本着“来者都是客”的真诚态度，以优质服务取得顾客的信任。

(3)得理让人，和气生财。在汽车美容装潢服务工作中，顾客有时会提出一些无理甚至是失礼的要求或者对从业人员无端进行指责。此时，从业人员应该耐心地加以解释，绝不能穷追不放，把顾客逼至窘境，否则会使对方产生逆反心理，不但不会承认自己有错，反而会产生对抗情绪，致使矛盾升级，最终影响业务。得理也要让人，就是要学会宽容别人，给顾客一个下台阶的机会。当然宽容绝不是纵容，也不是无原则的姑息迁就，对于那些有恶意行为和有意寻衅滋事者，从业人员则应根据事实真相，进行有理、有利、有节的说理。

2. 言谈举止

(1)言谈。语言是社会交际的工具，也是人们表达意愿及思想感情的媒介。俗话说："良言一句三冬暖，恶语伤人六月寒。"这句话形象地概括了礼貌用语的作用。汽车美容尽管是针对车辆而言，但总的服务过程还是从接待问候车主开始，到告辞车主结束。因此，与顾客打交道时还是离不开语言的。下面就简单地介绍一下从业人员应当掌握的敬语和雅语的使用技巧。

①敬语。在为顾客服务时，一定要使用敬语。所谓敬语，就是表示尊敬和礼貌的词语，它的最大特点是彬彬有礼、热情庄重。如应说"请问"而不是"喂"，应说"能为您做什么?"而不能说"你还有什么事?"等。

②雅语。在服务中还应当尽量使用雅语。所谓雅语是指一些比较文雅的词语，它一般和俗语相对。与顾客交谈时宜用"哪一位"来代替"谁"，用"洗手间"来代替"厕所"等。

③礼貌用语。在服务行业，还有最为流行的礼貌语言"五声十个字"一说，即："您好""请""谢谢""对不起""再见"。

(2)举止。服务中，当顾客问话时，从业人员应热情地给予答复，千万不能因忙于手头的工作而冷落了别人。顾客与从业人员的谈话，一般有两种原因：一是的确有问题提出，需要从业人员予以解答；二是顾客对从业人员比较认可，主动交谈几句以示亲热。此时，最好能一面工作，一面回答顾客的提问，同时，还应不时抬起头来与顾客进行目光交流，这样就容易取得顾客的认可，时间一长，就会慢慢使其成为忠诚的顾客。当与顾客面对面交谈时，还应经常注视他们的眼、鼻三角区(即由两只眼睛到鼻尖组成的一个小三角形)，这样既使顾客不感到唐突，又不至于冷落他们。

3. 次序礼节

掌握一些常用的次序礼节对汽车美容装潢从业人员来说也是提高服务质量所必不可少的技巧。

(1)座位的次序礼节。如在室内就座，以前我国一般以坐北朝南者为尊，在现代都市建筑内部，对方位的概念不一定十分明确。故现在较为通用的做法是：面对房门者为尊。而在同一排座位上，一般以坐在左边者为尊(国外礼节正好相反，是以右为尊)。

(2)行走时的次序礼节。如二人并排行走，则走在左边者为尊；如三人并行，则居中者为尊；如三人前后行，则走在最前面者为尊。从业人员在迎接顾客时，一般应走在顾客前面引路。当送别顾客时，则应走在其后面，右手四指并拢，手心向上，遇到障碍或拐角时，还要不时向顾客进行提示。

(3)上小轿车时的次序礼节。当顾客上车时，应当请顾客中的尊者先从右门上车，坐右位，然后请位低者绕车后从左门上，坐左位。一般后排 3 个座位的次序为(以 A 为尊，B 次之)："C|B|A"或者"B|C|A"(法式)。

4. 服务规范

当顾客的汽车到达后，从业人员应快步上前，以规范的手势引导车辆到合适的地方停妥。然后再用右手拉开车门的同时，用左手挡住车门框的上沿，以免顾客碰头。但当遇有佛教界的人士坐车时则不能挡，他们认为，用手一挡，"佛光"就被遮住了，是不尊重人的行为。当车门打开时，应面带微笑，热情招呼："您好，欢迎光临"，同时鞠身致礼。对一些经常前来的顾客，最好能称呼他们的姓或职务，如"李先生""张总""王处"等。汽车美容装潢是一个新兴的行业，目前还未能建立起一套完整的服务规范，但一些较为成熟的窗口行业的服务规范都是可以用来借鉴的，如宾馆业、娱乐业、民航业等都建立了较为完善的规范。

任务5　汽车美容的服务项目

现代汽车美容服务大体上可分为防爆隔热膜施工、车身美容、内饰美容、漆面处理、汽车防护及汽车精品六大部分。因此，汽车美容的具体服务项目概括为以下几点。

一、防爆隔热膜

包括前挡、后挡、侧窗。通常用的有绿色、天蓝色、灰、棕色、自然色等。

二、车身美容

车身美容主要包括高压洗车，除锈、去除沥青、焦油等污物，上蜡增艳与镜面处理，新车开蜡，钢圈、轮内部美容胎、保险杠翻新与底盘防腐涂胶处理等项目。经常洗车可以清除车表尘土、酸雨、沥青等污染物，防止漆面及其他车身部件受到腐蚀和损害。适时打蜡不但能给车身带来光彩亮丽的效果，而且多功能的车蜡能够无微不至地呵护爱车，可以防紫外线、防酸雨、抗高温及防静电。

三、内饰美容

内饰美容主要分为车内美容、发动机美容、行李箱清洁等内容。其中车内美容包括仪表台、顶棚、地毯、脚垫、座椅、座套、挡阳板、车门衬里的吸尘清洁保护，以及蒸汽杀菌、冷暖风口除臭、车内空气净化等项目。发动机美容则包括发动机冲洗清洁、喷上光保护剂、做翻新处理、三滤清洁(指的是燃油滤清器、机油滤清器、空气滤清器)等项目。

四、漆面处理

漆面处理服务项目可分为氧化膜处理、飞漆处理、酸雨处理、漆面划痕处理、漆面破损处理及整车喷漆。漆面处理不仅能使爱车永保"青春"。还能复原由于不慎造成的划痕及破损，更好地保护车身，使汽车保值。

五、汽车防护

汽车防护的项目包括贴防爆太阳膜、安装防盗器、安装静电放电器、安装汽车语音报警装置等。汽车防护虽然对汽车的美观不产生直接影响，却能很好地呵护爱车。

六、汽车精品

汽车精品是汽车美容的点睛之处，也是一种汽车生活文化的体现，它致力于把汽车营造成一个流动的生活空间，诸如车用香水、蜡掸、护目镜、把套、坐垫等。汽车精品带给人们的是一种贴心的关怀。

一分工夫一分精彩。美丽的背后绝不仅仅是追逐时尚的冲动，更多的是对另一种物质文化的把握。

七、基本常识

1. 洗衣粉、洗洁精

因其含碱性成分，长期使用可使车漆失去光泽、哑色、干裂、生锈，应使用专用的水晶洁亮液或洗车液。

2. 处理汽车污垢

车子使用过程中受阳光辐射、酸雨侵蚀、时间一长易结合各种腐蚀性污垢，如水泥、油脂、黏液、沥青、树液、昆虫等形成顽固污渍，继而易使漆面暗淡无光、漆质氧化，缩短汽车车漆寿命。

3. 保养汽车内部

车厢部分平时受外界油尘、泥沙、吸烟、乘客汗渍及空调循环等不良因素的影响，致使车厢内空气受染，进而滋生细菌，甚至产生难闻杂味，使丝绒发霉、真皮老化。既影响车主身心健康又不利于驾驶心境。因此，每 3 个月应做一次全套室内专业护理，洗车时应常吸尘。

4. 名车慎选车蜡

普通的油性、固体车蜡因没有附着力、易沾污（雨后留水印等）及擦伤车漆、光亮不持久等缺点已被逐渐淘汰。而名贵轿车选蜡时更应慎重，新的车蜡都是水性粉质，擦后光亮爽洁、不易粘尘、耐久性长（如美国超级彩色水晶蜡膜、美国 MOC 香油蜡、英国多宝幻彩颜色修补蜡）。

项目2　车表的美容

任务1　汽车的外部清洁

【任务导入】

汽车外部清洁俗称洗车，是汽车车表美容的一项重要内容。有人说，到洗车店洗车，用的是高压水枪，水里多少会有一些杂质，如很细微的砂粒等，通过高压打在车表面，对车漆伤害比较大。并且平时自己用洗衣粉兑水后洗车，洗车很干净，是比较好的选择。这种说法对不对？另外，正确的洗车步骤又是怎样的呢？

【任务分析】

汽车的清洗是汽车美容的基础工艺，对于接下来要进行的打蜡、封釉、车漆修补等有着重要的作用。如果不先进行汽车外部清洁就直接进行其他养护，会造成汽车漆面因污垢变花、车身锈蚀加深等危害。

传统意义上的洗车无非是去除汽车表面的泥土、灰尘等。一般是用洗衣粉、肥皂水、洗洁精等非专业的洗涤剂，这些材料的碱性较大，虽然能够分解汽车表面的油垢，但是清洁的同时也在破坏涂面上的蜡分子，使涂膜失去原有的蜡层而直接暴露在空气之下，进而造成氧化失光、涂层脱落、金属腐蚀及穿洞等，碱性的洗车液还会使汽车密封条加速老化，导致汽车产生故障。美容洗车是在传统保洁的基础上，不仅要对涂面进行清洁护理.而且还将作业内容扩大到了对内室饰件，发动机等各个部件的污渍进行技术处理，同时还要使用特制的材料对车辆的各个部位及各个饰件进行翻新，以达到改善性能，延缓老化使车辆保值的目的。使用的是中性洗车液，不会破坏涂层表面的蜡分子。

【知识要求】

1. 了解常见的汽车污染源。
2. 熟悉汽车清洗时机。
3. 掌握常用车表清洗工具的使用方法。
4. 掌握常用车表清洁剂的用途。
5. 掌握正确的洗车方法。

【能力要求】

1. 会挑选合适的汽车清洗时机。

2. 会正确使用常见的车表清洗工具。

3. 会正确使用常见的车表清洁剂。

4. 会按照正确的步骤对车表进行清洗。

【相关知识点】

一、常见汽车污染源

(一)汽车表面污垢

汽车在使用过程中,其车身会受到风吹、日晒、雨淋等自然侵蚀,使其表面逐渐沉积灰尘和各类污物。

汽车表面常见的污垢及分析主要如表 2-1 所示。

表 2-1 汽车表面的污垢分析

类别	特点	举例
外部沉积物	尘埃沉积物和油腻沉积物,它们的附着牢固程度取决于表面的清洁程度、尘粒的大小和空气的湿度三个因素	灰尘、沙石粒、泥土、沥青、焦油、树胶、鸟粪等
锈蚀物	由于金属和合金的化学或电化学破坏而形成的	铁锈等
残留物	进行车身喷涂时必须清除老漆层。为了清除老漆层,一般采用浓的碱溶液或洗涤剂	老漆层的残留物等

(二)影响汽车腐蚀的因素及防护措施

汽车在不同的区域、时节和天气会遭受到不同种类污垢的侵害。如果车身污垢不及时采取不同方式清除掉,不仅影响到汽车的外观,还会诱发锈蚀和损伤(表 2-2)。

表 2-2 造成汽车腐蚀的因素及防护措施

造成汽车腐蚀的因素	防止汽车腐蚀的措施
1. 含有湿气的污垢或碎屑物团附在车身上或其他部位 2. 由于沙砾或交通事故造成的喷漆层或其他防护层损伤 3. 车身下部积存的沙砾、污垢或积水 4. 湿度高、温度高、通风不良、工业污染、沿海地区盐分的存在都会使零部件腐蚀加速 5. 没有及时处理的粪便、残蜡等会加速腐蚀 6. 不正当的洗车、擦拭车表造成腐蚀、创伤	1. 经常用专用清洗剂清洁汽车,定期打蜡,以保护漆层并保持光亮 2. 经常检查车辆是否有较小的损伤,如有应及时修复 3. 保持车门底部和后挡板的排水孔畅通,以避免积水引起腐蚀 4. 经常检查车身下部和车门,如有沙砾、污物等,应用水将其冲洗干净

二、车表清洗时机

汽车清洗对保持车容清洁亮丽、光彩如新，延长车辆使用寿命有着重要作用，它是汽车美容最基础的工作，但如何选取最合适的清洗时机，以保证洗车效果呢？如表 2-3 所示。

表 2-3　洗车的时机

洗车时机的判断	具体操作方法
依天气判断	连续晴天时，用鸡毛掸子清除车身上的灰尘，再用湿毛巾或湿布擦拭前后挡风玻璃及车窗与两旁的后视镜
	连续雨天时，需要冲洗污物，再用湿布或湿毛巾擦拭全车所有的玻璃
	忽晴忽雨时，需要清洗车身，以求车身清洁及避免车表水滴的凸透镜效应损伤车漆
依行驶的路况而定	车子被溅或是被道路沥青等附着，应该立即使用大量清水清洗，以免附着时间过长伤及烤漆
	行驶在海岸有露水或有雾区后，应立刻使用清水彻底清洗一番，以防盐碱腐蚀车漆膜

三、车表清洗工具

(一)高压清洗机

高压清洗机是通过动力装置使高压柱塞泵产生高压水来冲洗物体表面的机器。它能将污垢剥离，冲走，达到清洗物体表面的目的。因为是使用高压水柱清理污垢，所以高压清洗也是世界公认最科学、经济、环保的清洁方式之一。

1. 工作原理

水的冲击力大于污垢与物体表面附着力，高压水就会将污垢剥离，冲走，达到清洗物体表面的效果。因为是使用高压水柱清理污垢，除非是很顽固的油渍才需要加入一点清洁剂，不然强力水压所产生的泡沫就足以将一般污垢带走。

2. 分类

高压清洗机有冷水高压清洗机、热水高压清洗机、电机驱动高压清洗机、汽油机驱动高压清洗机等多种类型。

(1)按出水温度分。按出水温度来分，高压清洗机分冷水高压清洗机和热水高压清洗机两大类(图 2-1，图 2-2)。两者最大的区别在于，热水清洗机里加了一个加热装置，一般会利用燃烧缸把水加热。使用热水清洗能迅速冲洗净大量冷水不容易冲洗的污垢和油渍，使清洁效率得到大幅度提高。但是往往热水清洗机价格偏高，并且由于要用柴油导致运行成本高，大部分用户可能会选择普通的冷水高压清洗机；当然为了提高清洁效率和效果，还是有不少专业客户会选择热水清洗机的。

(2)按驱动引擎分。按驱动引擎来分，可分为电机驱动高压清洗机、汽油机驱动高压清洗

图 2-1 冷水高压清洗机

图 2-2 热水高压清洗机

机和柴油驱动清洗机三大类。这三种清洗机都配有高压泵，不同的是它们分别采用与电机、汽油机或柴油机相连，由此驱动高压泵运作。汽油机驱动高压清洗机和柴油驱动清洗机的优势在于它们不需要电源就可以在野外作业。

(3)按用途分。按用途来分，有家用、商用和工业用三大类。

①家用高压清洗机。压力小、流量少、寿命较低，一般 100 h 以内，主要优点是携带轻便、移动灵活、操作简单。

②商用高压清洗机。对参数的要求更高，且使用次数频繁，使用时间长，所以一般寿命比较长。

③工业用高压清洗机，除了一般的要求外，往往还会有一些特殊要求。不过清洗质量较好，设备投资少，但清洗时间长，耗水量大，属半机械化清洗。多为中小规模的企业所采用。

(二)电脑清洗机

电脑清洗机属于大型固定式清洗设备，是利用电脑控制高压水或控制毛刷与高压水结合来清洗整个汽车的一种全自动机器，电脑清洗机分类如图 2-3 所示。

- 电脑清洗机
  - 有刷式电脑清洗机
    - 龙门式电脑清洗机
    - 隧道式电脑清洗机
  - 无刷式电脑清洗机

图 2-3 电脑清洗机分类

1. 无刷式电脑清洗机

主要由高压喷水清洗系统和电脑控制系统组成。其中，高压喷水系统由水泵室、储水罐、输水管路和喷头及控制阀等组成。控制系统全部由电脑控制(图 2-4)。

2. 有刷式电脑清洗机

有刷式清洗机有龙门式和隧道式两种，主要由电动机、水泵、管路、喷嘴、滚刷及清洗台等

图 2-4　无刷式电脑清洗机

组成，用专门的滚刷来清洗汽车表面。

(1) 龙门式电脑清洗机。主要由侧洗滚轮、俯洗滚轮和端洗滚轮组成。

可自动清洗车辆外表、自动定位刷车轮、高压冲洗底盘、自动加注清洗剂、自动打蜡及全自动吹干。各种功能通过电脑控制一次性完成(图 2-5)。

图 2-5　龙门滚刷式清洗机

(2)隧道式电脑清洗机。可完成自动加注清洗剂、自动清洗全车、打蜡，无接触仿形吹干以及底盘冲洗。能耗低、噪声小、洗车快，每小时可洗车 120 辆左右(图 2-6)。

(三)泡沫清洗机

泡沫清洗机用于车身清洗，是利用空气压缩机中送来的高压气体将机内的水与清洗剂充分搅拌、发泡，并喷于车身上，从而增加清洗剂的活性功能，提高清洗效果，缩短作业时间(图 2-7)。

图 2-6 隧道滚刷式清洗机

图 2-7 泡沫清洗机

使用方法如下：

(1)打开加水阀和排气阀，加入 70 kg 水，以水柱高度为准，然后按配比加清洗剂。

(2)然后用快速接头接上空气压缩机，再调压力 2.5 kg 左右气压。

(3)开动空气压缩机，当压力在 2.5 kg 时，打开喷松阀开关，即可喷射泡沫，喷射距离一般在 5～7 m，可用压力来调节。每罐 25 kg 洗车液(按 1∶15 配比)可洗 2 400 辆汽车。

(四)常用车身清洗小工具

1. 塑料刷

用来清洗轮毂、底盘。

2. 洗车海绵

用来擦拭车身，由于其具有良好的弹性及吸水能力，有利于保护漆面及提高作业效率(图 2-8)。

3. 洗车泥

洗车泥用来粘除车体上的自然氧化物、水垢、鸟屎、铁粉、酸雨等的残留物质，并可反复使用(图 2-9，图 2-10)。

图 2-8 洗车海绵

图 2-9 洗车泥

4. 鹿皮

由于其质地柔软，具有极好的吸水性能，用来擦拭车身（图 2-11）。

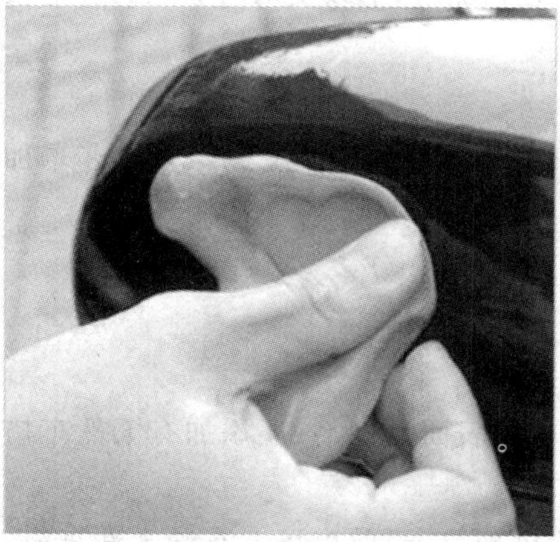

图 2-10　使用中的洗车泥

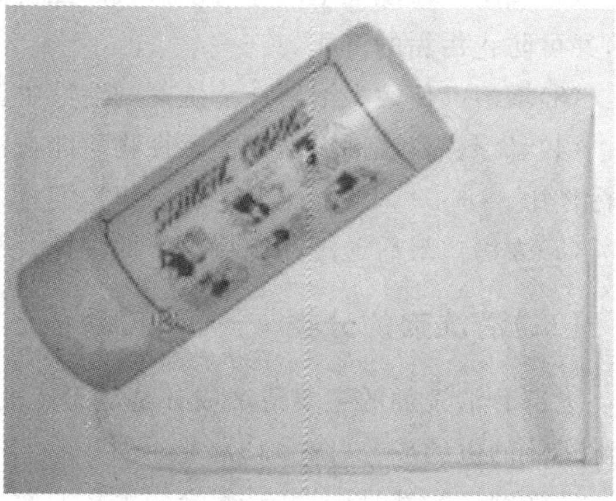

图 2-11　鹿皮

5. 软毛巾

用来擦汽车玻璃，为保证效果，在擦拭过程中不应有细小纤维的脱落，最好选用无纺制品（图2-12）。

图 2-12　软毛巾

另外，还有水桶、工作围裙、防水鞋、软胶管和涂料过滤漏斗等一些常用辅助件。

四、车身清洗剂

车身清洗剂是目前国内外大力推广的护理产品之一，使用车身清洗剂具有以下作用：

（1）提高工作效率。采用清洗剂大大地提高了清洗速度，并可将清洗和护理合二为一，减少了美容工序同时也增加了对车漆的护理，起到车漆表面保护作用。

（2）节能作用。用清洗剂代替溶剂清除油垢，减少了汽油和柴油的消耗。

（3）经济作用。1 kg 的清洗剂可代替 30 kg 的溶剂油，大大降低了汽车清洗费用。

（4）环保作用。如果采用环保型清洗剂清洗汽车，可减少对环境的污染。

因此，我们在清洗汽车时，应尽量使用清洗剂清洗汽车，以确保汽车清洗的质量和维护汽车车漆完美（图 2-13）。

（一）车身清洗剂除垢机理

车身清洗剂除垢可分为润湿、吸附、增溶、悬浮和去污 5 个过程。

（1）润湿。车身清洗剂有溶解性，当把清洗剂洒到车身时，由于清洗剂有溶解性，使被清洗物的表面很容易被清洗剂所润湿，并促进它们之间充分地溶解。清洗剂不仅能润湿污垢的表面，而且能深入到污垢聚焦体的细小空隙中，使污垢与被清洗表面的结合力减弱、松动，最后达到溶解。

(2)吸附。清洗剂中的电解质形成的无机离子吸附在污垢上，能改变对污垢点的静电吸引力，并可防止污垢的沉积。

(3)增溶。使污垢溶解在清洗剂的溶液中。

(4)悬浮。清洗剂中的表面活性物质能在污垢表面形成定向排列的分子层，进一步增加了去污作用。

(5)去污。最后通过冲洗将污垢冲洗掉。

(二)清洗剂的分类

大部分清洗剂的主要清洗成分是从天然植物中提取的表面活性剂，还添加有天然车蜡和去除车体静电的成分(图 2-13)。

清洗剂一般都是中性的，不会伤手和漆面。按除垢机理分，当前市场上有纳米洗车液、水晶膜洗车液、超浓缩洗车液和免擦拭洗车液等。

1. 纳米洗车液

纳米洗车液主要由洗车液核心母料、纳米除油乳化剂、水、盐、防腐剂、香精和色素组成。它去污力强，不留痕迹，省水(图 2-14)。

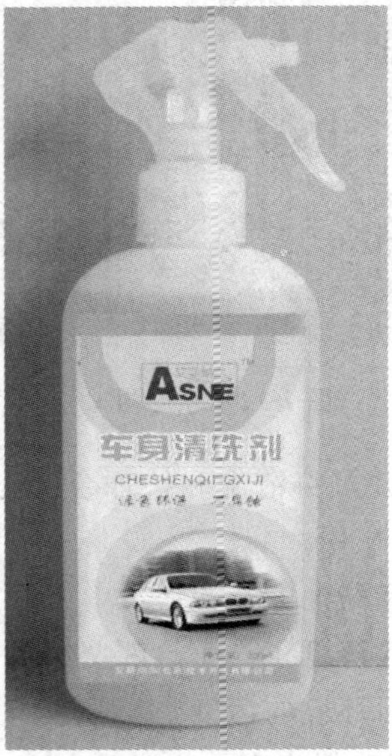

图 2-13　车身清洗剂

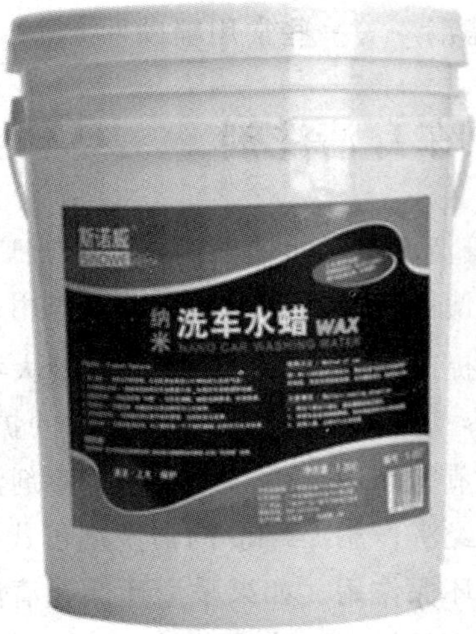

图 2-14　纳米洗车液

2. 水晶膜洗车液

水晶膜洗车液的主要成分源于波音飞机制造公司研制的在飞机交付前使用的表面清洗保护剂，使用柔和配方，pH 为中性，无磷无泡沫，环保节水，20 d 左右自动降解。适合手工、自动洗车机等各种洗车方式(图 2-15)。

3. 超浓缩洗车液

超浓缩洗车液的 pH 呈中性，去污不伤漆，不伤手；集清洁、增亮、打蜡、修补、除静电多重功效于一体；强效去沙粒，且能修补漆面，消除静电，节水环保（图 2-16）。

图 2-15　水晶膜洗车液

图 2-16　超浓缩洗车液

4. 免擦拭洗车液

免擦拭洗车液采用科学配方，不含磷、苯、硒等有害成分，是一种高效、环保、超浓缩的洗车液，可用于清洗各种机动车辆、工程机械、农业机械等。该产品去污力强，配合专用的洗车设备使用，无须擦洗，不伤及物体表面，是高中档汽车最理想的清洁产品（图 2-17）。

另外，汽车漆面常附着有沥青、鸟粪、虫胶、树胶及不干胶等，常用的清除产品有柏油清洁剂、虫胶树胶去除剂和不干胶清洗剂。

（1）柏油清洁剂。柏油清洁剂能快速渗透、溶解及清除汽车、摩托车及金属轮辋上焦油、沥青、鸟粪等难以清洗的污渍，清洁且不会腐蚀被清洁物体。它适用于各种无缝表层，如金属、车漆、塑料、玻璃等（图 2-18）。

（2）虫胶、树胶去除剂。虫胶、树胶去除剂专用于虫胶、树胶的去除。树胶和虫胶粘到玻璃上，如不及时清洗，会在车窗上留下难以清除的印迹，影响车辆的美观，并且可能阻挡驾驶视线，从而对安全驾驶构成潜在的隐患；同时，可能在玻璃上留下一层油膜，在太阳光的照射下，会产生花花绿绿的花纹，产生炫光，影响安全驾驶。

所以，无论从美观的角度，还是从安全驾驶的角度考虑，树胶和虫胶都应该及时、彻底地清除。虫胶去除剂中不含有强酸、强碱，含有多种缓蚀剂，对各种金属、汽车面漆、雨刷器橡胶没有任何腐蚀作用，绝对安全。并且含有润滑剂，黏度较大，可以起润滑作用，减少雨刷器与玻璃之间的摩擦，防止挡风玻璃产生划痕（图 2-19）。

（3）不干胶清洗剂。不干胶清洗剂可以使车窗或车身上的不干胶等粘贴物轻松、完整地去除，还可将不干胶撕掉后残留下的黏性物质轻易去除且不会划伤车身及车窗，但去除后不干胶贴将失去黏性（图 2-20）。

图 2-17　免擦拭洗车液

图 2-18　柏油清洁剂

图 2-19　虫胶树胶去除剂

图 2-20　不干胶清洗剂

五、常见的洗车方式

随着科技的进步，洗车方式也由最初的单一水洗演变成多种多样的方式。

(一)一般水洗车

这是日常生活中最常见的洗车方式。早期的水洗车很简陋，被称为一人、一桶、一毛巾。随着人们对汽车美容要求的提高，今天的水洗车完全变成了用高压水枪冲洗。根据位置的不同，可以调整水压，如车身一般用 3～5 MPa 水枪，底盘用 7～10 MPa 水枪等。此外，水洗车还分为人工洗车和计算机洗车，即自动洗车房。

(二)无水洗车

无水洗车,并不是完全不用水,只是用水极少,只相当于传统水洗的1/10。无水洗车需要专用的无水洗车机。它拥有电子控温系统、自动加水系统以及特殊旋口节水高压水枪,可以根据不同的位置自动调整水压和水温,不仅实现了用水少、洗车好,还大大压缩了汽车美容的时间(图2-21)。

(三)蒸汽洗车

一般的水洗能够清洁车身表面污垢。但是,对于从事特殊作业的汽车,如救护车、消防车、警车、公交车、建筑用车、农用车等,由于其工作环境不确定,所涉及的人群复杂,会有不同的污垢和细菌附着在车身表面或车漆层里。因此,对于这些车,除了清洗之外,还必须对它们进行消毒,最有效的方法莫过于蒸汽洗车。

蒸汽洗车,需要专用的蒸汽洗车机,该机器内装有蒸汽发生器(图2-22)。通过加热,使蒸汽发生器里的水达到100℃的水蒸气,然后通过0.5～2 MPa的压力使蒸汽产生蒸汽流,用喷枪喷出蒸汽流直接冲洗车身。

图2-21 无水洗车机

图2-22 蒸汽洗车机

蒸汽洗车可以让附着在车身上的油渍、沥青、橡胶等物质在水蒸气的高温作用下融化并自动脱落,避免了手工清除对车漆的伤害。此外,高温高压的蒸汽流能量也使得附着在车身漆层里的有害细菌被及时杀死,保障了车身的整洁卫生。

蒸汽洗车优点很多,但是洗车时间不宜过长,否则对车漆也有负面影响。

(四)熔盐洗车

熔盐洗车是用硝酸钠、氯化钠和氢氧化钠的混合物,通过高压来冲洗车身受伤的部位,用以去除锈蚀以及漆面氧化成分和焦皮。此外,在熔盐中清洗车用零件,可使积炭、水垢因熔盐的成分而分解,腐蚀的氧化铁产物同时被清除,使零件得到钝化处理。

熔盐洗车包括四部分:在熔体中冲洗、流水清洗、在酸性溶液中侵蚀、热水二次清洗。也就是说,用盐水洗完车,应再用清水冲洗一遍。

【任务实施】

一、洗车工艺及其技术要求

目前,汽车美容店洗车以高压水洗车为主。通常规范的洗车步骤应该包括准备、冲洗、泡沫清洗、冲洗、擦车和质检6个步骤。注意车身擦干后,通常应根据客户要求对汽车进行护理作业。

1. 准备

(1)人员着洗车服装,穿防滑鞋,摘下手表和戒指,以防刮伤漆面。

(2)调试高压清洗机,并准备好毛巾、麂皮、洗车香波、泡沫清洁剂等洗车工具和洗车用品。

(3)操作者引导车主把待清洗的汽车开到洗车的停车位置并停放平稳,拉紧驻车制动器操纵杆,将发动机熄火,关好车窗和车门,车内不要留人。

2. 冲洗

首先,调整水枪的压力,然后打开高压水枪开关,用水枪从车顶篷向下将粘在车身表面的泥沙冲洗掉。要按顺序进行,避免有漏掉的部位。如果车身较脏,可以反复冲洗。

冲洗的顺序:从车顶的门缝结合线向另一侧冲水—车侧窗、车身腰线上半部—车前窗—车发动机舱盖—车灯及进气格栅—前保险杠—车前弧旋、轮胎—车身腰线下部—车后窗—行李箱盖—车后弧旋、轮胎—后保险杠—车侧窗—车身上半部—车前弧旋、轮胎—车身下部—车后弧旋、轮胎。【提示】轮胎部分要反复多次冲洗才能冲洗干净。

3. 泡沫清洗

将配制好的洗车液涂于车身表面,一般有3种方法。

(1)用泡沫清洗机清洗。用泡沫清洗机将清洗剂与水混合变成泡沫,并在高压下将泡沫喷到车身外表,每个部位都要喷到,浸润几分钟,依靠泡沫的吸附作用,使清洗液充分地渗透于车身表面的污垢。

(2)用洗车海绵蘸洗车液清洗。将清洗液与水按说明书规定的比例混合,用洗车海绵蘸上清洗液从前向后有顺序地将车身擦洗一遍,打泡沫的顺序:从车顶开始顺序擦后窗玻璃—侧窗玻璃—前风窗玻璃—发动机舱盖—车灯及进气格栅—翼子板—车身腰线上部—行李箱盖—车尾灯—后保险杠—车身腰线下部—车前保险杠—结束。

(3)用洗车发泡枪清洗,准备一个20 L的空容器,将400～600 mL的洗车香波兑约20 L水稀释,稀释完毕后将洗车香波倒入发泡枪的罐子里,然后将发泡枪直接接在自来水管上,按动扳机,就会有大量的高性能泡沫喷到车身上,这种方法在洗净车身的同时灰尘和沙土可以被泡沫包裹起来,不会对车造成划痕。

4. 冲洗

擦洗完毕待泡沫消失后,再用高压水枪将车身表面泡沫及污水冲洗干净。冲洗顺序同步骤(2),但这时应以车顶、上部和中部为重点。

5. 擦车

用专用的吸水毛巾将整个车身表面进行第一步的擦干处理,擦好后再用气枪将车身缝隙中的积水吹干净,特别注意的部位是门边密封条、门把手钥匙孔、后视镜、油箱盖、尾标、前照灯缝隙、行李箱钥匙孔，避免车辆行驶中水再次流出，弄脏车身。最后再用干毛巾均匀地将整个车身擦拭一遍，将车漆擦出光亮来。

6. 质检

(1)自检。在验收前，操作者应提前做好准备，按验收标准，自行检查验收一次。看清洗是否有遗漏，是否达到了标准要求。外部饰件应无尘土、无污垢、无水痕；玻璃应光亮如新，无划痕。如发现存在问题，应及时补救处理，以便顺利通过验收。自检时，尤其要对发动机边沿及内侧，车门边沿及内侧，车门把手及内侧，油箱盖内侧，车身底部，轮胎及排气管等处重点进行检查。

(2)共同检查。由车主、质检员和操作者代表三方参加对汽车清洗效果进行的检查验收。

二、漆面附着物的清除

1. 沥青、焦油、鸟粪的清除

由于汽车轮胎的高速旋转，路面上的沥青、焦油被卷起，使车身两侧翼子板的后部、前后保险杠以及车门的下部等部位极易黏附上沥青，或鸟粪落在车身上，既影响汽车美观，而且时间过长又会损坏油漆，因此要及时清洗。但沥青与车身的漆面有极强的附着力，难以清洗；而且对于已干结于车漆表面的鸟粪，用洗车液也很难清除。一般洗车用的清洗剂对沥青的溶解能力较差，如果过分用力擦拭又容易擦伤漆面。汽油、煤油、丙酮等对沥青的溶解能力虽然很强，但对车身漆面却损害很大，会使面漆迅速暗淡无光。科学的清除方法是采用专用的柏油清洁剂。

清除方法：将柏油清洁剂晃匀，距车体 15～20 cm 将产品喷于车体污垢处；稍等 3～5 min，待柏油将污渍明显乳化后，用湿毛巾擦拭干净即可；污垢严重的地方可重复一次。建议在漆面上使用本产品后，及时对漆面打蜡保护，效果更佳。

2. 虫胶、树胶的清除

在树下停车时，树上的胶性物质会滴落在车身表面，也会很难清除，对于虫胶、树胶，最好使用虫胶树胶去除剂。

清除方法：将虫胶树胶去除剂喷于污垢处，持续约 3 min，再用不脱毛纯棉毛巾擦拭干净，随后用清水清洗该处并擦干。

3. 粘胶的清除

将不干胶贴等粘贴在车身上，扯掉胶贴时有可能将胶留在漆面上，既难看又很难去除，可以使用不干胶清洗剂清除。

清除方法：使用前，先将不干胶清洗剂晃匀，再将不干胶标签稍稍撕开，在距离撕开处 20～50 cm 处均匀地喷上本品，待溶液浸入后，轻轻地将不干胶撕掉即可。如果车身上还留有浆糊状物时，在离浆糊状物 20～50 cm 处均匀地喷上本品，在溶液被不干胶标签吸收但未完全干透时，用毛巾擦掉即可。

【思考练习】

1. 汽车常见的污染源有哪些？
2. 常见的洗车方式有哪些？
3. 常见的汽车清洗剂有哪些？

4. 常见的洗车工具有哪些?
5. 怎样去除虫胶?
6. 高压洗车的步骤有哪些?

任务2 汽车的外部养护

【任务导入】

汽车在日常使用过程中,由于各种各样来自外界的伤害,车身表面会有一些星星点点的伤痕。比如汽车玻璃上会有划痕、裂痕、炸点,塑料件会老化等。面对这些情况,我们应该怎样保养、修复使车身光亮如新呢?

【任务分析】

汽车外部养护包括了汽车玻璃、轮胎、轮辋、保险杠、进气格栅、车身装饰条、门把手、车灯、刮水器等部件的保养、修复。在日常的使用中,车身各部件会有大大小小的老化、损伤,我们应该遵循正确的养护过程与操作步骤,使车身光亮如新。

【知识要求】

1. 了解汽车玻璃的修复技术。
2. 熟悉常见汽车玻璃的养护用品与修复工具。
3. 熟悉汽车玻璃的清洁过程。
4. 熟悉轮胎、轮辋的翻新技术。
5. 熟悉汽车其他部件的美容护理。

【能力要求】

1. 会正确使用汽车玻璃的养护用品与修复工具。
2. 会正确清洁汽车玻璃。
3. 会正确对汽车玻璃的各种划痕、裂痕进行修复。
4. 会正确操作轮胎、轮辋的翻新。
5. 会正确进行电镀件、塑料装饰件、车灯、刮水器的美容护理。

【相关知识点】

一、汽车玻璃的美容养护

(一)玻璃养护用品及修复工具

1. 常用的玻璃美容养护用品

玻璃美容用品有玻璃清洁剂、玻璃抛光剂、玻璃上光保护剂、防雾剂、防水剂、玻璃除冰剂等。

(1)玻璃清洁剂。玻璃清洁剂主要用于全车玻璃和倒车镜的预处理,可以有效去除表面尘污(图 2-23)。

(2)玻璃抛光剂。玻璃抛光剂兼具上光抛光作用,不但可以增亮,使玻璃表面洁净,光滑,还可以防止灰尘二次沉降,同时也可以改善刮水器擦痕(图 2-24)。

图 2-23　玻璃清洁剂

图 2-24　玻璃抛光剂

(3)玻璃上光保护剂。玻璃上光保护剂可以有效防止玻璃表面污物、油膜的再次附着(图 2-25)。

(4)玻璃防雾剂。玻璃防雾剂可有效防止车窗玻璃表面结雾,减少交通事故的发生(图2-26)。

图 2-25　玻璃上光保护剂

图 2-26　玻璃防雾剂

(5)玻璃防水剂。玻璃防水剂能使雨水变成水膜,均匀地在玻璃上流下来,使车窗明亮清晰,有利于行车安全(图 2-27)。

(6)汽车玻璃除冰剂。汽车玻璃除冰剂能使玻璃表面上的积雪、冰霜等迅速融化，提供防止再次结冰的保护，并具有清洁玻璃的功能，保证全方位的良好视野。该产品能保证在0℃以下进行喷洒，对汽车无损害(图2-28)。

图2-27 玻璃防水剂

图2-28 玻璃除冰剂

2. 玻璃修复工具

(1)专用的玻璃划痕修复工具。专用的玻璃划痕修复工具用于玻璃表面痕迹，主要包括玻璃划痕抛光膏、磨片、抛光底托、研磨底托、纯羊毛抛光盘和可调转速专用抛光机等(图2-29至图2-31)。

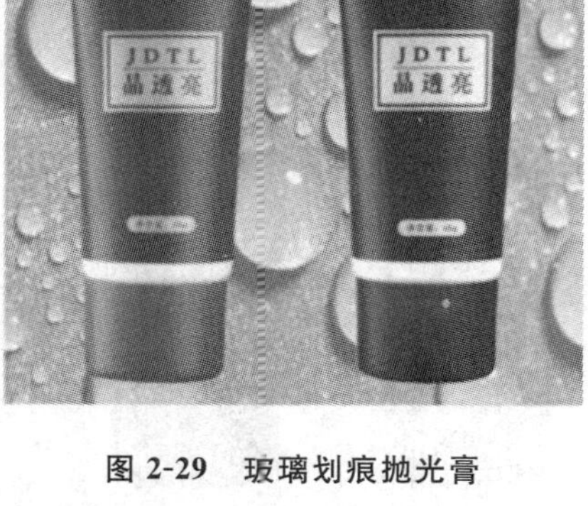

图2-29 玻璃划痕抛光膏

图2-30 纯羊毛抛光盘

(2)专用的玻璃裂痕修复工具。消除汽车风窗玻璃的小炸点，现已形成一种专门的技术，需要使用专用的玻璃裂痕修复工具进行修补。玻璃裂痕修复工具主要包括三爪吸盘、真空修复器、注液嘴、裂纹扩张器、裂纹固化灯、电子烘干器、喷水瓶、注射器、刀片、修复剂等(图2-32)。

图 2-31　抛光机

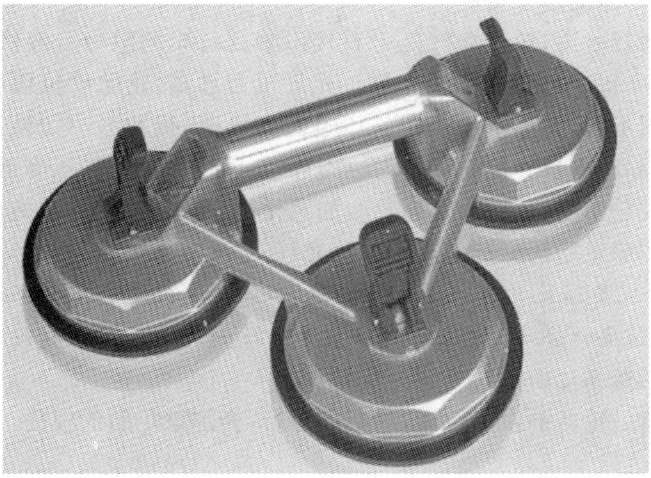

图 2-32　三爪吸盘

图 2-33　玻璃修复树脂

二、汽车轮胎与轮辋的美容养护

(一)轮胎与轮辋养护美容的重要性

1. 汽车安全行驶的需要

汽车轮胎长期使用过程中，与不同的路面接触，磨损程度大小不一。除了磨损之外还受到雨水侵蚀、其他的粘贴物浸入轮胎橡胶表面，加快轮胎橡胶老化，导致轮胎的弹性和耐磨性大大降低。这对行车安全无疑是构成了威胁。据不完全统计，在高速公路的交通事故中，由于爆胎引起的事故占 70%以上，给生命和财产造成了严重的损失。

2. 节省行车、保养费用

轮胎是汽车的易损件，在一辆汽车的使用过程中，更换轮胎的费用占保养护理费用的10%左右。如果还没有到更换周期并且损害程度不是很大，可以对其进行翻新。

3. 美观的需要

轮胎在使用过程中直接与各种条件的路面接触，溅起的水泥、尘土、油脂和沥青等使轮胎和轮辋的外表非常脏，严重影响汽车的美观。

4. 防腐的要求

附着在轮胎上的污物主要是淤泥、污物、油污、沥青、蜡膜、油脂及硅化物等。轮胎受一些酸、碱性污物的侵蚀作用，会渐渐地失去原有的纯正黑色，而呈现灰黑色。受侵蚀的橡胶极易老化、变硬。失去原有的弹性及耐磨性，甚至龟裂。现代汽车轮辋一般多为铝合金材质，轮辋会由于空气、水和腐蚀性物质对其表面产生化学作用而引起氧化锈蚀。

(二)轮胎的正确使用

轮胎的正确使用是提高其使用寿命的主要措施。

(1)保持正常的胎压。在汽车的行驶中，轮胎充气压力直接影响到行车的阻力及经济性。实验证明，正常的轮胎气压每下降 49 kPa，车辆多耗油 5%。充气压力过高，轮胎单位面积上所承受的压力增加，会造成胎面磨损不均匀，胎壁也会因气压过高而变薄，行驶当中如果遇到凸起物或者坑洼时很容易就发生爆胎的事故。但充气压力也不能过低，因为轮胎气压降低后，轮胎与地面的接触面积增大，会造成轮胎升温过快，加速轮胎的老化，容易引起爆胎，或造成胎面两侧不正常磨损。因此，要严格按照轮胎的标准气压值进行充气。

【提示】胎压值全部都是在车轮完全落地的情况下进行测量的，如果是把车身完全架起来之后的胎压值会比落地之后的胎压值要低 20～30 kPa，所以测量胎压一定要保证在四轮完全落地的情况下进行测量，否则会造成胎压过高。

(2)不要超负荷行驶。承受负荷是轮胎的主要性能，超负荷运行，会加重轮胎的损伤，严重缩短轮胎的使用寿命。

(3)尽可能选择良好路面行驶。汽车在崎岖不平或卵石路面上行驶时，轮胎动载荷大，颠簸冲击大，胎侧受曲折的频率增加，温度升高，会使轮胎磨损加重。

(4)尽可能使轮胎在正常速度和温度条件下行驶。汽车的轮胎若在高速、高温条件下行驶，则各种应力应变频率增加，会导致轮胎早期磨损。当轮胎的温度过高时，不可用冷水浇泼，或放气调压，而是应停车散热。

(5)提高驾驶技术，合理行车和停车。正确驾驶汽车，尽量减少或避免轮胎打滑、紧急制动、急转弯，尽量避开尖锐的障碍物，尽量平稳开车，保持匀速前进。实践证明，合理开车，将有助于对汽车的保养，减少轮胎的损伤。

(6)定期换位防止轮胎偏磨。对轮胎进行定期换位，可以使轮胎尽量达到均匀磨损，以提高其使用寿命。可根据汽车轮胎的具体情况，选用适当的换位方法，如斜交叉、左右交叉或前后调换等。

(7)停车时的注意事项。停车时应尽可能避免停在油污、铁屑和钢渣等的不良地面上，否则将会加剧轮胎的老化和磨损。

(8)选用结构合理的优质轮胎。使用优质轮胎是提高汽车使用寿命、减少维护保养费用的重要因素之一。目前广泛使用的是子午线轮胎。

(9)日常维护保养的要求。在车辆的日常维护保养中,还要经常对轮胎进行检查,发现轮胎表面纹理嵌有石子、玻璃、铁钉等杂物时,要及时清除,防止鼓胀扩大,影响轮胎的使用寿命。

(三)轮胎与轮辋的清洁用品

轮胎和轮辋的清洁用品主要有轮胎清洁增黑剂、轮辋清洁剂、轮胎保护剂(光亮剂)和镀铬抛光剂等。

1. 轮胎清洁增黑剂

轮胎清洁增黑剂富含强力清洁泡沫,能迅速渗透于橡胶内,分解浸入的酸碱性污染物和其他有害物质,清洁翻新聚乙烯树脂、橡胶、塑料和皮革制品;它还含有防紫外线剂,可以降低紫外线的辐射,减缓轮胎橡胶的进一步龟裂和老化,延长使用寿命;同时可使轮胎表面快速生成一层乌黑闪亮的保护膜,且能防水,不易被水洗掉,使渗透、清洁、上光、保护轮胎一次完成(图 2-34)。

2. 轮辋清洁剂

轮辋清洁剂可清除长期附着在轮辋上的积垢,如沥青、制动片的黑粉等(图 2-35)。

图 2-34　轮胎清洁增黑剂

图 2-35　轮辋清洗剂

3. 轮胎保护剂

轮胎保护剂能有效防止轮胎等橡胶件的老化、龟裂、变形及褪色,不伤害轮辋、轮圈;有优异的抗静电功能,不易吸附灰尘,保持持久的亮丽风采(图 2-36)。

4. 镀铬抛光剂

用于去除镀铬件、不锈钢件和其他金属上的锈斑、氧化物、腐蚀及瑕疵,并使之持久明亮,光洁如新(图 2-37)。

图 2-36 轮胎保护剂

图 2-37 镀铬抛光剂

(四)轮胎与轮辋养护的注意事项

(1)清洗铝合金轮辋时必须特别小心,因其表面有保护漆,因此一定要用海绵等柔软的物品轻轻刷洗,并应使用中性清洁剂,不可用碱性清洗液、钢刷、腐蚀性溶剂、燃油或强力清洁剂,否则会破坏保护层漆层。

(2)轮辋的清洁应逐个进行。一次清洗一个轮辋可避免清洁剂在轮辋表面凝固,若清洁剂凝固,清洁效果将降低,并造成使用清水冲洗更加困难。

(3)当轮辋的温度很高时,千万不可清洁。因为高温会促使清洁剂发生化学反应,导致轮辋表面受损或降低清洁效果。选择良好的清洁剂也可以降低因温度升高而变质的风险。

【提示】若轮辋温度很高,最好让它自然冷却 1 h 以上再清洁,千万不可用冷水冲洗冷却,这样做易使轮辋受损,甚至可能造成制动盘的变形,降低制动性能,导致交通事故的发生。

(4)轮辋清洗后,应再用防酸清洗剂进行处理。一般每两个星期应彻底清洗轮辋上的盐分污物和制动片上的残留物。

三、汽车外饰美容养护

汽车外部有许多部件,如轮辋、保险杠、发动机进气格栅、汽车徽标、车身装饰条、后视镜架、拉杆天线等广泛采用不锈钢和电镀件。它们长期受到日晒、雨淋的侵蚀就会变黄、产生锈斑、失去原来的光泽和亮度,影响其装饰效果,因此应对车身不锈钢和电镀件进行美容护理。除此之外,汽车塑料装饰件诸如汽车塑料保险杠、后视镜架、车门把手等在长期的风吹、日晒下极易褪色、老化甚至龟裂,因此要定期进行清洁护理。

汽车外饰美容养护用品主要有不锈钢光亮剂、塑料清洁剂、塑料抛光剂、塑料件研磨剂和雨刷精。

1. 不锈钢光亮剂

不锈钢光亮剂能有效地去除不锈钢表面的油迹、污迹和黄锈斑,且使用后能有效防尘埃等再次附着于不锈钢表面，使之持久明亮，光洁如新(图 2-38)。

2. 塑料件(保险杠)清洗剂

塑料件清洗剂可以轻松清洁塑料件、保险杠等处的污渍，还原塑料件、保险杠等处的光泽(图 2-39)。

图 2-38 不锈钢光亮剂

图 2-39 塑料件清洗剂

3. 塑料件研磨剂与抛光剂

塑料件研磨剂与抛光剂专用于塑料件表面研磨与抛光还原，可以去除其表面的褪色、老化，恢复原有的光泽(图 2-40)。

4. 塑料件上光保护剂

塑料件上光保护剂是一种超高硬度、玻璃纤维塑料件表面涂层剂，既可还原塑料件本身的光泽，又在塑料件外部增加一层保护膜，从而使还原的光泽更持久，一次施工，有效保护期达一年以上(图 2-41)。

图 2-40 塑料件研磨剂

图 2-41 塑料件上光保护剂

5. 雨刷精

雨刷精是一种超浓缩型汽车玻璃清洁剂，能迅速驱除风窗玻璃上的顽固污垢、油渍等，并形成一层保护膜，防止灰尘和油污的附着，并且对于橡胶、塑料材质具有保持光泽及润滑，防止硬化龟裂等功能。刮水器片的使用寿命一般为一年，使用该产品后不仅能够延长刮水器片的使用寿命，还可以起到保护玻璃、保持驾驶视野广阔清晰的作用(图 2-42)。

图 2-42 雨刷精

【任务实施】

一、汽车玻璃清洁护理

1. 清洗玻璃

用洗车香波清洗车身，玻璃上附着的沙粒、尘土等污物在浸湿后被高压水流冲走；玻璃上黏附的污斑、昆虫和沥青、口香糖或透明胶的残痕等污物，可用塑料或橡胶刮刀除去；玻璃表面上的顽固性污物，如油漆污点、鸟粪等可用柏油清洁剂去除。如果只清洗玻璃，可先在玻璃上喷洒清水，用手触摸，感触较大颗粒的程度，再用专用刮刀将其刮除干净。

2. 用玻璃清洁剂清洁

将玻璃清洁剂喷头对准玻璃表面直接喷射，再用干净柔软的毛巾擦拭，除去表面尘污。对于重污垢玻璃表面，可多次喷涂，浸泡几分钟，再进行清洁。

3. 抛光玻璃

对于前风窗玻璃和后视镜，将适量玻璃抛光剂倒在清洁海绵上。适当施力以圆周运动重叠方式涂满整个玻璃。等 3～5 min 干燥后，再用干净软布将灰色薄膜擦拭干净，完成后玻璃有夺目的光泽。

4. 玻璃上光保护

玻璃清洁干净后，必须再喷涂玻璃上光保护剂。但要注意不要在前风窗玻璃上使用含硅酮的玻璃保护剂，以防止刮水器因干摩擦而缩短寿命。

二、玻璃的防雾与防水处理

1. 风窗玻璃的防雾与防水

在喷施风窗玻璃防雾剂、防水剂前要彻底清洁玻璃。在风窗玻璃内侧均匀地喷上玻璃防水剂。待防雾剂、防水剂快干时，用软抹布擦干至玻璃透明光亮。

2. 后视镜的防雾与防水

后视镜的防雾与防水可采用与风窗玻璃相同的工艺，即喷涂玻璃清洁剂，然后用干净的软布轻轻擦拭，最后喷涂一层防雾剂，即可保持后视镜在很长一段时间内具有防雾防水的功能。

三、风窗玻璃除冰与渗水处理

1.风窗玻璃除冰处理

冬季行车时，风窗玻璃有冰雪，会影响驾驶人的操作，可选用风窗玻璃除冰剂。风窗玻璃除冰处理方法：将除冰剂直接喷洒在冻冰的表面上；玻璃表面的冰碎裂后可以用刮水器直接去除。如果是侧窗，可用毛巾擦拭。

2.风窗玻璃渗水处理

无论是前风窗玻璃还是后窗玻璃，日久或更换玻璃后常常会发现有漏水现象，这些漏水一般都发生在风窗玻璃四周的胶垫结合处。造成渗水的原因往往是日久胶垫老化或更换时清除不良，如污物、碎玻璃仍留在接合处，造成缝隙，下雨时雨水就很容易渗入，如不马上处理，风窗玻璃安置处的钣金部件很容易生锈腐烂。

风窗玻璃渗水处理方法如下：

(1)如果是前风玻璃的下方渗水进去时，需先将刮水器臂、通风罩拆下，然后擦拭接合处，再用吹尘枪吹净，最后将硅胶注在接合缝上即可。

(2)如果渗水位置是在风窗玻璃的上方或后窗玻璃的四周时，可用硅胶直接注在外层表面，或使用一字槽螺钉旋具，先撬起胶垫再注入硅胶，效果会更好。

四、玻璃的修补技术

1.玻璃划痕的修复

汽车玻璃被擦伤留下的划痕，既影响汽车的美观，又影响驾驶人的视线。玻璃属于高硬度物质，其表面的划痕不可能用抹布擦去，如果用抹布擦拭，只会越擦越脏，甚至把抹布上的污垢涂抹在划痕凹槽中，形成一条条的黑道子。消除玻璃表面划痕的正确方法是使用专用的玻璃划痕修复工具。

玻璃划痕修复操作方法如下：

(1)用记号笔在背后将有划痕的位置做好标记，同时在玻璃的正面喷些水。将有背胶的抛光片按照绿、红、蓝、橙的顺序依次贴到抛光底托上备用。

(2)安装抛光机把手；安装抛光机转接嘴。

(3)将已准备好的绿色研磨片及底托安装到抛光机上。对玻璃标记的划痕进行研磨，研磨时要对玻璃不间断地喷水降温，绿色的研磨要等到划痕基本消失，没有深度划痕的存在，研磨区域呈白色不透明状态。

(4)换用红色研磨片进行研磨。同时要对玻璃不间断地喷水降温，本次研磨时间要长于绿色研磨片的研磨时间，范围要大于绿色研磨片的研磨区域。研磨区域没有划痕存在，呈白色略透明状态。

(5)换用蓝色研磨片进行研磨。同时要对玻璃不间断地喷水降温，本次研磨时间要长于红色研磨片的研磨时间，范围要大于红色研磨片的研磨区域，研磨区域没有划痕存在，呈白色半透明状态。

(6)换用橙色研磨片进行研磨,同时要对玻璃不间断地喷水降温,本次研磨时间要长于蓝色研磨片的研磨时间,范围要大于蓝色研磨片的研磨区域,研磨区域没有划痕存在,呈微白色透明状态。

(7)将羊毛轮粘到抛光底托上,再将底托安装到抛光机上。

(8)将抛光液均匀晃动后倒在玻璃上进行抛光,同时喷少量水对玻璃降温,抛光时间要长于橙色研磨片的研磨时间,范围要大于橙色研磨片的研磨区域。

(9)将玻璃清洁干净。修复后的效果应该是光亮度高且没有划痕存在。

2. 风窗玻璃炸点的修补

高速行驶的汽车能带起路面上的小沙石。这些沙石如果撞击到快速行驶的汽车风窗玻璃上,极易对汽车风窗玻璃造成伤害,有的能形成一个小炸点。这些炸点不但影响汽车的美观,更会干扰驾驶人的视线。消除汽车风窗玻璃的小炸点,需使用专用的玻璃裂痕修复工具进行。

【提示】并非所有的汽车风窗玻璃都能修补,按照目前的修补技术,只能修补复合(夹层)风窗玻璃上的炸点,而且是在玻璃非应力区上的炸点。钢化玻璃、区域钢化玻璃上的炸点用这项技术是修复不了的。这项技术特别适用于炸点较少或市面上很难寻觅的风窗玻璃,如某些进口量较少的豪华型汽车的风窗玻璃的修补。

玻璃炸点修复步骤如下:

(1)用干抹布在玻璃损伤点周围清洁,不要在伤点表面擦拭;用玻璃炸点清洁笔清洁玻璃炸点内的杂质,如损伤点有水蒸气可用烘干机吹干。

(2)将三爪吸盘清洁干净,均匀地喷上一层清水,这样做有利于更好地密封和移动调整时的润滑,将吸盘安装在玻璃上面,支架的中心孔对准撞击点,如果未对准可以推动支架进行相应调整。

【提示】在将吸盘安装在玻璃上时,注意吸盘不要垂直于破损点,防止吸盘里的水流到玻璃破损点影响修复效果。

(3)抽取适量的修复剂点一滴在注液嘴的密封垫上并涂抹均匀起密封作用,将注液嘴安装到三角支架上,旋下注液嘴靠近玻璃(并不接触玻璃),注液嘴中的小孔要与撞击点对准,如果未对准则推动支架进行相应调整,对准后旋紧注液嘴,接触到玻璃后再旋转 1.5 圈,并锁紧注液嘴上面的锁片。

【提示】如果玻璃炸点过大,注液嘴无法覆盖,可以在炸点上面贴上透明胶带,在撞击点位置用刀片挖一个小孔,小孔与注液嘴小孔对准,再按照以上步骤操作。

(4)将注射器针头穿过注液嘴的中心孔,将适量修复剂注到玻璃破损点上,同时检查注液嘴内的黑色密封垫是否完好,检查真空修复器下面的放气螺塞是否旋紧,将拉杆抽到 1/3 处松开,拉杆迅速回弹说明修复器处于良好状态,然后将拉杆内的凹槽对准黑色锁紧螺母并旋下锁紧螺母。

(5)将修复器安装到注液嘴上,安装时一只手捏紧注液嘴,另一只手旋紧修复器。安装好修复器后一只手托住修复器,另一只手抽出拉杆并顺时针旋转。

【提示】整体操作不能使下面吸盘移位及注液嘴产生晃动,抽出拉杆后松开手时确认修复器拉杆已被锁紧螺塞卡住,否则拉杆回弹会击碎玻璃。

(6)到玻璃的里面用打火机或者吹风机对破损点加热,加热温度不能超过 45℃,同时观察有气泡在流动,抽空时间大约 5 min,等到没有气泡流动,玻璃已经冷却时拧松修复器下面的金属放气螺塞进行放气。

【提示】用打火机加热时，要贴近玻璃用蓝色火焰加热，这样不会损伤前风窗玻璃上的车膜。

(7)约 10 s 后拧紧修复器的放气螺塞。同时旋松修复器上端的黑色锁紧螺母。

【提示】整体操作时修复器不能产生抖动。

(8)将修复器拉杆推下，接近末端时有轻微的压力感，确认拉杆凹槽不要对准锁紧螺母，同时旋紧修复器上端的黑色锁紧螺母进行保压，在玻璃的里面进行加热，加热温度不能超过 45℃，观察没有裂痕及破损的痕迹，等待 5 min 待玻璃冷却。

【提示】等待 5 min 待玻璃冷却后，如发现有气泡存在，重复(5)至(8)步骤。

(9)确认破损点无明显痕迹及气泡的存在，一只手托住修复器，另一只手揭下吸盘，将设备及吸盘整体拆下，及时在破损点上滴上一滴修复剂，贴上固化片，不能有气泡存在，不能用手挤压固化片。

(10)将固化灯用不干胶条固定在修复点的中心，固化时间 5 min，揭下固化片。

(11)刀片与玻璃呈 90°，将多余的半固态修复剂刮平，用干净的毛巾对玻璃进行清洁。

(12)如小白点过大，点一滴修复剂在小白点处，贴上固化片后修复剂和小白点大小一致，固化片后呈透明状态，此时不需要再用刀片刮平，不要用手或硬物碰撞，需要等阳光照射后才能达到最佳强度。

3. 玻璃裂纹的修补

(1)确认裂纹位置，可以用针尖滑动裂纹能感觉到裂纹的存在。如果是外部裂纹也可以从 45°观察裂纹，如发现明裂纹下面有一条暗影，也可以确认是外部裂纹。外裂纹从外面修复，内裂纹从里面修复，本次以修复外裂纹为例，给扩张器吸盘喷些清水增加密封性。

【提示】如果裂纹有水汽，先用吹风机吹干再进行修复。

(2)将扩张器吸附到玻璃的背面横跨裂纹的两端固定好，中间扩张螺旋杆对准裂纹中间部分。拧紧扩张螺杆直到裂纹被明显扩张开，此时裂纹扩张器连杆明显弯曲。

(3)用注射器抽取适量的修复剂，注射器针头留最小的一滴修复剂点在裂纹末端，裂纹修复本着从低点向高点修复的原则。从 45°角观察修复剂渗透到裂纹之内，裂纹明显消失，这时修复剂跟在消失的裂纹的后面，不能超过同时不能落后于裂纹消失的地方，修复时要慢、稳，修复过的地方每隔一段要再回来涂上一层修复剂，防止修复剂流失影响修复效果。

【提示】整个修复过程中，车辆不能有任何的震动且玻璃不能受到外力的挤压，裂纹修复剩余 1 mm 的位置不能加修复剂，需要靠修复剂自行渗透，渗透后再涂上一层修复剂。

(4)直到裂纹完全修复完毕再在裂纹上涂一层修复剂，到背面旋松裂纹扩张螺杆。

【提示】拧松扩张螺杆时要注意不要振动玻璃。

(5)松开扩张螺杆后再在裂纹表面涂一层修复剂并贴上固化片。及时把固化灯用不干胶带平行贴到裂纹上面，固化时间 5 min。

(6)揭下固化片，刀片与玻璃呈 90°，将多余的半固态修复剂刮平。刀片刮平方式要与裂纹呈十字形。

(7)到背面取下扩张器。用干净的毛巾将玻璃清理干净。

【提示】(1)至(5)步骤的操作都要细、准、稳，不能有抖动及振动。

2. 轮胎和轮辋的翻新

轮胎和轮辋翻新的操作步骤如下：

(1)高压水清洗。用高压水枪冲洗轮胎上、轮辋外表以及挡泥板内测的泥沙和尘土，同时，边冲洗边用刷子刷，可去除深嵌在轮胎花纹中得淤泥、沙石等，然后用毛巾擦拭。

(2)喷涂轮胎清洁剂。将轮胎清洁剂摇匀，在距离轮胎 15 cm 处以打圈的方式均匀地、薄薄地喷涂在轮胎表面上，停留 1～2 min 后再用毛巾擦拭。也可直接用无纺布、软毛巾涂抹，均匀擦拭，如较脏应及时更换毛巾，直至轮胎再现黑亮本色。

(3)清洁轮辋。将摇晃均匀的轮辋清洁剂均匀喷于轮辋表面，2～3 min 后用柔软的毛刷或海绵擦拭，注意轮辋的辐条之间不要有遗漏。

(4)喷涂轮胎保护剂和镀铬抛光剂。轮胎和轮辋清洁后，用水冲洗干净，再用压缩空气吹干，最后喷涂轮胎保护剂，自然干燥即可。用毛巾蘸适量镀铬抛光剂并将其均匀涂抹于轮辋上，以适当力度加快擦拭，持续擦拭直到轮辋表面达到理想亮泽程度。

五、不锈钢.电镀件的美容护理

不锈钢和电镀件的翻新作业按零件的镀层状况可分为上光保护翻新和维护翻新两种。

1. 上光保护翻新

(1)上光保护翻新的条件。当不锈钢和电镀件在日常使用过程中大面积甚至全部失光时，须对其进行上光保护翻新；或车身镀铬件例行保养时，建议定期进行上光保护翻新。

(2)翻新方法

①采用不锈钢光亮剂或镀铬抛光剂。首先要对翻新处进行彻底清洗，擦干后，将不锈钢上光护理剂或镀铬抛光剂摇晃均匀，用纯棉软布蘸少许，对需要抛光的部位进行反复擦拭，直至表面重现光泽，然后用清水冲洗干净。如果表面锈蚀严重，应先使用除锈剂进行除锈，然后再使用以上方法处理。

②采用洗车泥(美容黏土)。当金属表面通过上光无法恢复原有光泽时，可以使用洗车泥进行清洁护理。不锈钢、电镀件表面不光滑、失去光泽是因为其表面沾有金属氧化物、灰尘颗粒以及其他氧化物颗粒。清洁护理时，将洗车泥揉捏成零件表面的形状，在需要清洁的表面反复擦拭，使金属氧化物、锈迹颗粒等卷入洗车泥中，直到金属表面光亮如新为止。

2. 维护翻新

(1)维护翻新的条件。当不锈钢和电镀件表面失光通过上光无法恢复原有光泽时，须进行维护翻新施工；或当镀铬件表面出现深达基层的划痕时，亦应及时维护翻新。

(2)翻新方法。维护翻新方法有 3 种，根据损伤情况进行选用。

①采用点镀方法重新镀铬翻新。此方法适合于大面积失光镀件，且点镀前要进行必要的表面打磨及其他处理。

②采用电刷镀方法对局部失光或破损处进行翻新施工。施工前也对作业表面进行必要的处理。

③对于局部深度划伤，亦可进行喷涂施工，进行局部修补作业。

六、塑料装饰件的美容护理

1. 塑料装饰件的清洁护理

塑料部件的清洁护理可以使用塑料件清洗剂或万能泡沫清洁剂来完成。

塑料装饰件的清洁操作步骤如下：

(1)在洗车的时候，用高压水流冲洗掉灰尘和泥土，将适量的塑料件清洗剂滴在湿的塑料件上，使用刷子或毛巾进行清洗。

(2)将塑料件上的污点清除干净后，在湿润状态下用水冲洗干净。最后用干净的毛巾将表面的水擦干。

2. 塑料装饰件的研磨抛光

塑料装饰件随着使用时间的增加而逐渐褪色、老化，可以采用研磨抛光的方法使其恢复原有的光泽。

塑料装饰件的研磨抛光操作步骤如下：

(1)用强水流把灰尘和沙粒冲洗下去。然后用洗车液洗干净施工部位。

(2)用干毛巾擦干表面水。

(3)在海绵上滴适量的塑料件研磨剂，用海绵纵横擦拭塑料部件的表面，顽固污渍或凹、凸表面要重复几次擦拭。

(4)在一块新的海绵上滴适量的塑料件研磨剂，按与步骤(3)相同的方法仔细地纵横擦拭，直至部件表面出现光泽。

(5)对于门、遮光罩等部分内侧附着的污点，要认真擦拭内侧，直到恢复原有状态为止。

(6)擦拭完毕，用水冲洗。

(7)用海绵轻轻地擦干净，把残留液体冲洗下去，最后用干毛巾把水擦干净。

3. 塑料装饰件的上光保护

(1)将车上的灰尘和泥土用水冲洗干净。将施工表面擦干，使其保持干燥。

(2)将适量的塑料件上光保护剂滴在海绵上，用海绵均匀涂抹，形成薄薄的一层。

操作注意事项：

(1)施工的对象是塑料或者硬化的橡胶，在软的橡胶零件上镀膜可能会由于材料收缩的原因引起裂痕。

(2)注意不是将涂层涂得越厚越好，一次施工涂上厚厚的一层，有可能会硬化产生裂痕。施工时应该涂抹均匀，形成薄薄的一层，在硬化之前一定要擦拭干净。

(3)完全干燥需要 6 h，这段时间注意不要碰水。

(4)上光保护必须是在除掉污垢的情况下进行。

七、车灯的美容护理

1. 车灯的护理

车灯的美容护理很少有人重视。灯罩会随着使用时间的增加而逐渐变黄，车灯发暗，因此应该对车灯进行定期护理。

车灯的护理基本操作方法：用干净的软毛巾蘸少许透明塑料件研磨剂对车灯表面进行研磨，出现光亮后再用毛巾擦干；用另一块干净的毛巾蘸少许透明塑料抛光剂以同样的方法进行抛光，直至灯罩清澈透明为止。

2. 转向信号灯罩轻微破损的修复

前、后转向信号灯或小灯的外罩亚克力板因撞击而造成破裂、破洞的情形，通常依规定是要拆下整组或分组重新安装，以防水渗进灯座内造成锈蚀或进水至行李箱内造成积水。若灯罩只有轻微破损，其处理步骤如下：

(1)将破孔内部碎片先清除干净。

(2)使用短锯片将其破损的边缘稍加修齐，然后再找一块颜色、大小相同的亚克力板修补其缺口。

(3)使用强力胶粘剂先在周围固定好，再用硅胶在其四周涂上一层。

(4)涂完硅胶后即可结束处理程序。如果表面处理较细时，依旧看不出有补过的痕迹。

八、刮水器的检查护理

刮水器能否正常使用，对汽车的安全行驶至关重要。所以，平时应注意对刮水器刮水部件的检查保养。

1. 刮水器片的检查

(1)刮水器片检查。检查刮水器片是否磨损或老化。磨损或老化的刮水器片不但刮不干净尘土，反而会损伤风窗玻璃，所以应及时更换。良好的刮水器片橡胶部分应柔软而富有弹性，可以左右翻滚自如，刮水器臂角度可以调整，刮水器片能直立在风窗玻璃上而且平整。

(2)刮水器片的护理。首先打开汽车的发动机舱盖，打开洗涤液罐盖子，先注入2.5～3 L的清水，以此来稀释超浓缩的雨刷精，将超浓缩的雨刷精倒入罐中，将盖子拧好；然后将发动机舱盖盖好；最后起动汽车，选择自动清洗玻璃的按钮，让刮水器片自行清洗风窗玻璃。

2. 刮水器各连接部位的检查

重点检查刮水器臂下端是否连接可靠，刮水器臂与刮水器片接头是否紧固。

九、玻璃洗涤器的日常检查

玻璃洗涤器多为电动式，与刮水器配合使用。风窗玻璃往往黏附有泥沙，雨天行驶，若玻璃洗涤器喷不出洗涤液来，刮水器片来回摆动时，不但不能刮净玻璃上的泥沙、灰尘，还会造成视线模糊不清，严重影响行车安全，同时会使刮水器片和玻璃受损。

玻璃洗涤器的主要组成部件：洗涤液罐、直流电动机、水泵、输水管和喷嘴等。

(1)检查储液罐中的洗涤液量。洗涤液罐中洗涤液不足时添加，以保证玻璃洗涤器正常工作。如果洗涤器未经常使用而洗涤液消耗较快，应检查洗涤液罐是否有裂纹，各连接处连接是否可靠。

(2)检查喷嘴是否正常喷射。在发动机舱盖上或里面装有洗涤器喷嘴，洗车打蜡时，很容易将喷嘴堵塞，导致洗涤器无法正常工作，最简单的方法就是用大头针通一下。

【提示】检查玻璃洗涤器功能是否正常时，应将风窗玻璃喷湿，否则会刮伤玻璃。

【知识拓展】

非接触式洗车

效果同电动洗车，采用“no touch”理念，真正做到了无损洗车，同时将洗车与养护相结合，洗车时给车辆以更多的保护。但因蜡、洗车液等成本偏高，所以费用较一般洗车贵。

洗车步骤：

(1)首先用高压水流形成一道雨墙，以各种角度从前至后冲刷车辆，以冲掉车上的灰尘及缝隙中的泥沙。

(2)将 pH 呈中性的专业洗车液喷到车身上，自动感应的喷头会根据车身形状，沿着车身和底盘自动进行反复清洗。

(3)清洗结束后将一层保养车漆的水蜡喷到车身上，给车体以滋润。

(4)根据车身形状自动仰俯的出风口发出的强力气流迅速吹干车身。

(5)工作人员使用高压空气将隙缝中的残余水分冲掉。

非接触式洗车空间见图 2-43。

图 2-43　非接触式洗车

【思考练习】

1. 简述汽车玻璃的清洁。
2. 简述汽车玻璃的养护。
3. 简述汽车玻璃划痕的处理方法。
4. 简述常用的汽车玻璃养护剂。

5. 简述常用的汽车玻璃修复工具。
6. 简述汽车轮胎与轮辋的清洁。
7. 简述汽车轮胎与轮辋的养护。
8. 简述汽车轮胎与轮辋的养护用品。
9. 简述刮水器片的护理方法。
10. 简述车灯护理的基本操作方法。

项目3 内饰的清洁与护理

任务1 汽车车室的清洁护理

【任务导入】

汽车内饰是车主用车时接触最多的车身部件。保持汽车内饰清洁,能够使车主能够拥有一个良好的用车环境,从而有更好的用车体验。但是车子在使用过程中,免不了会弄脏车内的地毯、座椅皮革;汽车的塑料内饰也会因为使用时间久了而铺上灰尘。下面我们来学习一下如何清洁车内的各种内饰。

【任务分析】

如何清洁车内的各种内饰?第一,打开所有车门,首先从车盖顶部开始喷汽车专用泡沫清洁剂,进行拭擦。第二,再到前挡玻璃处,喷汽车专用玻璃清洁剂进行拭擦。第三,针对方向盘、前台处、音响处进行拭擦。第四,在座位进行泡沫喷射,从上到下拭擦。第五,门边上进行拭擦。

对于特别脏的座椅,清洁时就没有那么简单了,要进行几个步骤才能彻底打扫干净。首先,用毛刷子清洗较脏的局部,比如较大污渍、垃圾等;然后,用干净的抹布蘸少量的中性洗液,在半干半湿的情况下,全面擦拭座椅表面,特别要注意的是,抹布一定要拧干,以防止多余的水分。

清洗地毯。汽车里面最容易脏的就是地毯,汽车本身自带的地毯基本是和汽车一体的,不容易拆下来清洁,最好在汽车内放置活动的脚垫。如果脚垫不太脏,拿到车外拍打就可以了。如果使用毛刷头的吸尘器进行吸尘处理的话,可以使较脏的地毯看上去不那么脏乱。对于特别脏一些的地毯,就只能动用洗涤剂了,在洗涤前先进行上述两项除尘工作,然后喷洒适量的洗涤剂,用刷子刷洗干净,最后用干净的抹布将多余的洗涤剂吸掉就可以了。

【知识要求】

1. 了解汽车内饰清洁的目的和作用。
2. 熟悉汽车内饰清洁的项目与施工流程。

【能力要求】

1. 掌握汽车内饰清洁的施工方法和工艺。
2. 能够单独对汽车内饰进行清洁和护理。

【相关知识点】

一、车室清洁护理的必要性

现代车辆已越来越注重车身内部的装饰，特别是一些豪华的轿车，装备有结构复杂和昂贵的仪表、空调、音响、车载影音、各类电控装置，以及丝绒或真皮座椅等，有如家居般舒适。因此要创造一个良好的乘坐环境，保持车内的清洁和做好各项美容和护理工作已显得非常重要。

车厢内饰部分平时受外界油、尘、泥沙、吸烟、乘客汗渍及空调循环等不良因素的影响，使车厢内空气受染，内饰中的地毯、真皮或丝绒座椅、空调风口、后备箱等处，经常接触潮湿的空气和水渍，使丝绒发霉、真皮老化，甚至产生难闻的气味。还会滋生细菌，既影响身心健康又不利于驾驶心境。因此，汽车车室的清洁护理非常重要，一般每 3 个月应做一次全套室内专业护理（图 3-1）。

图 3-1 汽车内饰清洁前后对比

二、常见的车室清洁护理方法

1. 汽车车室污垢种类与形成过程

（1）污垢的种类。汽车车室污垢主要有 3 种：

①水溶性污垢有糖浆、果汁中的有机酸、盐、血液及黏附性的液体等。

②非水溶性固体污垢有泥、沙、金属粉末、铁锈、虱虫等。

③油脂性污垢有润滑油、漆类产品、油彩、沥青及食物油等。

(2)污垢的形成过程。

①黏附：污垢会在重力作用下停落或黏附在物件的表面。当有压力或摩擦力产生时，污垢也会渗透物件的表层，变得难以去除，如汽车玻璃及仪表台上的灰尘。

②渗透：饮料或污水会渗透物件的表面，被物件所吸收，以致很难清除。如车门内饰板、后挡台、脚垫上的饮料或血渍等。

③凝结：黏性污垢变干凝固后，会紧紧粘贴在物件表面，如汽车内饰丝绒、脚垫或地毯表面的轻油类污垢。

2. 去除污垢的方法

(1)有效清洗污渍的方法。要想有效地清洗污渍，需要4个方面的相互配合，才能发挥最佳的清洁效果。

①高温蒸汽。可以使极难去除的污垢，在清洗之前先软化，为手工清洁部件上的污渍做好准备。

②水。用水可去除去水溶性污垢，但不能去除油脂性污垢，而且难以清洁触及不到的内部部件上的水溶性污垢。

③清洁剂。能去除轻油脂及重油脂类污垢，帮助水分渗入内饰丝绒化纤制品。

④动力。清洗车室内部件时，拍打、刷洗、挤压等皆有助于去除污垢。

(2)清洗方法。清洗按照使用设备的不同可以分为机器清洗和手工清洗。

①机器清洗。机器清洗最大的特点就是使用内饰蒸汽清洗机。配合多功能强力清洁剂。蒸汽清洗机可以清除内饰部件上很难清洗的污渍，利用温度极高的热蒸汽软化污渍。可用于丝绒、化纤、塑料、皮革等几乎所有车室部件的清洗。机器清洗操作起来比较方便省事，操作时应根据不同材料的部件选择不同的温度，以免损伤部件，并用半湿性毛巾包裹适合内饰结构的蒸汽喷头。

②手工清洗。手工清洗要求配制合适的清洗剂。一般来说，清洗剂应使用负离子纯净水作为溶媒，采用pH平衡配方。高效的去污配方主要由非离子活性剂、油脂性溶解剂、泡沫稳定剂和香料等组成，能迅速去除车室内饰表面的尘垢和各种污渍。

【任务实施】

车室的清洗护理是一项系统细致的护理作业，一定要遵循规范的操作程序。其基本步骤主要包括室内除尘、内饰的清洁与护理、车内消毒和喷空气清新剂三项。

1. 室内除尘

除尘吸尘是车室清洗护理的第一步。汽车内饰最忌受潮，潮气会使内饰发霉、变质，并发出难闻的气味。因此室内除尘应避免采用水洗的方法。

专业的车内清洁步骤是：

(1)首先将车内的脚踏垫和杂物取出，抖去尘粒，倒掉烟灰。

(2)对于汽车内的刹车踏板等部件，可以用小牙刷或蘸有清洗剂的抹布进行刷洗。要特别注意的是离合器踏板、刹车踏板、油门踏板部分，要认真清扫，特别要清除上面的油脂类污垢，这对开车时防滑有很大好处。

(3)用真空吸尘机进行细致吸尘。应遵循从高到低的原则。首先进行顶棚的除尘,然后依次是仪表板、座椅、车门内侧及后备箱。地板的吸尘要分二次操作,第一次吸掉沙粒,第二次更换带刷子的吸头,边刷边吸,主要吸掉灰尘。要特别注意地板拐角部位的尘垢,必要时反复吸除至干净。

2. 内饰清洁与护理

汽车内饰件除尘结束后,还应和外观一样,进行清洗,营造一个清新的车内环境。内饰清洁与护理的步骤是:

(1)全车"桑拿"(选用)。内饰清洁与护理前可以用蒸汽机给汽车"蒸个桑拿",以增加污物的活性,使之在清洁时容易从载体上分离。

具体方法是在蒸汽清洗机中放入适量清水,对车内除顶棚和仪表板外的部位(包括后备箱)进行桑拿,同时也可去除车内的异味。

(2)顶棚的清洁与护理。顶棚多为毛料或纤维绒布制成,因其位置特殊,黏附的油污不多。主要是由于车顶棚绒布具有吸附性,故其主要污染是吸附烟雾、粉尘及人体头部的油脂,这些污物如果不及时清除,在空气中水汽的作用下便黏附在顶棚上,难以清除。清除时,难以使用机器,只能人工操作,如图 3-2 所示。

图 3-2 汽车顶棚清洁

对于化纤织物,应选用专用的化纤织物清洁剂,不能使用碱性较强的洗衣粉或洗洁净。因为这些碱性物质在清洁过程结束后,仍有一部分残留在织物内部,这部分碱性物质极易使化纤织物变黄、腐蚀。因此选用化纤织物清洁剂一定要慎重,在没有把握的情况下,最好先在车室隐蔽部位进行试用,确认不会使纤维变色或变质后,再进行大面积使用。

方法:将化纤织物清洁剂喷到污垢处,稍停片刻,用干的洁净纯棉布或毛巾将顶篷中的丝绒清洁剂污液吸出,再从污迹边缘向中心进行擦拭。污垢严重时可多次重复以上操作,处理干净后用另一块干净的棉布顺着车顶的绒毛方向抹平,使其恢复本来的容貌。

注意:车顶棚内填充物是隔热吸音的材质,吸收水分的能力强,清洁时抹布一定要干一些,否则湿乎乎的抹布会使清洗剂浸湿车顶材料，以至很难干燥。

(3)仪表板等塑胶件的清洁护理。仪表板与置物箱大多为塑胶制品，外表存在较多细条纹，其上沾染的成分简单，多为灰尘，容易清除。清洁方法一般是先用湿毛巾擦拭，再使用专用塑胶护理上光剂处理。只需轻轻擦拭，清洁、上光便一次完成，即可得到一个干净光亮的表面。如果个别部位积垢太多，无法清除时，可以喷洒塑料皮革清洁剂，然后用软毛刷刷除，再用蘸有清水的毛巾擦拭，最后用麂皮吸去其上的水分。仪表板清洁完成后可喷涂一层皮革(或塑料)保护剂，3～5 min后再用绒布擦拭，即能起到很好的保护作用。最后喷涂能保持表面光亮，也不容易沾染灰尘并且容易擦拭。

注意：仪表盘部位在使用清洁剂擦拭时，动作要轻柔，避免划伤仪表盘。

方向盘多为酚醛树脂、ABS工程塑料制造，有些还附有人造革软化层，容易沾染油脂、汗脂，积聚各种污垢，应用塑料清洁剂清洁。如果方向盘外包有外套，可先将外套拆下单独处理，方向盘外套的材料多为橡胶或橡塑件，可以用橡胶或塑料清洗剂清洗，再用清水冲洗，最后喷涂橡胶保护剂和光亮剂。

(4)座椅的清洁护理。座椅的使用频率极高，沾有大量的人体汗渍、油渍和细菌，是车内清洁的重点。座椅的清洁护理应根据座椅的材质来确定。座椅一般有两种材质，一种是化纤织物，一种是人造革或真皮制品。不同的面料要使用不同的清洁剂清洁，否则不科学的清洁方法会给面料带来损害。另外，织物和皮革的颜色是通过吸收染料而形成的，有机染料会与某些清洁剂发生化学反应，出现褪色(氧化)现象。因此，对某些牌子的清洁剂首次使用时，应先在座椅面料的不显眼地方进行试用，确认无褪色后，才能正式大面积使用。

①化纤织物座椅的清洁护理。化纤织物座椅清洁时应注意的问题：对于化纤织物，其特点是非常柔顺、色泽丰富以及乘坐舒适，但容易吸附烟尘和汗渍。因此这类座椅的清洁应注意3个问题：

第一，恢复座椅的本来面貌，除去表面及渗入内部的各类污物和油垢。

第二，要保持或恢复绒毛即纤维性材料本身的柔顺性，必须采用专用的清洁剂进行处理，绝对不可以用汽油、烯料或丙酮等清洁剂，更不能用碱性较强的洗衣粉或洗洁精。因为这些物质对绒毛制品的柔顺性、光亮度及颜色都有很大的影响。

第三，要求清洁剂不能影响绒毛材料的颜色，防止清洗后出现颜色不一的情况。因此在选用化纤织物清洗剂时，应在车室座椅上隐蔽的部位进行试用，确认不会使织物变质、变色后再进行大面积使用。

化纤织物座椅的清洗方法：化纤织物座椅的清洗分为机器与手工操作两部分。

机器清洗是将化纤织物清洁剂装入电热式喷水/吸尘/吸水多功能清洗机中，并喷在座椅表面，对污物严重的地方可以重点喷涂，对于座椅表面则应使用小扒头来清洗，这种机器可以循环使用清洁剂，直至其吸收污物、油脂达到饱和后再更换。由于化纤织物清洁剂具有清洁、柔顺和着色三重功能，因此清洁护理可以一次完成。

手工清洗主要用来清洗小的缝隙(机器扒头难以接近、清洗的地方)。取一块洁净的干毛巾，使用小包装且带有喷头的化纤织物清洗剂喷到污处，停留1～2 min，使脏物充分溶解软化，然后将毛巾用力压在脏污处，挤出溶解了油垢、污物的液体，再从四周向中间仔细擦拭(或用毛刷刷洗)，直到清除污迹。然后用干毛巾或麂皮吸干，对于特别重的污迹可多次重复上述过程。

注意:应根据织物的质地不同选择合适的清洁剂。清洁时要充分考虑织物纹理的变化和规律,一般采用纵横双向清洁效果较好。清洁结束后再用干毛巾顺着纤维织物的方向擦拭。

②人造革、真皮座椅的清洁护理。

人造革、真皮座椅的特点:人造革、真皮座椅的共同特点是其表面都有许多细纹,这些细纹内极易吸附许多脏物污垢,一般方法很难去除干净。用湿毛巾擦拭后,看起来似乎很干净,但其上积聚的油污等是无法擦掉的。而且人造革和真皮亦不可用水清洗,否则不但影响美观,而且会产生裂纹而影响使用寿命。因此,这类座椅必须使用专用的皮革清洁护理剂。

专用的皮革清洁护理剂具有清洁美容和保养护理功能,它们不但具有清洁、上光功能,还具有除静电、增强保护的功能。

人造革、真皮座椅的清洁护理方法:对于较脏的皮革座椅,建议首先用化纤织物清洁剂进行预处理。因为有些污垢可能深藏在皮革表面,使用化纤织物清洁剂能有效润湿和充分分解油污,使下一步清洁工作更加彻底。

清洁护理方法:首先将化纤织物清洁剂喷到座椅表面,稍停片刻,用软布仔细擦拭(擦拭时,不可将座椅弄得太湿,以免清洁剂顺着接缝渗入座椅内部),方法同处理化纤织物座椅一样,从四周向中间逐渐进行,再用一块干的软毛巾将其擦干;然后打开车门,使空气流通,晾干皮革上的水分;最后将真皮上光保护剂喷在打蜡海绵上,像打蜡一样,均匀涂在座椅表面,10 min 后用干毛巾擦干作为最后的上光处理(图 3-3)。

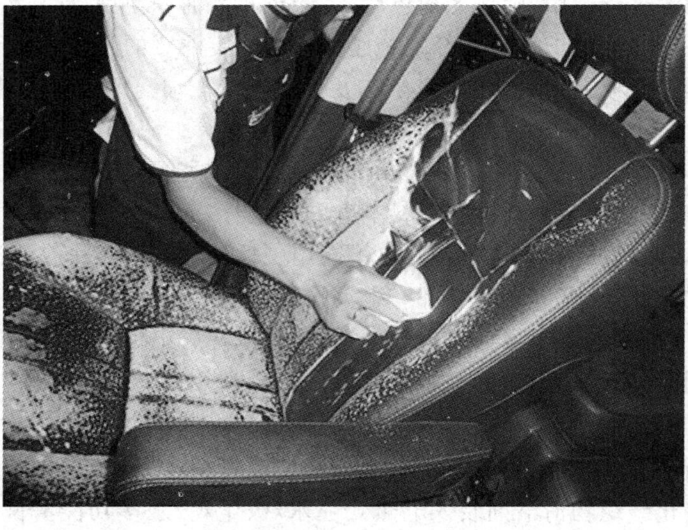

图 3-3 真皮座椅清洁

如果皮革座椅不太脏时,可以直接用真皮上光保护剂进行清洁上光。

注意:座椅清洁后喷涂保护剂和光亮剂是非常必要的。因为树脂型保护剂能在座椅的表面形成一层保护膜,可以免受污垢的直接侵蚀,并有耐磨、抗紫外线损害和易清洁等功效,保护剂对皮革还有防止龟裂的作用。喷涂光亮剂后能使座椅表面更加艳丽。

如果座椅上装有座位套和头枕套时,应取下用高效多功能洗衣机清洗。当整车美容和护理作业完成时,座椅套和头枕套的清洗和烘干工作也结束了。

(5)门饰板的清洁护理。门饰板有化纤织物和皮革两类。

一般汽车的门饰板距离坐车人近,最容易因“手”而弄脏,而且油污等较多,可采用与同的方式进行(图 3-4)。

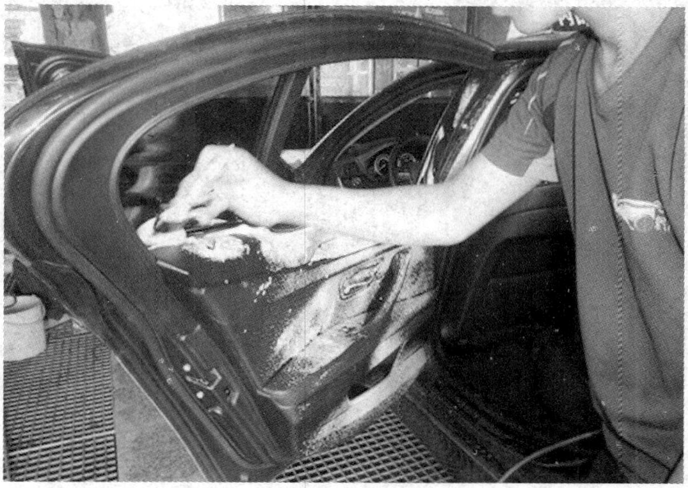

图 3-4　门饰板的清洁

(6)安全带的清洗。拆下脏的安全带,用中性肥皂水或温水擦洗。不可选用染色剂或漂白剂作为清洗剂清洗,否则将降低安全带的强度。

清洗安全带时应注意:

①安全带一定要保持清洁,如果安全带不干净,就会影响其效能的发挥。

②卷带前,安全带必须完全干透。

③不能用化学方法擦洗安全带,因为化学清洗剂会破坏织物。安全带不能与有腐蚀性的液体接触。

(7)地毯和踏脚垫的清洁。地毯和踏脚垫多为纤维织物制作,对于不可拆卸的地毯,应用电热式喷水/吸尘/吸水多功能清洗机清洁,或用蒸汽机进行消毒处理,最后喷涂保护剂和光亮剂。

对于拆卸下的地毯或踏脚垫,取下后先用敲击法弹掉附着在其上的沙砾、碎屑,然后用空气清洁枪吹落灰尘。如果地毯很脏,去掉灰尘后,用泡沫清洗液或专用地毯清洗液清洗,并且用清水冲洗干净,再将它们折叠起来,放入专用脱水机内脱水后放回车内便可。

(8)空调通风口的清洁。空调系统为司乘人员提供了舒适的乘坐环境。但汽车在行驶时,大量的灰尘污物会加入空调的进风口,吸附在风道内侧,在高湿的环境下,会滋生大量的细菌,危害人体健康。

对空调通风口清洁时,首先要搞清空调进出风口和进气滤网的位置(有的车型无进气滤网),清洁时,用真空吸尘机对各进出风口吸尘,然后取下进气滤网,拍云灰尘,用湿毛巾擦去进出风口的灰尘和污垢。空调系统的进出风口和控制面板材料多为硬质塑料,沾染的污垢简单,基本为粉尘沉降,由于空调通风口有栅格,建议清洁时使用海绵条蘸取塑料清洗剂处理,也可以用小的软毛刷配合进行仔细清洗。后排座椅上的控制面板由于较易沾染指模、油脂和汗渍,应采用塑料清洗剂进行清洁,喷涂后用毛巾轻轻擦拭,但切勿用力过大,以免损坏电控开关和刮花面板上的饰件(图 3-5)。

图 3-5 空调出风口的清洁

(9)汽车内饰清洁时的注意事项。

①使用适当的清洁剂。清洁汽车不同材质的内饰部件时,最好使用专用于该物件或最相称的清洁剂。如用化纤织物清洁剂清洗丝绒纤维制成的座套、地毯等。

②不能随意混合或加温使用内饰清洁用品。不同的内饰清洁用品混合后,可能产生有害物质,而某些化学成分混合后,可能会释放有毒气体。将清洁剂加温,如放入蒸汽清洗机内使用,也会产生有害气体。因此,除非产品包装上注明特别的混合比例或配合机械的使用方法,否则切勿随意混合或加温使用内饰清洁用品,以免发生化学反应,产生有害物质。

③使用不熟悉的产品应先测试。对于首次使用的清洁剂,应先在待清洗部件的不显眼处进行测试,以防褪色或有其他损害。

④正确保存清洁用品。注意正确地保存清洁剂,这样既保证产品充分发挥效能,更有助于防止产品过早变质。

3. 室内消毒和喷空气清新剂

车内清洁后,复装地毯、踏脚垫、座椅套和头枕套,此时车内已经焕然一新。但仍然有许多看不见的细菌无法彻底清除。尤其是冬天,开车人一般很少开窗通风透气,车内积聚了大量细菌,即使经常打开车窗,保持车内空气流通清新,但对遗留在车内座椅、内饰、顶棚等处的细菌却无济于事,加之车内卫生死角较多,所以对车内进行彻底的消毒是很有必要的。

室内消毒一般是采用清水产生的高温蒸汽进行杀菌消毒。

首先将一定量的清水倒入蒸汽机中,接通电源,加热约 30 min,同时观察温度表和压力表的读数,当温度达到 140℃时,即可用产生的蒸汽对车内部件进行逐一消毒,如图 3-6 所示。

消毒时注意避免接触电器部分,整个过程大约需要 1 h。

消毒完毕可以选择合适的香型,喷洒少量的空气清新剂,使乘坐环境更为舒适。

车辆完成车室清洁后,为了节约时间也可以用空气清新剂进行清新杀菌处理,净化室内空气。喷施方法:将发动机熄火,将空调设置在进风状态,向空调各出风口处喷施空气清新剂,连续喷 10 s;启动发动机,打开空调系统,将其设置为内循环和最大出风量,在各进风口处连续喷

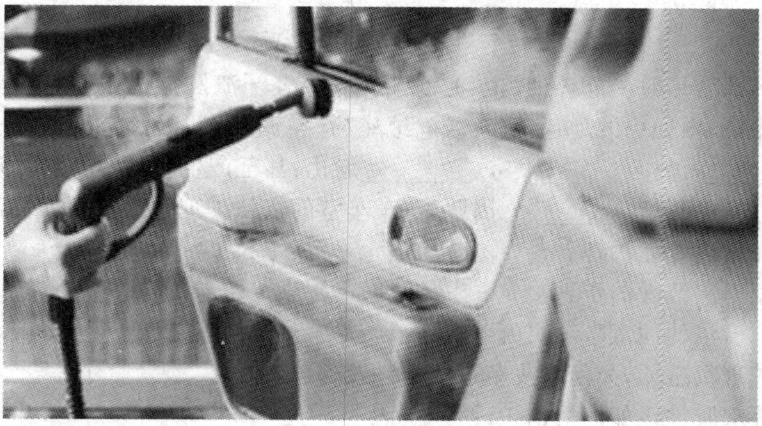

图 3-6　室内蒸汽消毒

洒空气消毒剂 10 s 进行杀菌去除异味，发动机持续运转 5 min，然后打开车门使空气流通。最后再喷洒空气清新剂。

【知识拓展】

内饰件常见顽固污迹的清除

1. 霉

内饰件受污染未及时清洁导致霉变，对此进行清除时可用热肥皂水洗霉点，用冷水漂洗干净，再浸泡在盐水中，然后用专用清洗剂清洗擦干。

2. 口香糖

口香糖清除时可用冰块使其硬化，然后用钝刀片刮掉，最后用清洗剂清洁擦干即可。

3. 焦油

可先用冷水彻底刷洗，如难以去除干净，可用焦油去除专用清洗剂浸润一段时间，然后擦拭干净即可。

4. 黄油、机油等

用专用的油污去除剂，从污迹周边向中心清洗，当污迹已经洗掉时，用毛巾擦干。

5. 人造革裂口的修理

座椅、门边内衬等常使用人造革，在使用过程中，难免意外受伤，甚至出现裂口，对于这类破损，可采取以下方法进行修补：先用电吹风将裂口两边吹热，再将一块纤维布衬在裂口下面，并精心将裂口两边对齐，然后压平，最后将人造革修复液涂在修理部位上，待完全干后即可。

6. 地毯破损的修补

汽车内饰地毯常见的破损形式为烧痕及裂口。在这类破损处理时，先将损坏部分的毛边切除，另找一块地毯（或在座椅下不显眼处切下一块）作补片，用胶将补片沿损坏部位毛边切除处粘接上，再用毛刷理顺接缝即可。

【思考练习】

1. 车厢内饰部分平时受外界油、尘、泥沙、吸烟、乘客汗渍及空调循环等不良因素的影响，使车厢内空气受染，内饰中的地毯、真皮或丝绒座椅、空调风口、后备箱等处，经常接触潮湿的________和________，使________发霉、________老化，甚至产生难闻的气味。还会滋生细菌，既影响________又不利于________。因此，汽车车室的清洁护理非常重要，一般每________个月应做一次全套室内专业护理。

2. 简述汽车车室清洗的步骤。

3. 汽车内饰清洁的注意事项有哪些？

4. 皮革的护理很重要，如何对皮革进行清洗及保养？

5. 仪表板等塑胶件该如何清洁护理？

6. 门饰板该如何清洁护理？

任务 2　发动机室与行李箱的清洁护理

【任务导入】

王先生的长城哈弗 H5 车来我店清洁，车子外表干净，发现发动机室脏污很严重，油泥遍布在发动机上，很难清除，于是对王先生的发动机室进行清洁与护理。

【任务分析】

发动机舱就是发动机组工作的空间，发动机舱最大污染源是灰尘、泥土、油污等。如果我们清除了油泥便能把发动机清洗干净，那么该如何对发动机清洁呢？发动机作为汽车的核心部件能够用水直接冲洗吗？到底该如何清洗呢？

【知识要求】

1. 了解发动机室与行李箱的清洁方法。

2. 熟悉发动机室与行李箱的清洁步骤。

【能力要求】

掌握发动机室与行李箱的清洁流程，能够使用工具、仪器、设备等对发动机室及行李箱正确的清洁。

【相关知识点】

一、发动机室的清洁护理

1. 发动机外部清洗剂

发动机外部油污较重，需用油脂清洗剂进行清洗，此类清洗剂大多称去油剂也称发动机外部清洗剂。发动机外部清洗剂一般呈碱性，能快速乳化分解去除油污，对机体没有腐蚀作用，且水溶性好，可以完全生物溶解，易用水冲洗，不留残留物，而且具有极强的去油功能。目前市场上的去油剂大致有 3 类：

(1)水质去油剂。该类产品具有安全、无害、成本适中等优点，但去油功能有限。

(2)石化溶剂型去油剂。该产品具有去油能力强，成本低等优点，但易燃、有害。

(3)天然溶剂型去油剂。该产品不仅去油功能强，且无害，但成本较高。

2. 发动机外部清洗常用的设备、工具和材料

发动机室清洁的工作量虽然大，但项目较少，不需要进行复杂的拆装，故所用的设备、工具和材料也较为简单，主要有空气压缩机、高压洗车机、毛巾、海绵和毛刷、发动机外部清洗剂、蓄电池清洗剂、电池接线桩头保护剂、橡胶清洁剂和保护剂、清洁除锈剂等。

【注意事项】无论在什么情况下清洁发动机舱和发动机，都要先让发动机熄火，而且所有的电器都不工作。并且是在发动机舱温度下降之后清洁，不要在高温的条件下清洗。

【任务实施】

在清洗发动机外部时，应先将发动机熄火，使所有电器不工作，并使发动机室温度下降，千万不可在高温下清洗。

清洁方法和步骤如下：

(1)塑料薄膜包裹电器元件。清洁前，必须用塑料薄膜将发动机的电器元件包裹起来。如保险盒、发电机、汽车控制主电脑、高压线圈等，以免清洁作业时沾上水渍，造成电器损伤。

(2)喷洒发动机外部清洗剂。首先摇晃发动机外部清洁剂使其混合均匀，然后将发动机外部清洗剂喷涂到整个发动机室及发动机外部各部件总成处，停留 3～5 min，以使污垢尽可能被吸附到泡沫中。细小部位需使用刷子刷，使脏物浮起，如图 3-7 所示。

图 3-7　发动机舱的清洁与护理

(3)高压水冲洗。当清洁剂的泡沫开始消失时,用高压洗车机或喷水枪仔细冲洗。清洗时应使用散射水柱进行冲洗。务必彻底冲洗使清洁剂不残留。

(4)顽固油污的去除。对于发动机上残留的顽固附着污物,可将去污力较强的化油器清洗剂喷涂在干净的抹布上,并用这块抹布擦拭脏污处,擦抹干净后再喷涂发动机外部清洁剂,停留 2～3 min 后再用水冲洗干净。

(5)清除锈蚀。金属生锈过程是一个缓慢的氧化过程。开始时,金属表面会出现一些细小的斑点,然后斑点逐渐扩大,颜色变深,形成片状或层状的锈蚀物,如不及时清除会影响机件的使用寿命。清除锈蚀应使用清洁除锈剂,方法是将除锈剂喷涂在锈蚀处,10 min 左右,再用硬毛刷刷洗,然后用软布擦干。

(6)清洁空气滤清器。目前汽车空气滤清器普遍采用纸质滤心,它安装在滤清器壳里,对吸入发动机的空气进行过滤,使用一段时间后会有大量的尘土、沙粒吸附在上面,降低了发动机的进气量,因此应定期清洁。清洁时,将纸质滤心从滤清器的壳里取出,用压缩空气(由内往外),将其吹干净即可。注意不可将其弄湿,更不能用水清洗,如果发现滤清器破裂必须及时更换。

(7)电器元件的清洁。发动机的电器元件必要时可以用电器元件专用清洁剂来清洁,作业中不要用水清洗,只需擦干或任其自然干燥。清洁后再使用多功能防腐润滑剂喷涂一遍,使电器元件的接插头具有抗潮、避水及润滑等多项保护功能。

(8)蓄电池的清洁。由于汽车行驶时的颠簸振动和发动机室温度的升高,蓄电池电解液常常会从加液口中溅出,电解液会腐蚀车架的底板和电池的安装支架,因此应定期检查清洁。清洁时,先将蓄电池从车上拆下,用蓄电池清洗液清洗。清洗时注意不要让清洗液从加液口流进蓄电池,破坏电解液的纯度。蓄电池极柱变旧会引起接触不良,因此清洗完毕安装时可在蓄电池极柱上涂抹一层保护剂或润滑脂防止极柱的氧化。

(9)流水槽的清洁。前挡风玻璃下方发动机盖与两前翼子板接合处的流水槽,大部分很脏,清洗时必须注意观察流水槽是否疏通并配合软毛刷刷洗,再用干净软布擦干。清洁干净后,可以喷涂橡胶清洁护理剂,防止橡胶老化。

(10)喷施发动机保护液。先用高压气体将发动机上所有的零部件、轴承孔、铰链及缝隙吹干。再将发动机保护液均匀喷涂在发动机壳上,线束或橡胶物件可用打蜡海绵蘸上橡胶护理剂擦拭加以保护。

二、行李箱的清洁护理

行李箱与车身内部极为相似,内饰多为绒布,清洁方法也基本相同。

清洗时,先取出行李箱内的备用胎、随车工具以及杂物和底板防护垫,拍去灰尘,用吸尘机吸去内部的灰尘、沙泥和污垢,然后用电热式喷水/吸尘/吸水多功能清洗机进行清洁。如果没有上述三合一清洗剂时,可用湿毛巾进行擦拭,主要是去除灰尘,对于局部沾污严重的部位,则用化纤织物清洗剂进行清洁。清洁后,对丝绒内饰可再喷涂一层丝绒保护剂或丝绒光亮剂。对行李箱的密封条,可先用水洗清洁,然后用毛巾吸干水分,再上车蜡或橡胶保护剂。最后对整个行李箱喷洒消毒清新剂,复装备用胎、随车工具和杂物(图 3-8)。

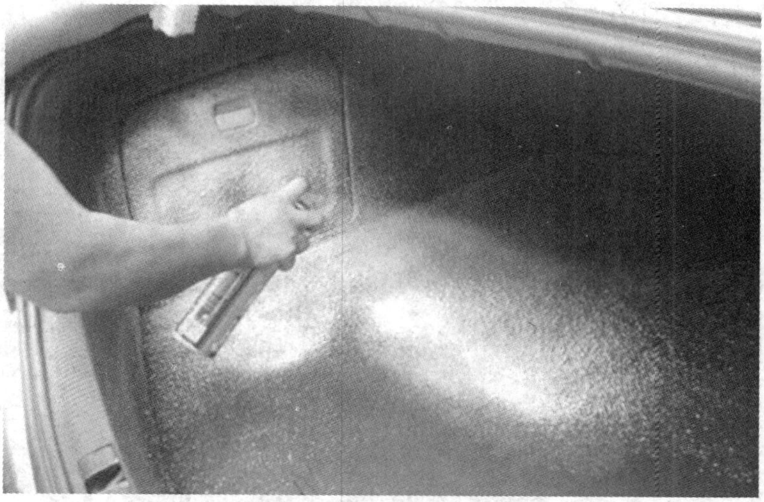

图3-8　行李箱的清洁与护理

【知识拓展】

一、发动机舱清洁DIY教程

1. DIY清洗发动机舱需要的工具

(1)发动机外表清洗剂。普遍都叫这个名字,也有叫发动机舱清洗剂或其他的,有泡沫和雾状两种。

(2)发动机线束养护剂(发动机上光剂等)。

(3)一把小刷子,刷头的宽度不要太大,发动机舱的缝隙多且狭窄,用窄头的更方便,如图3-9所示。

图3-9　发动机舱清洁所需工具

2. 将车停在有排水口的地方

虽然不适用水枪冲洗，但是在清洗后也会有污水流到地面上，污染环境是不好的，所以建议大家在进行发动机清洗前将车停在有排水口的地方，比如小区和道路边的井盖处，如图 3-10 所示。

图 3-10 将车停放的排水口

3. 拆下发动机装饰盖

现在很多车型为了发动机舱的美观，都设计有塑料装饰盖，很多车主会将这个装饰盖擦得很干净，觉得这就是爱护发动机了，其实它只是一块塑料而已……而下面覆盖着的油泥还是原封不动地在那里。所以说想要彻底清洗，首先需要我们将这个塑料盖拆下来，如图 3-11 所示。

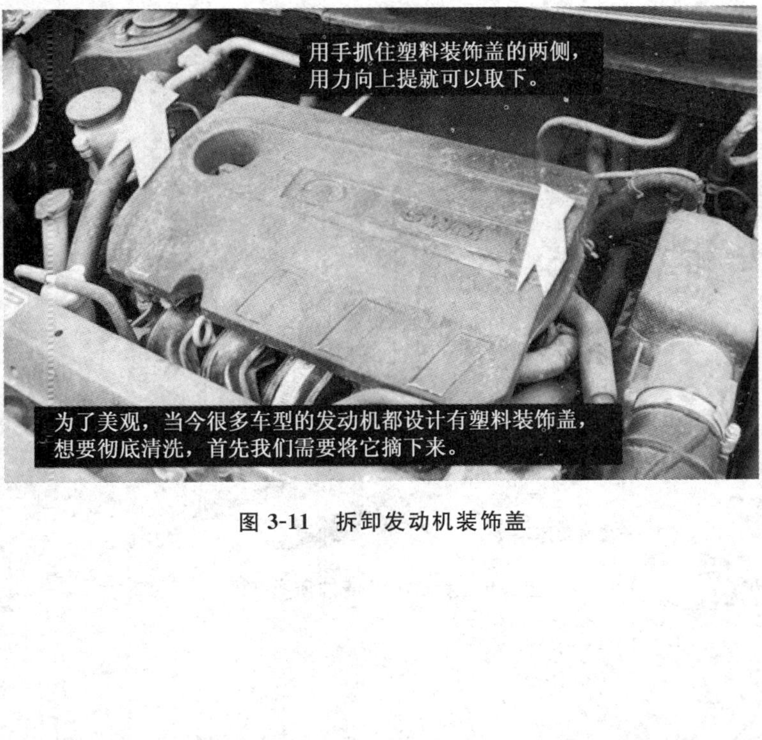

图 3-11 拆卸发动机装饰盖

一般来说，这个塑料盖子都是用卡子固定的，直接用手抓住盖子的边缘向上拔就可以拆下来，很容易。不过部分车型的盖子会连接其他的管路，比如老款的 POLO 就是将空气滤芯设计在这个盖子里面了，拔下来之前需要先拆下所有的管路。

拆下塑料盖子后，就可以看到发动机的主体了，你会发现它比塑料盖子要脏多了。开过几年的车辆，在汽缸盖罩盖上或者是机油加注口附近都会有一些油泥，看起来就像是灰色的亚光漆，想用水冲掉这些东西可就太费劲了，如图 3-12 所示。

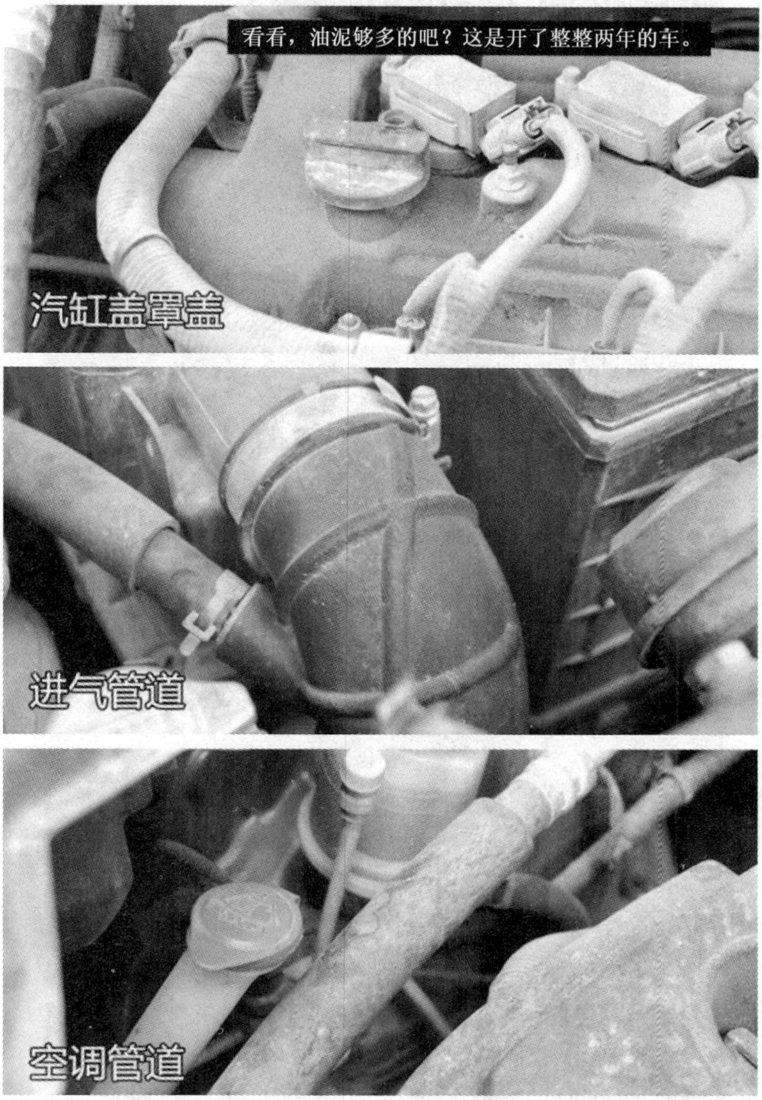

图 3-12　取下发动机装饰盖后的舱内情况

4. 清洗油泥

刚才说到的发动机外表清洗剂在这里就派上用场了，先用布或者是刷子对发动机舱进行简单的除尘，然后就可以准备好发动机外表清洗剂来操作了。这里要提醒的是，如果是刚刚行驶过的车辆，要等稍微冷却 5 min 左右再用清洗剂清洗。

注意：准备工作要做好，清洗剂对人体是有副作用的，闻起来味道很刺鼻，戴上手套和口罩，这很重要。

第一步：将发动机外表清洗剂喷在发动机舱在内的各个部件上，油泥多的地方着重处理一下，但要注意发动机舱内部分零部件是要避免沾水或清洗剂的，如图 3-13 所示。

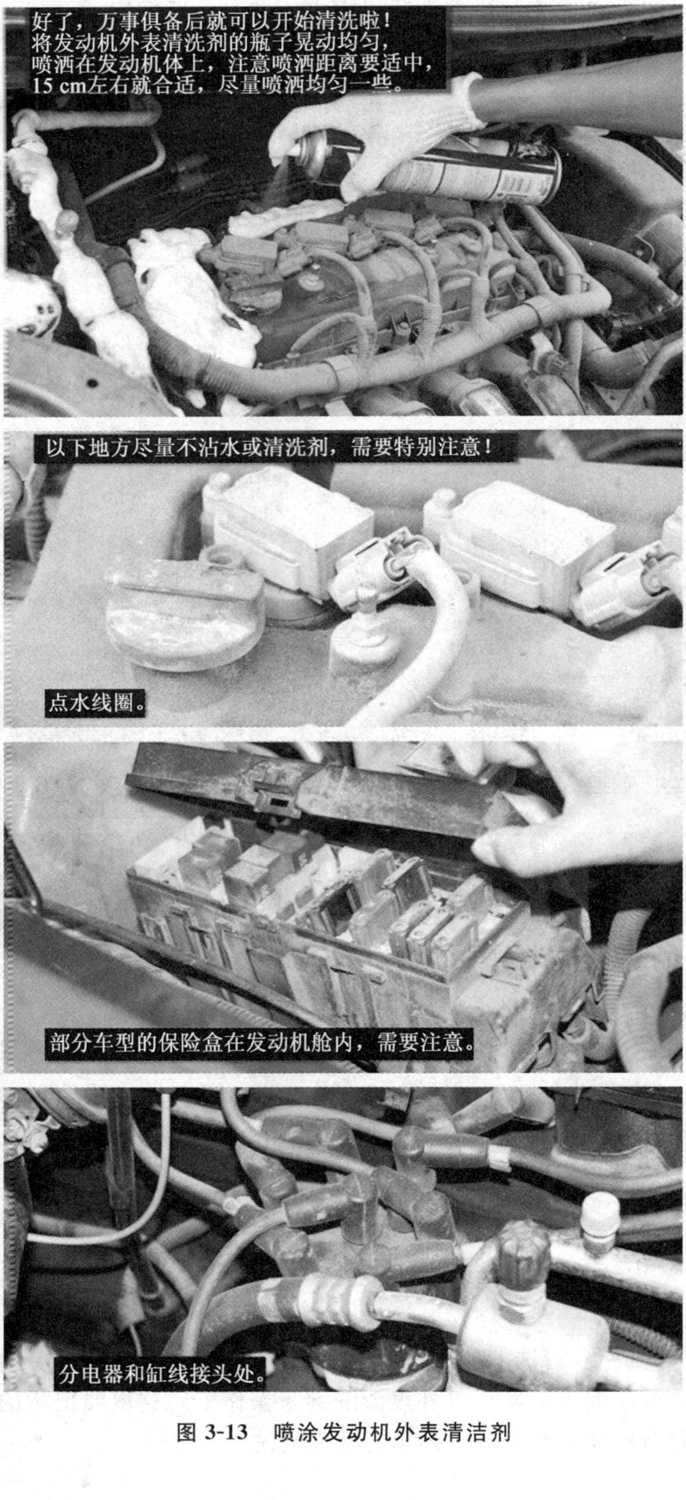

图 3-13 喷涂发动机外表清洁剂

注意保险盒、点火线圈、发电机和 ECU 行车电脑别溅上水或清洗剂，最好做一下防水处理(用塑料布遮盖)。以上说到的不能溅上水和清洗剂的部件可以单独清洁，建议将清洗剂喷在一块布上然后对它们进行擦拭，同样有效。

除了以上提及的不能沾水(清洗剂)的部分，其他部件清洗方法都是一样的，清洗的原则就是，能用手触及的地方都尽量洗到。

第二步：用小刷子清理已经喷过清洗剂的地方，如图 3-14 所示。

图 3-14　缝隙用软刷单独清洁

第三步：等待 5 min 左右。

第一步和第二步是占用时间最长的步骤，也是动作最重复的。用刷子搞定后，等待 2～5 min，让清洗剂的继续“吃”油泥，直至完全将它们瓦解。

第四步：用清水洗干净。

清洗剂在瓦解油泥后，还是会附着在发动机舱内的各个零部件上，所以在它们即将风干之前，要用清水将它们冲洗干净，这里说的用水清洗并不是“玩命”去冲，这和前面中提到的用高压水枪冲是两个概念，只是为了将已经化开的油泥冲下去，因为光用鹿皮或布是擦不干净的，化开的油泥会继续糊在各个零部件上。

前面提及，如果经验不足或者是对于发动机构造不太了解的话，尽量不要用高压水枪去“全面”冲洗。这里建议大家使用小型设备，比如矿泉水瓶或者是浇花的小喷壶，这样可以保证动作更精确，不会水花四溅伤及无辜。不过在用水清洗前还是要做一下防范措施，就是启动车辆保持怠速，以免清洗之后可能导致的无法正常启动，如图 3-15 所示。

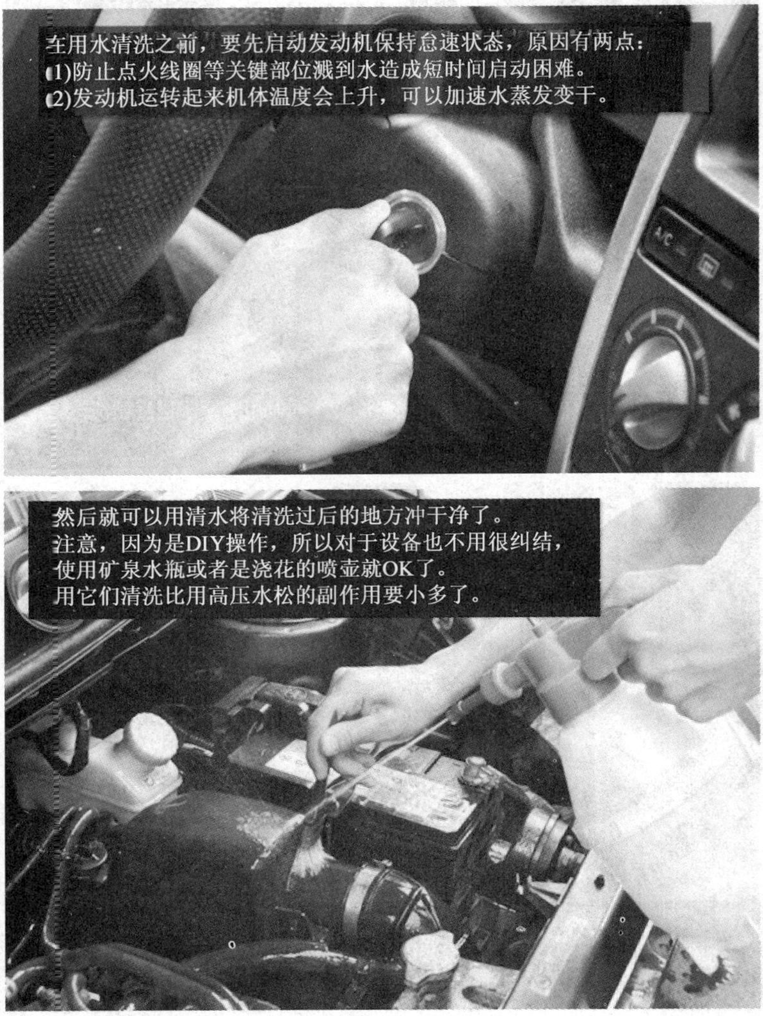

图 3-15　启动发动机用清水冲洗干净

第五步：吹干或擦干。

在用水全面清洗过之后，一定要将发动机舱内部件上的水都弄干净，如果有条件的话，气枪吹干是最好的方式，但是如果在家里自己洗的话，这有点苛刻，可以用鹿皮或吸水性能好的布将发动机舱内部件擦干(最好别用毛巾，会掉毛的)，然后待其完全晾干。到此为止，清洗发动机舱的工作就完戌 90%了，相对于不进修理厂不开发动机盖来说这已经是对于爱车的恩赐了，不过这样还不能够打 100 分，最后再给发动机舱上个光，才是完美的，如图 3-16 所示。

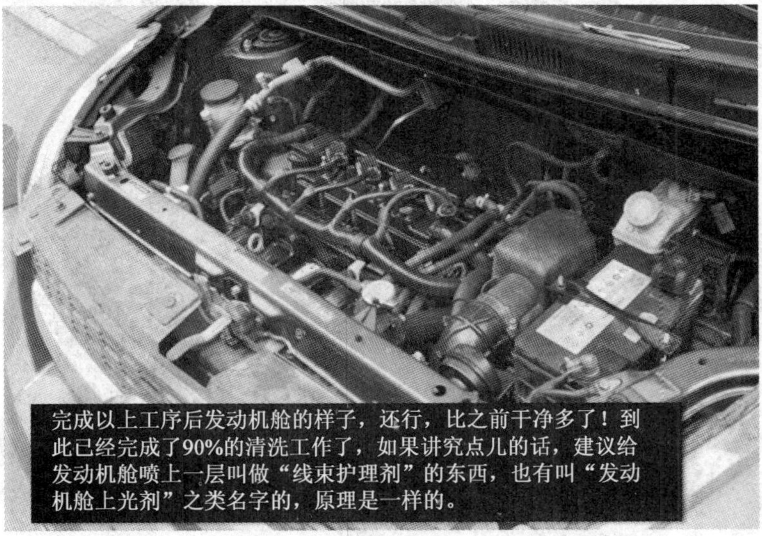

图 3-16　吹干发动机上的水分

5. 喷涂发动机上光剂

发动机舱上光剂是专用的，可以在汽配城轻松买到，价格在 20～50 元。使用方法也很简单，待清洗干净的发动机完全晾干后将线束护理剂均匀地喷在发动机舱内的各个部件上就可以了，如图 3-17 所示，用这个东西有什么作用？①可以防止积累油泥；②可以减缓线束的老化；③减小老旧车型自燃的概率；④让发动机看起来像崭新的一样。

注意：不要用表板蜡代替，因为表板蜡是比较黏的，喷上后会黏上很多灰尘，看起来反而更脏。

我们再来看一下相同部件清洗前后的对比图片如图 3-18 所示。

图 3-17 喷涂发动机舱上光剂

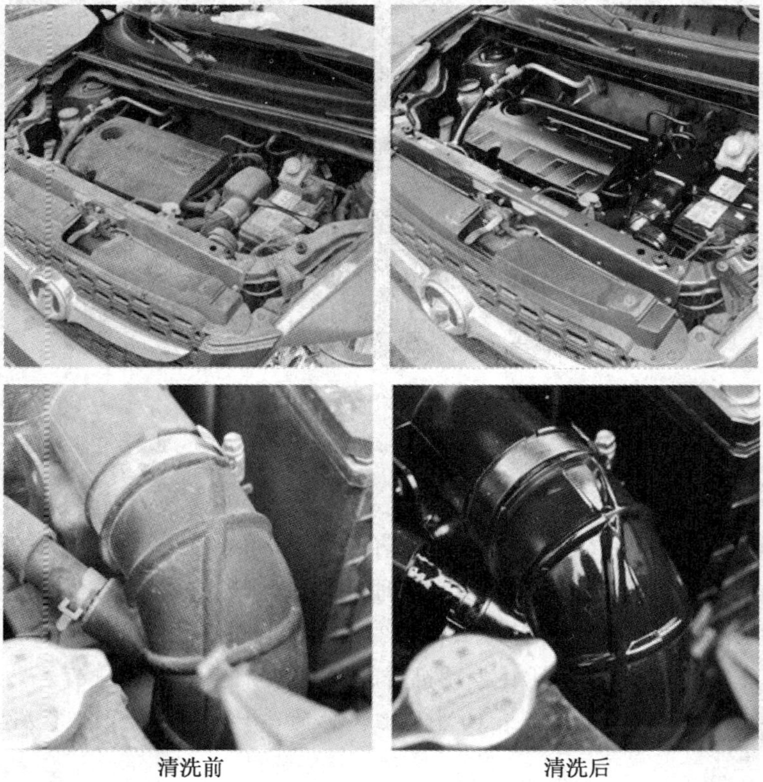

清洗前 清洗后

图 3-18 清洗前后对比

清洗前　　清洗后

续图 3-18　清洗前后对比

【思考练习】

1. 无论在什么情况下清洁发动机舱和发动机，都要先让发动机________，而且所有的________都不工作，并且是在发动机舱温度________之后清洁，不要在________温的条件下清洗。

2. 简述发动机室清洗的步骤。

3. 发动机室清洗要注意哪些事项？

项目4　汽车漆面的美容与修复

任务1　汽车漆面的修复

【任务导入】

在汽车的使用过程中，由于天气、人为的原因，车身漆面会出现褪色或掉漆的现象，甚至表面会有一些星星点点的伤痕或划痕。对于汽车漆面划痕，划痕处的漆面已经分辨不出来了，露出了底漆甚至钣金。这样的车行驶在路面上，十分影响汽车的美观。而且如果不及时处理，划痕处就会氧化，裸露的钣金也会生锈，大大降低了汽车的使用寿命。所以，一定要及时对漆面划痕进行修复。

【任务分析】

车身表面的损伤主要是车漆的损伤。

车漆主要分为底漆、色漆、清漆等几个层次。当然，根据汽车的不同种类或专用汽车从事的不同工作，其漆面的层次也有不同。

风吹日晒对车漆有不同程度的伤害。行车时，飞溅起来的石子也会对车漆构成损害。此外，人为的恶意划伤也会使车漆遭到损伤。按照损伤的程度，车漆的损伤主要分为斑点损伤、发丝划痕、漆面创伤以及深度划痕。

【知识要求】

1. 了解车漆的颜色和种类。
2. 了解漆面的层次。
3. 了解车漆的颜色搭配。
4. 掌握汽车漆面各个层次的名称及其作用。
5. 掌握车身漆面划痕等级的评估。
6. 熟悉车漆的喷涂方式。
7. 熟悉车漆修复工具及设备的正确使用方法。
8. 掌握发丝划痕的修复流程及注意事项。
9. 掌握漆面创伤的修复流程及注意事项。

【能力要求】

1. 会分清车漆的颜色和种类。

2. 能分清汽车漆面各个层次的名称及作用。

3. 能正确评估车身漆面划痕等级。

4. 能正确喷涂车漆。

5. 能正确使用车漆修复工具及设备。

6. 能正确修复发丝划痕。

7. 能正确修复漆面创伤。

【相关知识点】

一、车漆的组成及作用

汽车漆面主要分为底漆层、色彩层和透明层。

(一)底漆层

底漆层直接与汽车钣金接触,其抗氧化能力强,呈中性,不与金属发生化学反应;质地硬,可以代替金属填平车身上较轻的凹坑,找平车身。底漆层分为头道底漆、头二道合用底漆、二道底漆、表面封闭底漆等。

1. 头道底漆

颜料含量最低,填充性能较弱,具有较强的附着力,较难被砂纸打磨。

2. 头二道合用底漆

颜料含量比头道底漆多,相对来说,胶黏剂含量较少,附着力不如头道底漆强,具有较强的填充性能,往往被用作单独的底漆,也可作为头道底漆。

3. 二道底漆

具有最高的颜料含量,它的功能是填塞针孔、细眼等,具有良好的打磨性。

4. 封闭底漆

含颜料成分较低,主要用于填平打磨痕迹,给面层涂料提供最大光滑度,使面层涂料丰满,并可防止产生失光、斑点等现象。

(二)色彩层

色彩层是整个车身颜色的集中体现。人们常说这辆车是红色的还是黑色的等,指的就是色彩层。汽车的色彩是一门学问。通常我们会发现,任何一款汽车的车漆配置都不可能包罗所有颜色的车漆。例如,宝马车就不会配绿色车漆。不同型号的车,所适合的车漆颜色也是不同的。

1. 色相

色相为颜色测量术语,是颜色的属性之一,借以用名称来区别红、黄、绿、蓝等各种颜色,也是各类色彩的相貌称谓，如大红、普蓝、柠檬黄等。色相是色彩的首要特征，是区别各种不同色彩的标准，事实上任何黑、白、灰以外的颜色都有色相的属性，而色相是由原色、间色和复色构成的。

2. 明度

明度是眼睛对光源和物体表面的明暗程度的感觉，主要是由光线强弱决定的一种视觉经验。明度可以简单理解为颜色的亮度，不同的颜色具有不同的明度。例如，黄色就比蓝色的明度高，在一个画面中如何安排不同明度的色块也可以帮助表达画作的感情，如果天空比地面明度低，就会产生压抑的感觉。任何色彩都存在明暗变化，其中黄色的明度最高，紫色的明度最低，绿、红、蓝、橙的明度相近，为中间明度。另外，在同一色相的明度中还存在深浅的变化，如绿色中由浅到深有粉绿、淡绿、翠绿等明度变化。

3. 色彩

色彩一词有不同的含义，基本解释是当光线照射到物体后使视觉神经产生感受而有色的存在。

(1)化学领域。染料、颜料及其他物质等的特性。运用范围:颜料、油漆、染料等的制造。

(2)物理学领域。光学范畴中的某种现象。运用范围:光学仪器制造业。

(3)心理、生理学领域。表示观测者的意识。

对于汽车漆面来讲，应属于化学领域的解释。

4. 色调

色调是由物体反射的光线中以哪种波长占优势来决定的，不同波长产生不同颜色的感觉，色调是颜色的重要特征，它决定了颜色的根本特征。

(1)单色调。只用一种颜色，主题突出，容易形成标志，如消防车等，主题鲜明。

(2)调和调。相近的颜色搭配，具有很强的层次感。例如，有的公交车从前到后虽然都是蓝色，但是车头颜色重，车尾颜色轻，行驶在马路上，给人的感觉是车行驶得很快。

(3)对比调。不同类的颜色搭配，如警车的蓝白搭配，给人以庄重的感觉，如果颜色搭配不和谐，会影响汽车的档次和形象。

(三)透明层

清漆是一种不含着色物质的涂料，是由树脂为主要成膜物质再加上溶剂组成的涂料。清漆无色透明的特点可以让涂过这种涂料的物品保持原有的纹路，漆干后形成光滑的薄膜。清漆分为油基清漆和树脂清漆两大类，前者俗称凡立水，后者俗称泡立水。

二、车漆的损伤种类

(一)漆面失光

漆面失光是指在透明层外附着了一层氧化层，它会侵蚀漆面，使之干枯、粗糙。漆面失光主要由以下原因造成。

(1)洗车时使用了碱性较大的清洗剂,如洗衣粉、餐洗净等。碱性物质会破坏车漆表面的车釉,使之失光。

(2)擦车的毛巾要勤洗,否则夹杂在毛巾里的灰尘颗粒会划伤漆面,使之失光。

(3)应当定时洗车、打蜡。如果洗车、打蜡不及时,会使漆面长期处在干枯、污染的环境中,使之失光。

(4)由于天气的变化,风吹日晒、雨淋雪打,漆面也会出现老化,进而失光。

(二)发丝划痕

发丝划痕是指透明层有很轻微的划痕,轻得像头发丝一样,这是破坏程度最轻的划痕。发丝划痕主要由以下原因造成。

(1)行车时,由迎风遇到的灰尘、沙砾碰撞造成。

(2)用干燥的毛巾擦车也会造成发丝划痕。

(3)下雪天过后洗车,水温过高,雪化之后,冰粒位置也会出现此类划痕。

(三)中度划痕

中度划痕是指色彩层受到破坏,主要原因是车辆与车辆、行人及其他障碍物剐蹭所致(图4-1)。

(四)深度划痕

深度划痕是指底漆层受到破坏,甚至使钣金裸露,这主要是由车辆碰撞或锈蚀严重造成的(图 4-2)。

图 4-1　中度划痕

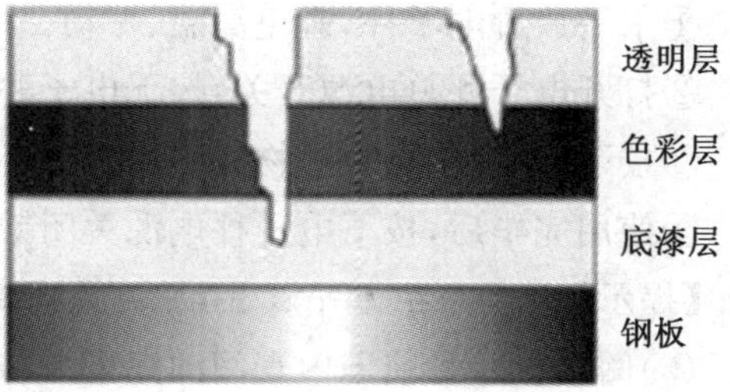

图 4-2　深度划痕

三、漆面的修复工具

在漆面修复的过程中,所使用的工具会涉及以下几类。

1. 调色设备与工具

汽车修补涂装中,常用的调色设备有调漆机、电子调漆秤、阅读机、调色电脑、色母海报、比色卡、分色仪、烘箱、配色灯试验样板、比例尺、容器等。

(1)调漆机。调漆机又称油漆搅拌机，各大油漆公司都有调漆机及其配套产品。调漆机配有电动机和搅拌桨，利用这种工具很容易混合倒出涂料(图 4-3)。

【提示】涂料中的树脂、溶剂及颜料因密度不同，经过一段时间就会分离，因此在使用前需要充分混合。

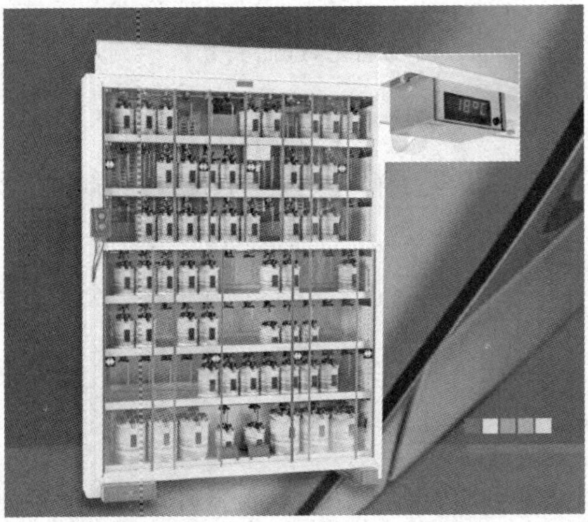

图 4-3　调漆机

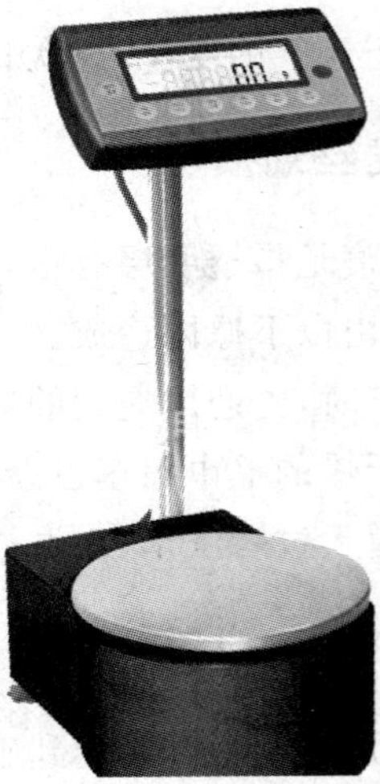

图 4-4　电子调漆秤

(2)电子调漆秤。是一种称量涂料用的专用天平，用来辅助计算适当的混合比，由托盘秤、电子显示器和集成电路板组成(图 4-4)。

电子秤的操作程序：

①水平放置电子秤，避免高温、振动。

②打开电子秤总电源开关，按下电子秤电源开关，暖机 5 min。

③按下归零键，将被称物置于秤板中心，依序操作。

④使用完毕后，按下电子秤电源关闭键，关闭电子秤电源总开关。

【提示】使用中应水平放置，并避免高温和振动。

(3)阅读机。目前国内查阅油漆配方的方法主要是胶片调色。胶片调色即通过阅读机阅读胶片、查配方，因为这种方式成本低、操作简单，所以目前采用较多。配方微缩胶片又称菲林片，胶片中列出汽车生产厂商、生产厂颜色编号可找到相应的配方等，用户根据生产厂商提供的颜色编号可找到相应的配方，查找容易，使用方便。

阅读机操作程序：

①打开阅读机总电源开关。

②拉开置片板，将微缩胶片依正确方向置入置片板上。

③推开置片板后，打开机座底部电源开关。

④检视微缩胶片，查出颜色配方。

⑤使用完成后，关闭机座底部白色开关，拉出置片板，取出微缩胶片，推回置片板。

⑥关闭阅读机总电源开关。

(4)调色电脑。电脑调色即电脑中存有所有色卡配方，用户只需将自己所需漆号和用量输入电脑，就可以计算出配方数据。电脑调色使复杂的调漆工作变得简单而准确，调漆质量也有较大提高，而且数据更新容易，是一种先进的调色方法(图 4-5)。

图 4-5　调色电脑

(5)色母海报。色母海报是由汽车修复涂料供应商提供的表现其色母特性的色卡。各家供应行商所提供的色母指南有所不同，但目的是相同的，也就是使调色人员能够明了、直观地理解该品牌色母的特性，方便调色。

(6)比色卡。比色卡由 100％品牌油漆原材料喷涂，使用颜色类别编排，能简便、准确核对颜色的属性。所有知名品牌的涂料供应商除了定期为客户提供国际市场上最新推出的汽车颜色的配方外，还会给客户提供国际市场上最新推出的汽车颜色的比色卡。

比色卡是很重要的调色工具，一套完整齐全的比色卡会起到事半功倍的效果。即使在现代最严格、科学的控制下，从生产线下来的汽车颜色还是会存在误差的，这就是差异色。

(7)分色仪。分色仪是一种可以进行电脑分色的电子仪器，具有修正软件，可以手提，并可以结合智能磅使用。分色仪操作简单，用途广泛，对技术要求不高，尤其是在以下范围内使用时更能突出优势(图 4-6)。

①新车型。

②颜色资料不全。

③颜色色号不在车身上。

④可建立一个客户档案。

⑤可储存自己的配方资料。

⑥可使用于工业喷涂。

图 4-6　分色仪

(8)烘箱。烘箱是一种强制烘干实验样板的烘干设备,在人工调色烘干样板时使用(图 4-7)。

图 4-7　烘箱

(9)配色灯。配色灯是一种接近日光的所有波长的灯,可在夜间或下雨时代替日光,有时也做成灯箱。

(10)试验样板。用于调漆后的试喷涂,样板干燥与车漆颜色对比,以便进行微调。

(11)比例尺。比例尺是一种用金属或塑料制造的尺子,上面带有刻度,可计量适当量的固化剂、稀释剂,能方便快捷地帮助调配涂料。混合涂料时也可以作搅杆用,且涂料一般不会沾在比例尺上,用后也容易清洁。

【提示】各大油漆公司的比例尺一般不可混用。

(12)容器。涂装所用的容器多为聚丙烯型一次性容器。

2. 除锈、除漆工具

(1)手工除锈、除漆工具。

手工除锈、除漆是一种最简单的除锈、除漆方法，使用的工具主要有刮刀、扁铲、钢丝刷、锉刀、飞砂轮片、砂纸等，通过手工敲、铲、刮、刷等操作，达到除锈、除漆的目的。使用手工除锈工具除锈操作费力、功效低、效果差。但该方法对被涂物的形状、施工条件限制较小，能适应任何结构和施工条件，且简便易行，因此仍是局部及部件等小工作量除锈、除漆的主要工具(图 4-8 至图 4-10)。

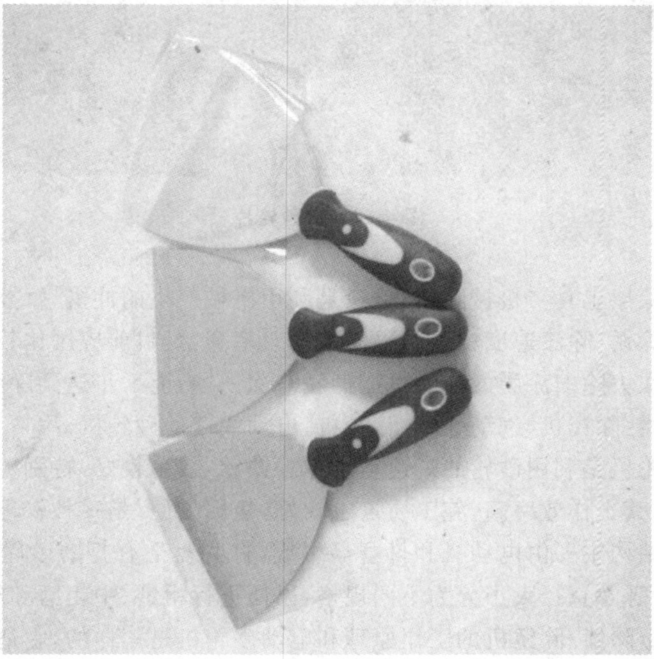

图 4-8　刮刀

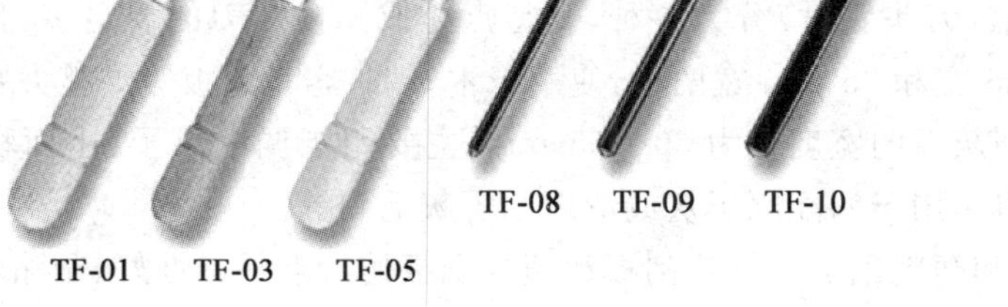

图 4-9　锉刀

图 4-10 飞砂轮片

(2)机械除锈、除漆工具。机械除锈、除漆是利用机械产生的冲击、摩擦作用对工件表面进行除锈、除漆,机械除锈、除漆速度快,质量好,工作效率高,是目前应用比较广泛的一种除锈除漆方法。机械除漆在去除旧涂膜的同时也能彻底清除锈蚀,能一步达到除膜、除锈的目的。常用的工具有电动除漆/除锈机、气动除漆/除漆机、电动或气动砂轮机等。

手提式电动砂轮机是利用砂轮的高速运转除去铁锈,效果较好,特别对较深的锈斑。它可以在手中随意移动,其工作效率高,施工质量也较好,使用方便,是一种较理想的也比较普遍采用的除锈工具。其结构主要由电动机和打磨盘组成,打磨盘上有打磨砂轮片。砂轮片是易耗品,根据砂轮片的沙砾及直径大小分为不同规格,以便进行粗磨、中粗磨和细磨。

电动(气动)钣金除漆/除锈机的工作原理和电动砂轮机是一样的,它适用于清除钣金旧漆和铁锈,不伤钣金表面。

气动小型除漆/除锈机用于小面积边角部位除漆、除锈(图 4-11)。

3. 刮涂工具

在汽车维修过程中,外表经钣金工的敲补、焊接后,还需用原子灰填补磨平。填补原子灰的常用刮涂工具有硬刮具和软刮具两类。硬刮具有:刮灰刀、钢片刮板、塑料刮板、牛角刮刀等,通常用于平面及大面积凹坑;软刮具一般是指橡胶刮板,它一般刮涂小的凹坑,刮出的原子灰表面较平滑,遗留孔隙较小。

(1)刮灰刀。刮灰刀由木柄和刀板组成,木柄由松木、桦木等制作,刀板有弹性较高的钢板制作。规格按宽窄(刀头宽度)分为多种,其特点是成品刮灰刀的规格多,弹性好,使用方便。宽刮灰刀有 10 mm 宽和 75 mm 宽两种,使用于木车厢、客车大板等平整大物面原子灰刮涂或基层清理。中号刮灰刀的宽度多为 50～65 mm,主要用于调配腻子、小面积腻子补刮及清除旧漆等。窄刮灰刀多用于调配原子灰或清理原子灰毛刺等。

(2)钢片刮板和塑料刮板。钢片刮板和塑料刮板的特点是弹性好、刮涂轻便、效率高,刮后的原子灰层平整,既可用于局部刮涂,也可用于全面刮涂,适用于小轿车、大型客车等表面的原子灰刮平(图 4-12)。

图 4-11　除漆机

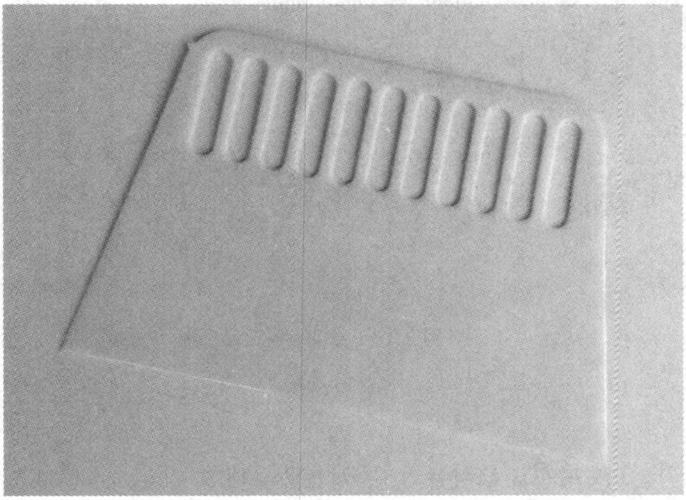

图 4-12　塑料刮板

(3)牛角刮刀。牛角刮刀由幼稚的水牛角制成,其特点是使用方便,可来回刮涂(左右刮涂),主要用于修饰原子灰的补刮等。牛角刮刀使用后,应清理干净置于木夹上存放,以防变形,影响使用(图 4-13)。

(4)橡胶刮板。橡胶刮板采用耐油、耐溶剂和膨胀系数小的橡胶板制成,外形尺寸和形状根据需要确定,橡胶刮刀弹性极好,刮涂方便,可随物面形状的不同进行刮涂,以获得平整的原子灰层。油漆对凸形、圆形、椭圆形等物面,使用橡胶刮板刮涂,质量更优,使用刮涂弧形车门、翼子板等(图 4-14)。

图 4-13 牛角刮刀

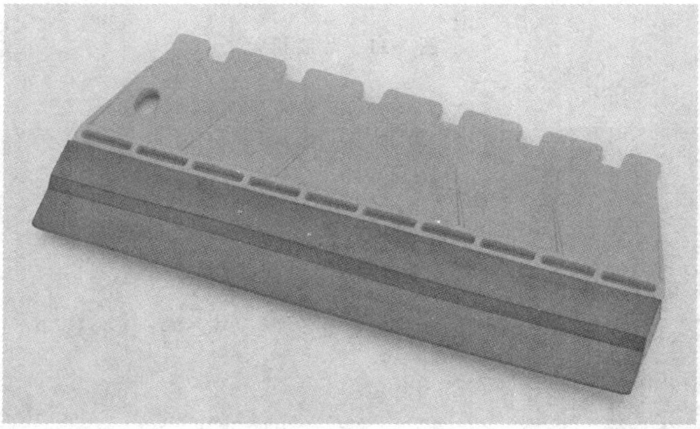

图 4-14 橡胶刮板

4. 打磨工具

(1)手动打磨工具。汽车车漆修补手工打磨工具主要是垫板、砂纸(布)。

①垫板。手工打磨垫板主要有硬橡胶制、中等弹性橡胶制及木板制 3 种。目前由于汽车维修行业的迅速发展,打磨垫板由过去操作人员自己制作,发展到适合各种需要的专用打磨垫板。硬橡胶打磨垫板使用时要外包水砂纸,一般用于湿磨原子灰层,把物面高凸的原子灰部分打磨掉,使物面达到平整的要求。中等弹性橡胶垫板是一种辅助打磨工具,利用它的柔软性,外包水砂纸打磨棱角和形状多变部位时,可避免划伤突出部位。

②砂纸。砂纸是打磨工具的辅助材料,可手持或包在垫板上进行打磨。砂纸(布)是利用黏合剂把磨料黏着特制的纸或布上制成的,用于打磨钢铁表面、原子灰层及涂膜表面。砂纸用磨料粒度数码表示,数码越小,磨料越粗。磨料粒度不同,用途也不同。涂膜修补作业常用水砂纸的规格主要有 60、120、1 580、180、200、220、300、100、500、600、800、1 000、1 500、2 000 等(图 4-15)。

图 4-15　砂纸

【提示】水砂纸湿磨使用时应先浸水，使砂纸完全浸湿，可防止收工打磨因折叠而引起的脆裂。

(2)机械打磨工具。打磨机广泛地应用于涂装工艺中，其上附有砂纸，用于打磨油漆表层、原子灰或二道底漆。它能有效地提高工作效率、降低操作人员的劳动强度及提高涂装质量。

①打磨工具。打磨工具的种类很多，按动力装置的不同可分为气动打磨工具和电动打磨工具两大类；根据形状可分为圆盘式和板式；根据打磨工具的运动方式又可分为单作用打磨机、双作用打磨机(偏心振动式)、轨道式打磨机、往复直线式打磨机。各种打磨机适合不同的工作需要。目前在汽车修理行业涂装工作中使用圆盘式打磨工具较广泛，而且以气动为多，它具有体积小、重量轻、速度快、磨平质量好、使用安全、可干磨也可水磨等优点(图 4-16)。

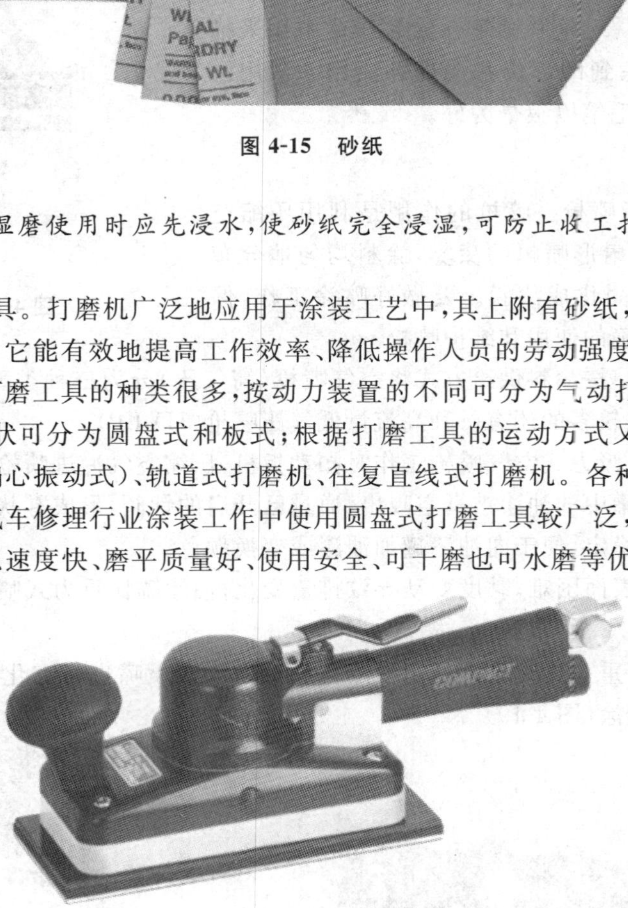

图 4-16　气动打磨机

【提示】喷漆车间内有易燃物品，要避免使用电动工具，尽量使用采用压缩空气驱动的气动打磨机。

②配套砂纸。与打磨机配套的砂纸分为没有黏性的砂纸和自粘贴砂纸片。没有黏性的砂纸要用黏结剂粘贴在打磨机的砂纸托盘上；打磨操作完成后立即从托盘上取下来，以免黏结剂凝固后砂纸与托盘牢固地粘贴在一起。自粘贴砂纸片，只要将二者中心对正压紧即可。安装砂纸时，砂纸上的孔与研磨盘上的孔对齐，则尘粒可从孔中经吸尘器吸出，不会尘粒飞扬，减少了环境污染，改善了工人的劳动条件。

5. 刷涂工具

刷涂的主要工具有漆刷、画笔、毛笔、盛漆容器等。

(1)漆刷。漆刷有很多种类，按形状可分为圆形、扁形和歪脖形 3 种，按制作材料可分为硬毛刷和软毛刷两类。硬毛刷主要用猪鬃、马鬃制作；软毛刷用狼毫、绵羊毛或山羊毛等制作。在选购毛刷时，通常以毛直，口齐，刷头与刷柄组合牢固、刷毛中无脱毛者为上品(图 4-17)。

(2)毛笔和画笔。毛笔和画笔在涂装作业中用来描字、化纤，刷涂不易涂到的部位和局部补漆用。常用画笔主要为长杆画笔，毛笔以狼毫为好。

6. 喷涂设备

喷涂设备主要指喷枪。喷枪的作用是利用压缩空气将涂料雾化，形成扇形喷幅的漆雾，涂料均匀地分布在工件表面，干燥后固化成漆膜。要做好喷涂工作，保证喷涂质量，必须正确的使用和维护喷枪。

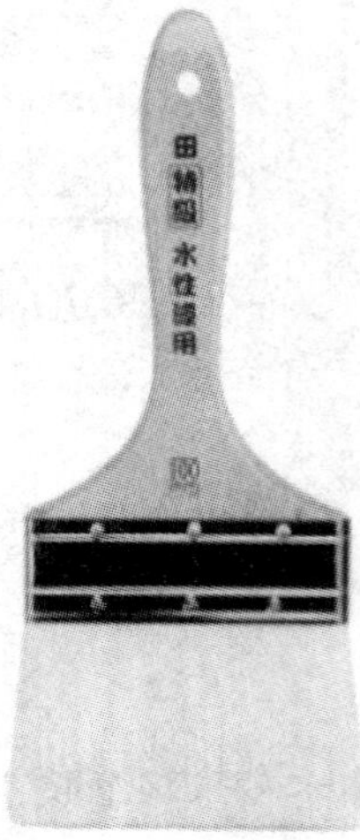

图 4-17　漆刷

(1)喷枪的类型。按涂料供给方式将空气喷枪(高气压)分为三种类型：吸力式、重力式和压送式。目前使用比较多的还有一种高流量低气压喷枪(HVLP)。

①吸力式喷枪。吸力式空气喷枪工作时扣动扳机，压缩空气冲进喷枪，气流经过空气帽开口时形成局部真空，罐中的油漆被真空吸出，通过已开启的针阀，形成雾状喷射流(图 4-18)。

优点：喷枪工作稳定，便于向油漆罐加油漆或变换颜色。

缺点：喷涂水平表面困难；黏度变动导致排量变化；油漆罐比重力式喷枪大，因而操作者较易疲劳。

②重力式喷枪。重力式喷枪是利用油漆自身重力流入喷嘴进行雾化喷射的，这种喷枪较适于较稠的涂料的喷涂(图 4-19)。

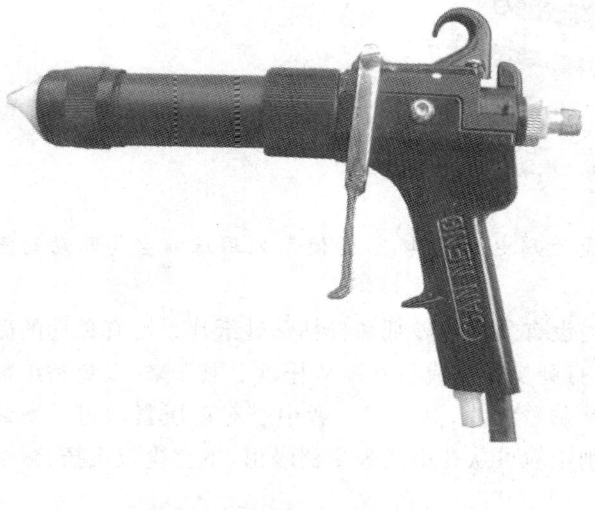

图 4-18　吸力式空气喷枪

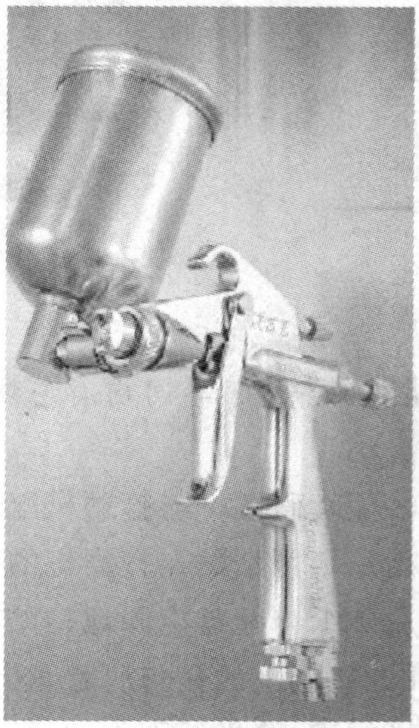

图 4-19　重力式喷枪

优点：油漆黏度不变，所以喷量不会变化；油漆罐的位置可按喷漆件的形状变更。

缺点：由于油漆罐安装在喷嘴上方，反转操作就会影响喷枪的稳定性；油漆罐容量小，不适合喷射较大的表面。

③压送式喷枪。压送式喷枪是利用压缩空气进入油漆罐中，推动油漆从细管进入喷嘴的。压送式喷枪适合大面积喷漆，但变换颜色及清洗喷枪需要较多时间，较少用于汽车表面修补（图 4-20）。

图 4-20　压送式喷枪

(2)喷枪的结构。喷枪主要由空气帽、喷嘴、喷针、空气阀、喷雾形状控制旋钮、涂料流量控制旋钮、枪体、扳机等组成。

(3)喷涂模式的调整。喷涂模式的调整是指喷雾扇形区域的调节，有三种基本调节方式。

①空气压力调节。在软管连接器和喷枪之间安装一个气压表，即可调节喷枪入口的实际压力。应将压力调节到厂家推荐的压力值。

②喷雾扇形调节。调节喷雾扇形形状控制旋钮可以调节喷雾直径的大小。调节喷雾形状时，将扇形控制旋钮旋紧最小，可是喷雾的直径变小，喷涂到板件上的形状变圆；将扇形控制旋钮完全打开，可使喷雾形状变成宽的椭圆形。

③涂料流量调节。调节涂料控制旋钮可适应不同喷雾形状所需的涂料流量。逆时针转动涂料控制旋钮可增大出漆量，而顺时针转动可减小出漆量。

(4)喷涂实验。设定好空气压力，喷雾扇形和出漆量后，就可以在遮蔽纸或报纸上进行喷雾形状测试。喷涂时喷枪与测试纸的距离根据涂料确定，一般为 150～200 mm。试验应瞬时完成，将扳机完全按下，然后立即释放。喷射出来的涂料应在纸上形成椭圆形，通过旋转喷雾扇形按钮，使试样达到一定高度为止。一般情况下，进行局部修理时，试样高度从底部到顶部应达到 100～150 mm；进行大面积或全身修理时，试样高度在 150～200 mm 即可。如果涂料颗粒粗大，可以旋紧涂料流量控制旋钮 1/2 圈以减少流量；如果喷的太细或者过干，则旋出涂料流量控制旋钮 1/2 圈，以达到增大涂料喷出量的目的。

7. 干燥设备

干燥设备也称烘干设备，其种类很多，按加热或传热方式不同可分为对流式干燥设备、辐射式干燥设备等。目前，我国常用的干燥设备主要是辐射式干燥设备，其特点是自内层向外干燥，干燥速度快，热损耗小，可大大缩短干燥时间；干燥质量好，漆层干燥均匀；设备结构简单，可调节，可用于局部加热。以红外线为辐射源的干燥设备设备称为红外线干燥设备（图 4-21）。

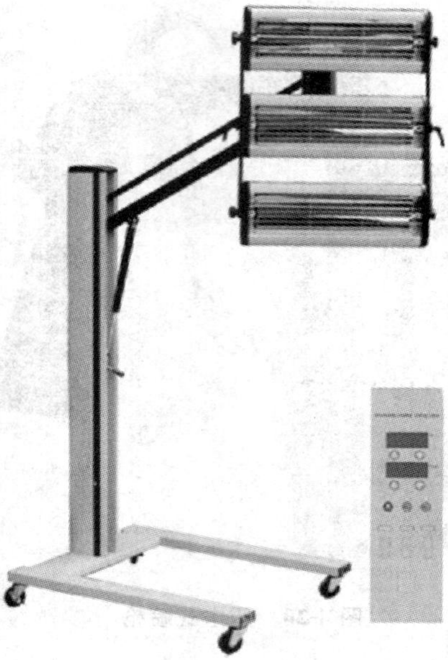

图 4-21　短波红外干燥设备

8. 烤漆房

烤漆房将喷漆和烤漆合二为一。由于这种设备占地面积小、设备利用率高、投资少和经济实用等特点，所以被现代汽车维修厂或汽车美容店广泛使用。目前烤漆房采用较多的加热方式是燃油式，其优点是热效率高、排放较小（图 4-22）。

图 4-22　烤漆房

(1)烤漆房的工作原理。

①烤漆房喷涂作业。以风式烤漆房为例,烤漆房在喷漆时,外部空气通过进风口过滤棉过滤后由风机送到房顶,再经过顶部过滤棉二次过滤净化后进入烤漆房内部向下流动,使喷漆时产生的漆雾微粒经过烤漆房底部出风口过滤棉第三次过滤后排出房外。通过这样不断地循环流通,使得烤漆房在喷漆过程中房内空气清洁度始终在 98%以上,而且送入的空气具有一定的压力,可在车的四周形成一恒定的气流以去除过量的油漆,从而最大限度地保证喷漆的质量。

②烤漆房烤漆作业。当烤漆房进行烤漆时,将烤漆房风门调至烤漆位置,烤漆房加热器开始工作,烤漆换气系统开始利用热风循环,烤漆房内温度迅速升高到预定干燥温度(60℃左右)。当温度达到设定的温度时,烤漆房的燃烧器会自动停止,当温度下降到设置温度时,风机和燃烧器又自动开启开始工作,从而使烤漆房内温度保持相对恒定。最后当烤漆时间达到设定的时间时,烤漆房自动关机,烤漆结束。

(2)烤漆房的结构。烤漆房主要由房体、通风系统、空气过滤系统、加热系统、照明系统及废气处理系统等组成(图 4-23)。现代烤漆房的通风系统一般采用上送下排式,又称下行式。气流从天花板吹进来后,经过车身,从气孔排出。干净、适温的气流经过车身表面的过程有利于减少喷涂表面的污染和多余的漆雾。

图 4-23　烤漆房内部

(3)烤漆房的日常维护。

①每次喷涂完毕之后,应对棚墙、地板和空气控制装置进行清洗,除去灰尘和油渍,为下一次喷漆作好准备。也可以将烤房防漆保护液喷或刷到烤漆房墙上,形戍一层防护层,并定期清洗和刷新。

②在房内不要存放其他物品,防止它们带来的污物影响喷漆质量。

③对于干式过滤系统,必须定期检查和更换过滤器及挡油板。

④湿过滤系统中的水位必须处于正确的工作位置,使用时需加入附加剂。

⑤汽车及喷涂所用工具在进入烤房时,必须清洗干净。污物一般隐藏在汽车的缝隙、保险

杠背面和发动机室，以及汽车底部不易被发现的地方，一般应在房外用高压气流将这些部位的附着物清除干净。如未清除干净而带入房内，喷漆时在强大气流作用下，这些污物必然影响喷涂质量。

⑥定期对鼓风机和电动机进行维护保养。

9. 压缩空气供给系统

压缩空气供给系统用于提供充足的达到预定压力值的压缩空气，供给各种气动工具和设备，使其有效工作。在汽车美容作业中，高压泡沫机、喷枪、气动打磨机、气动抛光机、钣金件的干燥除尘设备等气动工具都是以洁净的压缩空气为动力源。一个合理的压缩空气供给系统由空气压缩机、过滤机、干燥装置、储气罐等部分组成。

为使空气供给系统能有效工作，延长系统部件的使用寿命，应进行日常维护和保养。

(1)每日保养。

①每天要放掉储气罐、油水分离器内的冷凝水，特别是在空气湿度比较大时，要多放几次。

②每天使用前检查曲轴箱机油油面高度，确认是否在机油尺标线之间，如油面过低要及时加注，但注意不要过高，以避免机油消耗过多。

③注意压缩机温度是否异常高温。

④注意运转中有何异常声响或震动。

(2)每周保养。

①清洗空气滤清器的毛毡或海绵等过滤件，用防爆溶剂清洗干净后，晾干重新装好。

②检查安全阀是否正常工作，检查方法如下：拉开安全阀上的拉环，若安全阀装在储气罐或单向阀上，则在罐内存有高压空气时排气；若安全阀装在压缩机内置冷却器上，则在压缩机工作时排气，此种情况为该阀工作正常。然后用手指将拉出来的杆推回去。当安全阀不能正常工作时，应立即维修或更换。

③检查压力开关或释荷阀的功能是否正常。

④每周应清洗或吹掉空气压缩机用附属设备上的灰尘。

在干净的工作环境下，机油应每 500 h 或每 6 个月换一次。如果工作环境不够干净，应增加更换的频率。

10. 漆面层修整作业器具

面漆层重涂后的修整作业常用器具有抛光机、抛光盘、抛光剂、磨石、打磨垫铁、法兰绒擦布、砂纸、抛光盘清洗器等。

(1)磨石。磨石用于清除重涂表面的颗粒。

(2)打磨垫铁。打磨垫铁块用于清除重涂表面的颗粒，表面附有砂纸。

(3)法兰绒擦布。法兰绒擦布用于在不能用抛光机的狭小部位手工抛光作业。一般不主张用比较结实的布，如毛巾，因为它会在涂料表面留下划痕。

(4)砂纸。砂纸用于调整纹理。

(5)抛光盘清洗器。抛光盘清洗器用于清洗使用后的抛光盘。

【任务实施】

一、色漆的调配

通常调色时按以下程序进行。

(1)色号的查询。大多数汽车的颜色代码(即原厂色号)附在车身某个或几个特定部位上(即色号牌上)。查看汽车厂出厂编码板,记下编码板上所示汽车制造厂商的油漆编号(YIN),对调色非常有帮助。不同的厂商,油漆编码的位置是不同的。

在车身上查到颜色代码后,在比色卡箱中查找与车身颜色代码相配的比色卡,从色相、明度、彩度3个方面进行对比,挑选出相对接近的颜色,然后根据比色查出色号。

(2)配方的查询。配方查询主要有3种方法。

①利用电脑查到配方,因为电脑中存有所有比色卡配方,用户只需将查找到的色号和所需用量输入电脑就可直接查询计算好的配方数据,快捷、方便、计算准确。

②利用便携式分光测色仪的探头可直接在汽车上修补的部位测到最为可靠的数据,该数据经配色系统处理后就可获得精确的配方,非常受欢迎。

③通过比色卡比对找到色号后找到正确的微缩胶片号,用阅读机阅读,找到正确的配方。

(3)计量添加色母。找到颜色配方,确定需要油漆的数量,利用电子秤计量添加相关色母的重量。

在添加完所有色母后,要用搅杆或比例尺混合涂料,以产生均匀的颜色。

【提示】如果涂料沾到容器的内壁,要用搅杆刮下涂料以防产生色差。

(4)喷涂试板。将涂料装入喷枪中,喷涂试板,试板晾干15 min后,放入烤箱中烘烤20 min,温度为70℃。

【提示】应在与待喷车相同的条件下喷涂颜色试板,这些条件包括喷涂距离、气压、稀释比例、出漆量、温度和晾干时间。

(5)表面工作。在日常工作中,我们通常所使用的配色标准版(油箱盖、车身部位),表面往往有许多污染物,可能会影响颜色的比对效果。因此,在配色前应该再待修补表面周边清洁抛光,以免造成将来车身上的颜色差异。

(6)对比试板。在自然光下比较试板与车身颜色的差异,以获得准确的配色。

(7)添加色母进行微调。如果颜色的对比结果表明,所调颜色与汽车的颜色不一样,则必须鉴定出应添加哪一种色母,继而添加该色母以获得理想结果,这个过程就是“精细配色”或“人工微调”。这是一个比较和添加涂料的循环,此循环一而再,再而三地重复,直至获得理想汽车颜色。

将选择好的色母加入计量配色涂料,并用搅杆进行颜色比较,喷涂试板,使新涂层与以前涂装的混合物部分重叠。在用该种色母进行的精细配色完成后,再找出涂料所缺的另一种颜色。

确定颜色调得多么接近是一项困难而重要的决定,虽然涂料的颜色越接近汽车的颜色越好,但是在实践中有一个点,达到此点我们便可认为颜色已经够接近了,不会有问题了。最好用比色计，用数字表示颜色相差的程度，但是如果没有比色计，那么就必须靠我们的双眼，最好让尽可能多的人来帮助进行鉴定，得出结论。

(8)最后的调配。把微调完毕的涂料，按要求添加相应比例的固化剂、稀释剂并混合。到此面漆调配结束，可进行面漆的施工。

调漆操作注意事项：

①配色时所采用的色漆的基料必须相同，以保证混溶性，例如醇酸涂料不能与硝基涂料混合，不然会导致树脂析出、浮色、沉淀甚至报废。

②配色时应在容器中先加入在配色中用量大、着色力小的色漆或近似所需色的色漆，然后再加入其他颜色的漆，边加边搅拌均匀，在颜料调配快接近时，应缓慢加入，以防止过量。

③调配颜色应在室外自然光或可重现自然光的配色灯的情况下进行，否则将造成过大的比色误差，涂料颜色还应进行干样对照，因为各种涂料的颜色在湿时要比干时浅一些。

④要注意颜料本身的上浮下沉现象、粒度与干燥速度等因素，一般色漆较稠时，浮色较慢，故在样板对比时，应按施工黏度和干燥条件进行。

⑤调配色漆若需加催化剂，则应在配色前加入并搅拌均匀，以免影响色调。

⑥使用同一类品种涂料，也应注意各生产厂和生产日期及批次的区别，这些不同也有可能造成颜色差异，要根据实际情况具体分析、比较和调整。

⑦在进行颜料调配时，要注意根据修补车的面积大小来估计用料，防止颜料不够或过多造成浪费。

二、除锈、除漆、全车清洁

在汽车修补喷漆之前，应将作业面的锈蚀清除干净，破损漆层清理平整，进行全车清洁，然后才能进行后续的施工。虽然涂装操作可能是车身的某一块钣金或板件的某一部分，但仍需要彻底清洗整车上的泥土、污垢和其他异物，尤其注意门边框、行李箱、发动机舱罩缝隙和轮罩处的污垢，如果不清除干净，新油漆的漆膜上就可能会沾上很多污点。

三、烤漆房作业

1. 烤漆房喷涂作业的操作方法

(1)首先根据环境温度，确定是用升温喷漆还是用常温喷漆。

(2)当环境温度低于10℃时先将温控仪温度设定在20℃，接通电源，将喷漆开关打到升温喷漆，使烤漆房的温度保持在20℃，处在最佳喷漆温度状态。

(3)当温度高于20℃时，常温就可喷漆，烤漆房内不需升温，只需通风。

2. 喷涂操作注意事项

(1)喷涂角度。喷枪与工作表面必须保持垂直，绝对不可由手腕或手肘作弧形的摆动。

(2)喷涂距离。正确的喷涂距离应与喷枪的气压、喷枪的扇面调整大小以及涂料的种类相配合，一般喷涂距离为150～200 mm。喷涂距离过短，喷涂气流的速度就较高，从而会使涂层出现波纹；如果距离过大，就会有过多的溶剂被蒸发，导致涂层出现橘皮或发干，并影响颜色效果。

(3)喷涂的移动速度。喷枪的移动速度与涂料干燥速度、环境温度及涂料的黏度有关。喷枪移动过快，会导致涂层过薄，涂料不能均匀覆盖表面；而喷枪移动速度过慢，会导致出现流挂的现象。

(4)喷涂压力。一般调节气压为0.2～0.25 MPa，或进行试喷而定。压力过极低有可能雾化不好，会使稀释剂挥发过慢，涂料像淋雨一样喷涂到工件表面，容易产生“流泪”、针孔、气泡等现象；而压力过高则有可能使稀释剂过分蒸发，严重时形成干喷。

(5)喷枪扳机的控制。扳机扣得越紧，液体流速越大。为了避免每次走枪结束时所喷出的涂料堆积，有经验的漆工都要略略放松一点扳机，以减少供漆量。扣扳机的正确操作一般分4步：先从遮蔽纸上开始走，扣下扳机一半，这时仅喷出空气；当走到喷涂表面的边缘时，完全扣下扳机，喷出涂料；当走到另一头时，松开扳机一半，涂料停止流出；反向喷涂前移动几厘米，然后重复上述操作步骤。

(6)收边法喷涂。在“斑点”修补或者新喷涂层与旧喷涂层的边缘润色加工时都要进行“收边”操作。就是通过手腕部移动，喷枪按月牙形轨迹离开修补表面，利用这种喷枪移动方法，漆层厚度会随着喷枪的移开而逐渐变薄。

(7)喷涂方法、路线的掌握。喷涂方法有纵行重叠法、横行重叠法及纵横交替喷涂法。喷涂路线应按从高到底、从左到右、从上到下、先里后外的顺序进行。在行程终点关闭喷枪，喷枪第二次单方向移动的行程与第一次相反，喷嘴与第一次行程的边缘平齐，雾形的上半部与第一次雾形的下半部重叠。行程重叠不当，会造成漆膜不均，色调不同，出现流挂。

【提示】在喷枪的使用上，如果采用的是吸力或重力式喷枪，当需要倾斜喷枪时千万小心不要让油漆滴落到构件表面上。为了防止油漆泄漏、滴落，在喷杯中油漆不要装得太满，整个操作过程要平稳、协调，随时用抹布或纸巾擦净泄漏出来的油漆。

3. 烤漆房烤漆作业的操作方法

(1)调好烤漆时所需要的温度及时间，打开鼓风机开关，再打开烤漆开关，即可开始烤漆。

(2)新鲜空气经过加热器被加热后进入烤漆房使温度升高。当温度升至设定温度后15s左右，鼓风机自动关闭。烤漆房保持在设定温度范围内进行烤漆。

(3)当温度降到比设定温度低于45℃时，鼓风机自动工作，使烤漆房内温度保持恒定。

(4)当烤漆时间到达设定时间时，烤漆房自动关闭，烤漆结束。

【思考练习】

1. 车漆的组成与作用。
2. 车漆的损伤种类有哪几种？
3. 简述喷涂的操作要领。
4. 简述烤漆房的工作原理。

任务2 汽车漆面美容

【任务导入】

汽车在日常使用过程中,漆面会因为环境影响而失去光泽,应根据需要进行汽车漆面美容。汽车漆面美容项目包括打蜡、封釉、镀膜、研磨、抛光、还原等。

【任务分析】

汽车漆面美容项目,如打蜡、封釉、镀膜、研磨、抛光、还原等。

【知识要求】

1. 了解打蜡的作用。
2. 熟悉汽车蜡的种类。
3. 熟悉打蜡的工具。
4. 熟悉打蜡的操作规范及注意事项。
5. 熟悉封釉的优点。
6. 熟悉封釉的工艺流程。
7. 熟悉封釉的注意事项。
8. 了解镀膜的工艺流程。
9. 了解镀膜的优点。
10. 了解研磨、抛光、还原的操作过程。

【能力要求】

1. 会按正确的操作规范打蜡。
2. 会正确使用打蜡工具。
3. 会按正确的工艺流程封釉。
4. 会按正确的工艺流程镀膜。
5. 会按正确的操作过程研磨、抛光、还原。

【相关知识点】

一、打蜡

(一)汽车打蜡的作用

汽车蜡的主要成分是聚乙烯乳液或硅酮类高分子化合物,并含有油脂和其他添加成分。这些物质涂覆在车身表面具有以下作用。

1. 隔离作用

汽车属于室外用品，运行环境复杂，容易受到有害气体、灰尘及水分等具有腐蚀性的物质侵蚀。如空气中的水蒸气冷凝后形成水滴存留在车身表面，在强烈的阳光照射下，每个小水滴就是一个凸透镜，在它的聚焦作用下，焦点处温度达 800～1 000℃，造成漆面暗斑，极大地影响了漆面的质量及使用寿命。另外，有害气体和灰尘会造成车漆的变色和老化。

汽车蜡可在漆面与大气之间形成一层保护膜，将车漆与有害物质隔离，起到一种“屏蔽”作用。汽车蜡可使车身表面的水滴附着减少 60%～90%，高档车蜡还可使残留在漆面上的水滴进一步平展，呈扁平状，最大限度地降低水滴对阳光的聚焦作用，大大降低了车身遭受侵蚀的可能性，使车漆的得到保护。

2. 上光作用

汽车的车身漆面好似汽车的外衣，一辆车看上去是新是旧，好不好看，很大程度上取决于它的车漆，因此对车漆的护理十分重要。经过打蜡的汽车可以改善漆面的光亮程度，增添亮丽的色彩，但维持时间不长。

3. 研磨抛光作用

当漆面出现划痕时，可使用抛光蜡去除划痕。如果划痕不严重，抛光和打蜡作业可一次完成。

4. 抗高温作用

汽车蜡可以对来自不同的入射光有效地反射，防止入射光使面漆或底色漆老化变色延长漆面的使用寿命。

5. 防紫外线作用

日光中紫外线较易折射进入漆面，防紫外线车蜡充分考虑到紫外线的特性，能使其对漆面的侵害最大限度地降低。

6. 防静电作用

汽车在行驶过程中，空气中的尘埃与车身表面相互发生摩擦产生静电，由于静电的作用，灰尘会附着于车身的表面。车蜡可隔断尘埃与车身表面的接触，通过打蜡，不仅可有效地防止车身表面静电的产生，还可大大降低带电尘埃在车身表面的附着。

（二）汽车蜡的种类

1. 按物理状态不同分类

汽车蜡可分为固体蜡，液体蜡和喷雾蜡 3 种，这些汽车蜡的黏度越大，光泽就越艳丽，持久性就越强，但去污能力弱，而且打蜡操作越费力（图 4-24 至图 4-26）。

2. 按功能不同分类

汽车蜡可分为上光保护蜡和抛光研磨蜡。

（1）上光保护蜡。上光保护蜡不含任何研磨材料，有无色上光蜡和有色上光蜡两种，无色上光蜡用于漆面状况极好的车，主要起增光的作用，有色上光蜡主要以增色为主。

图 4-24 固体蜡

图 4-25 液体蜡

图 4-26 喷雾蜡

(2)抛光研磨蜡。用于研磨和抛光还原作业，主要采用研磨剂和其他原料制成。其中砂蜡可彻底去除车身表面污垢、顽渍和轻微划痕，同时能清除其老化、哑色、变色的旧漆层，从而使汽车恢复亮丽光彩，光洁如新；抛光蜡适用于清洁深色汽车表面的微痕、漩涡状的痕渍、轻度氧化物及水斑，适用于手工抛光或机抛。

(3)按其作用不同分类。汽车蜡可分为防水蜡、防高温蜡、防静电蜡及防紫外线蜡等多种。

(4)按生产国别不同分类。汽车蜡可分为国产蜡和进口蜡。目前，国产汽车蜡基本上都是低端蜡，中高档汽车蜡绝大部分是进口蜡。

(三)汽车蜡的选用

正确的选择、使用汽车漆面美容蜡是打蜡美容成败的关键。由于各种车蜡的性能不同,其产生的作用与效果也不一样。但是许多人对这方面的认识不足,要么频繁打蜡,要么干脆不打。还有的人认为,车蜡越贵越好,专挑价钱贵的进口车蜡使用,这些做法都是不恰当的。在选用车蜡时必须慎重,选用不当不仅不能进保护车漆,反而会对车身表面产生不良影响,严重的还会令车漆褪色或变色。

(1)汽车蜡选用的依据。选择汽车蜡应考虑汽车蜡的特点、车辆的新旧程度、车漆颜色及运行环境等因素,选用时一般注意以下几点。

①根据汽车的行驶环境选择。由于车辆的运行环境千差万别,在车蜡的选择上对汽车漆面的保护应该有所侧重。如汽车经常行驶在泥泞、山区、尘土等恶劣道路环境中应选用保护作用突出的树脂车蜡;沿海地区应选用防盐雾功能较强的车蜡;化学工业区应选用防酸雨功能较强的车蜡;光照好的地区应选用防紫外线、抗高温性能优良的车蜡;多雨地区应选用防水性能优良的车蜡。

②根据漆面的质量来选择。对于中高档轿车,其漆面质量较好,应选用高档车蜡;普通车辆可选用一般车蜡。

③根据车漆颜色选择。浅色车漆选用银色、白色、珍珠色系列车蜡;红色、黑色和深蓝色等颜色的车身应选用深色系列的车蜡,以掩盖车身表面的细小划痕,使车身显得更加光滑、漂亮。

④根据漆面的新旧程度来选择。新车或新喷绘的车辆,应选用上光蜡,以保持车身的光泽和颜色;旧车或漆面有漫射光痕的车辆,可选用研磨蜡对其进行抛光处理后,再用上光蜡上光。

⑤根据季节不同来选择。夏季一般光照较强,宜选用防高温、防紫外线能力强的车蜡。

(2)车蜡的选购方法。

①看品牌。选择汽车蜡时应注意包装上标明的品牌和生产厂家,要选择正规厂家生产的产品或名牌产品。

②看说明。正规厂家生产的产品或名牌的产品都有使用说明书,或在包装上标明产品特性、适用范围、使用方法和注意事项等内容。选购时要仔细阅读这些说明,根据自己的需要进行选择。

③看质量。选购车蜡时,可用手指蘸一点蜡,在两手之间轻轻揉搓,如果感觉到有小颗粒物的物质,说明此蜡一定是劣质蜡,打蜡时会造成划痕,切勿购买。

(四)打蜡机及打蜡盘套

1.打蜡机

打蜡机也称轨道抛光机。打蜡机工作时以椭圆形的轨迹旋转,它的托盘直径比抛光机的抛光盘直径大,机体却比抛光机轻很多,而且其双手扶把紧贴机体的中心立轴。因它的质量、速度和椭圆形的旋转方式,其产生不了足够的热能让抛光剂与车漆进行化学反应,因此不能用来进行研磨抛光作业。但此机用于打蜡效果很好,主要的优点在于质量小、做工细且底盘大,比人工打蜡省时省力,而且打蜡时不易产生漆面划痕(图4-27)。

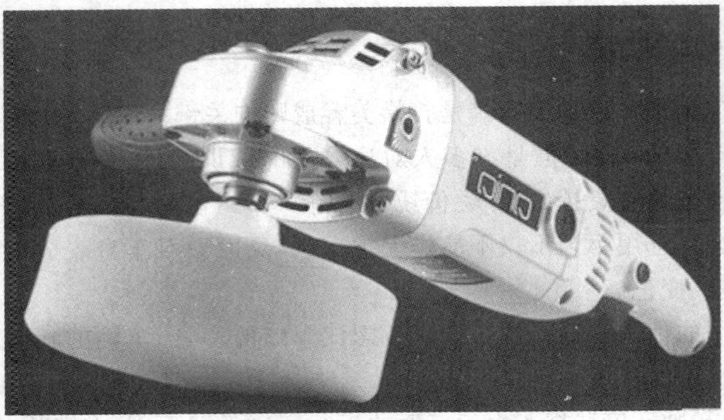

图 4-27 打蜡机

2. 打蜡套盘

打蜡套盘安装在打蜡机的固定打蜡托盘上。打蜡盘套是一种衬有皮革底的毛巾套，其作用是把蜡均匀地涂覆到车身上。打蜡盘套的材料有 3 种：全棉（毛巾）的盘套、全毛（混纺）的盘套和海绵的盘套。打蜡盘套有多种规格，目前使用最广泛的是全棉盘套，选择时应选择针织密集、线绒较多、具有柔软感的。因为越柔软就越能减少发丝划痕，也能把蜡的光泽和深度抛出来。

【提示】全棉盘套使用时应注意不能反复使用，最好每做完一辆车更换一个新的，即使不能更换新的，旧的也一定要洗干净。清洗时要使用柔顺剂，以免晒干后盘套发硬。

（五）汽车打蜡注意事项

汽车打蜡的质量好坏，不但同车蜡的品质有关，而且同打蜡作业方法关系密切。要做到正确打蜡，在汽车打蜡时应注意以下几点。

（1）掌握好上蜡的频率。由于车辆行驶的环境与停放场所不同，打蜡的时间间隔也应有所不同。一般有车库并经常在良好的道路上行驶的车辆，每 3～4 个月打蜡 1 次，否则应 1～2 个月打蜡 1 次。但这并非硬性规定，一般通过目视或用手触摸车身，感觉不光滑或光泽较差就应再次打蜡。

（2）打蜡前应确保车身干爽，如车身不够干爽，打蜡后会出现深浅颜色不一致的情况。

（3）作业环境应清洁、阴凉通风。漆面过热或强烈阳光直射时，车蜡的附着力会下降，影响打蜡效果。如果打蜡场所及周围环境不清洁，沙尘会在车身附着，不但会影响打蜡质量，而且极易产生划痕。

（4）打蜡时如果在海绵上出现与车漆相同的颜色，可能是漆面已经破损，应立即停止打蜡，进行修补处理。

（5）未抛蜡的汽车不能上路行驶，否则再抛蜡时会造成漆面划伤。

（6）不可将蜡涂在玻璃上和塑料件上，否则玻璃上形成的油膜很难擦干净，而且车身塑料件上蜡后呈白色，干燥后不易清除。

（7）抛蜡结束时，要仔细清除车牌、车灯、门边缝隙、橡胶制品的边角缝隙、钥匙孔周围等处的残存车蜡，防止产生腐蚀。

二、封釉

(一)汽车封釉的含义

所谓汽车封釉就是采用柔软的羊毛或海绵通过抛光机的高速振动和摩擦,将釉剂挤压进车漆的纹理中,使其在车漆表面形成独特牢固的网状保护层,提高原车漆面的硬度、光泽度,使车漆能更好地抵御风沙的侵袭,并且不怕日晒,不怕酸碱,不怕火烧。

(二)汽车封釉的优点

汽车打蜡和封釉护理,二者同为汽车美容、保护汽车漆面光泽的护理手段。在功能上,二者有相同的地方,但和汽车打蜡比较,汽车封釉有着自己明显的优势。

(1)釉剂不溶于水。由于汽车打蜡时所使用的蜡都是溶于水的,因此如果汽车刚刚打完蜡后碰上阴雨天气,打上的蜡就会被雨水所溶解,起不到保护漆面和美容的作用。同时由于蜡可溶于水,打完蜡后给洗车造成了诸多不便。而釉剂是渗透到车漆的毛孔内并形成带固化剂的液体玻璃,不溶于水。因此汽车封釉后可长期保护汽车漆面。

(2)不损坏原有的漆面。和打蜡相比,封釉的第二个优点就是不会损害汽车漆面,由于传统的汽车打蜡都要先洗车后打蜡,频繁的洗车打蜡会对汽车漆面造成危害;而封釉则是使流动的釉剂在汽车漆面表层附着并以透明状硬化,相当于给汽车漆面穿上一层透明坚硬的“保护衣”,因此可以起到保护汽车漆面的作用。

(3)保护时间长。汽车封釉之后保护可达 3 个月左右,同时避免了经常洗车的烦恼,汽车表面的灰尘可以轻松擦去。

(4)独有的漆面保护性。釉剂表面不黏着、不附着的特性,使得漆面即使在恶劣和污染的环境中也能长久保持洁净。汽车封釉还可以有效抵御温度对车漆造成的影响,使漆面硬度得到大幅度的提高,同时还有防酸、防碱、防褪色、抗氧化、防静电、抗紫外线等功能。

(5)美容效果好。对新车进行封釉美容可以延长车漆的使用寿命,减缓褪色,使车漆光彩永驻。对旧车封釉其效果就更明显,旧车封釉可以使氧化褪色的车漆还原增艳,具有翻新的效果。

(三)封釉的设备与工具

封釉所需的主要设备和工具:封釉机、洗车泥、麂皮或专业无尘纸、纸胶带、空气压缩机、气枪等。

封釉机是封釉的专用电动或气动工具。它可以通过高频振动与快速转动,与漆面摩擦产生热量,使漆面局部产生一定程度的扩张,于是釉剂通过振动均匀地挤压渗透到漆面中,并在漆面上形成一层极薄的保护膜,所以有效地保护和美化漆面。

封釉机的使用与抛光机相似。封釉机一般采用吸盘式封釉波纹海绵轮与封釉机的托盘相连。

图 4-28 封釉机

(四)封釉的操作注意事项

(1)封釉后 24h 内切记不要用水冲洗汽车。因为在这段时间内,釉层还未完全凝结,将继续渗透,冲洗将会冲掉未凝结的釉剂。

(2)封釉后尽量避免洗车。釉剂可防静电,因此日常护理用除尘掸就可轻松去掉车身上的灰尘。

(3)漆面封釉,会使车漆表面如同罩上一层很强的保护膜,延长漆面寿命,因此如果釉的质量好,行车环境好的话,可保持 3～6 个月。

三、镀膜

镀膜是用镀膜机将带有负离子的液态蜡,均匀地喷涂到车漆上,由于液态蜡带有静电,所以会自动吸附到车漆上,在车表面形成一层蜡质保护层。对于车身漆面上的划痕,它拥有优于传统的抛光处理、喷涂处理的修复和保养功能。

镀膜的主要成分是氟碳和玻璃纤维素的聚合物,它的特性在于在车漆表面形成高硬度、抗氧化、耐腐蚀的保护层,隔绝外界物质对漆面的损害,不仅使车身色彩得到还原,增加了亮度,从而达到焕然一新的效果,而且做了镀膜后,彻底解决因手工摩擦打蜡而留下的一道道光圈,并使蜡层分布更均匀、细腻,硬度更大、亮度更持久。镀膜后效果可持续两年以上的时间,在此期间,车身漆面基本不用再做其他护理,并可得到优良的涂膜硬度。

四、研磨、抛光、还原

研磨就是清除车身划痕处残留的车漆。如果划痕处的残漆不清理干净,再修补车漆就会造成新漆与旧漆的颜色搅在一起,从而产生很难去除的漆斑。

(一)研磨剂

研磨蜡又称粗蜡,呈颗粒状,成分中含有极细微的磨料,会伤害车漆,用于漆面表层漆度的划伤，氧化、腐蚀等，使用后会形成一层细密的保护膜。

抛光盘研磨时要根据漆面的状况和划痕的深浅选择专用的、合适的研磨剂。研磨剂越粗，切除效率越高，但抛光后平整度就越差，光泽度就越低。反之，研磨剂越细，光泽度就越高，但切磨效率就越低。因此可以先用粗蜡研磨，实现快速切削，去除橘皮或砂纸痕迹；再用细蜡抛光，去掉粗蜡所带来的划痕，恢复漆面光泽。但这个程序不是一成不变的，如对于类似发丝的划痕可以直接进行抛光处理，这样漆面可以得到更多保护(图 4-29)。

图 4-29　研磨剂

(二)研磨工具

抛光机也称为研磨机。抛光机常用于机械式研磨、抛光及打蜡。工作原理：电动机带安装在抛光机上的光盘高速旋转，由于抛光盘和抛光剂共同作用并于待抛光表面进行摩擦，进而达到去除漆面污染、氧化层和浅划痕的目的。

1. 抛光机分类

(1)按动力分为气动和电动两种。气动式比较安全，但需要气源；电动式容易解决电源问题，但要注意用电安全。

(2)按功能分为双功能工业用磨砂/抛光机和简易型抛光机两种。双功能工业用磨砂/抛光机安上砂轮可打磨金属材料，换上抛光盘又能进行车漆护理。此机较重，但工作起来非常平稳，不易损坏，转速可以调节，适合专业美容护理人员使用。简易型抛光机实际上是钻机，体积小，转速不可调，使用时难掌握平稳，专业美容护理人员一般不使用此类机型。

(3)按转速分为高速抛光机、中速抛光机和低速抛光机 3 种。高逭抛光机转速为 1 750～3 000 r/min，转速可调；中速抛光机转速为 1 200～1 600 r/min，转速可调；低速抛光机转速为 1 200 r/min，转速不可调。

2. 抛光盘

抛光盘安装在抛光机上，与研磨剂或抛光剂共同作用完成研磨/抛光作业。吸盘式抛光盘应用最广泛，与之配合使用的抛光机的机头用螺钉固定有托盘，托盘的工作面可粘住带有尼龙易粘平面的物体，这样就可以根据需要选择各种吸盘式的抛光盘，工作时只需将此种抛光盘贴在托盘上，便可实现抛光盘的快速转换。

抛光盘按材料分为羊毛抛光盘、海绵抛光盘和兔毛抛光盘3种。

(1)羊毛抛光盘。羊毛抛光盘为传统式切割材料，研磨能力强、功效大，研磨后会留下旋纹。一般用于普通漆的研磨和抛光，用于罩光漆时要谨慎。羊毛抛光盘按颜色一般分为白色和黄色两种(图4-30)。

图4-30 羊毛抛光盘

①白色羊毛抛光盘：切削力强，能去除漆面的严重瑕疵，配合较粗的蜡打磨进行快速去除橘皮或修饰研磨痕。

②黄色羊毛抛光盘：切削力较白色羊毛抛光盘弱，一般配合细蜡来抛光漆面、去除漆面粗蜡抛光痕及轻微擦伤痕。

【提示】羊毛抛光盘需定期用梳毛刷或空气喷嘴清洁，以清除蜡质；使用过的羊毛抛光盘进行干燥，干燥后用梳毛刷冲洗干净；冲洗时必须使用温水，千万不要用热水烫或强碱性清洁剂清洗；使用洗衣机清洗只可使用轻柔档；通常利用空气对其干燥，最好不要进行机器干燥。

(2)海绵抛光盘。海绵抛光盘切削力较羊毛抛光盘弱，不会留下旋纹，能有效去除漆面的中度瑕疵，可用于车身普通漆和透明漆的研磨和抛光，一般作羊毛抛光盘之后的抛光、打蜡之用。海绵抛光盘按颜色一般可分为3种(图4-31)。

①黄色盘：一般作为研磨盘，质硬，用以消除氧化膜或划痕。

②白色盘：一般作为抛光盘，质软、细腻，用以消除发丝划痕或抛光。

③黑色盘：一般作为还原盘，质软、柔和，适合车身为透明漆的抛光和普通漆的还原。

图4-31 海绵抛光盘

【提示】海绵抛光盘在温水中冲洗后，挤去水分，面朝上放在干净的地方进行干燥；或用专门的抛光盘清洗机进行清洗。不要使用肥皂或清洁剂清洗，更不能干洗。

(3)兔毛抛光盘：兔毛抛光盘切削力介于羊毛抛光盘和海绵抛光盘之间，可用于车身普通面漆和罩光漆的抛光(图 4-32)。

图 4-32　兔毛抛光盘

(三)研磨、抛光、还原的操作

研磨与抛光属于同一类型护理作业，它们使用的设备及操作方法基本相同。

1. 研磨

研磨是漆面轻微缺陷修复的第一步，用研磨/抛光机作业，研磨完后还要抛光、还原，这是三道连续的工序。

研磨主要用来去除漆膜表面的氧化层、轻微划痕等缺陷。

2. 抛光

抛光是紧接着研磨的第二道工序，漆面研磨后必须抛光，用研磨/抛光机作业。

抛光的作用：抛光主要用于清除研磨留下的细微划痕、消除漆面细微划痕(发丝划痕)和处理汽车漆面轻微损伤及各种斑迹，进而达到光亮无瑕的漆面效果。

3. 研磨、抛光操作注意事项

(1)研磨剂、抛光剂不可涂在抛光盘上，应断断续续涂薄薄的一条在待处理的漆面部位。不能涂得太多太厚，以免未用就已经干燥。

(2)研磨、抛光作业时先将抛光盘轻压在表面上，然后再开抛光机.如果抛光机在接触就旋转很容易划伤涂料。作业时应保证抛光盘与涂料表面完全接触，或者从表面稍稍提起，一定不能倾斜抛光盘而用其边缘，否则容易划伤表面。

(3)研磨、抛光时应做到边看漆面、边看划痕、边抛光。抛光机的移动速度，开始时慢、收尾时快，漆面瑕疵多的地方用力要重而缓慢。

(4)研磨、抛光时抛光机在涂料表面必须不停地移动,如果任其在一个地方停留若干时间,那么涂料便会被热软化以致磨穿漆面,或可能被抛光盘和嵌入涂料中的抛光剂划伤。

(5)如果抛光剂干结在涂料上,而此时抛光,有可能造成涂料表面的划伤,应及时清除。如果有任何抛光剂干结在涂料上,必须用浸有水或抛光剂的擦布迅速擦去。

(6)靠近搬件边缘及特征线的图层特别薄,从而很容易抛光过度。所以抛光盘的方向应是从涂装表面向外。

(7)研磨、抛光作业可以手工完成。在手工抛光时应注意抛光运动路线,不可乱擦或环形运动,应该以车身纵向平行线为准往复运动。

(8)用双手紧握抛光机,同时将电线或空气软管通过肩膀置于身后,以防电线或空气软管缠住。

(9)在完成用抛光盘进行的抛光工序后,更彻底清洗抛光盘,并令其干燥。

(10)欧美汽车的面漆涂层一般比较厚,而日本、韩国及国产车辆面漆涂层一般较薄。在研磨、抛光时要注意把握好分寸,千万别磨穿面漆。

3. 还原

还原是紧接着抛光的第三道工序,抛光后必须还原,用研磨/抛光机作业。

(1)还原的作用。还原剂也叫"镜面处理剂"。还原剂针对漩涡划痕、轻度划痕及车体表面轻微污垢、腐蚀、氧化等直接影响漆面镜面的症状,采用纳米抛光成分,迅速去除车体表面微小瑕疵,将原车漆的光泽还原回新车的状态,漆面像镜子一样平整光滑且有质感,因此还原也称镜面处理。还原剂还在蜡和漆中间起绝缘的作用,以确保打蜡后的保质期。

(2)还原剂的分类。还原剂分为增艳剂和还原剂两种。还原剂以"消除最后的划痕,把车漆还原到新车的状况"为主。增艳剂是在还原剂的基础上具有增艳的作用。两者都能起到密封的作用。

【任务实施】

一、汽车打蜡操作规范

为了保证汽车的打蜡效果,打蜡的程序也是至关重要的。具体操作步骤如下。

1. 清洗

汽车打蜡前,必须对车辆进行彻底清洗,去除污渍,擦干后再上蜡,否则用再好的蜡,打上也没有光泽。对于有残蜡的车表必须用开蜡水进行除蜡处理;如果车漆已经褪色或氧化,必须在清除掉旧的和氧化了的车漆后,才能打蜡。

2. 上蜡

上蜡可分为手工上蜡和机械上蜡两种。手工上蜡简单易行,可控性强,对于边角、棱角处上蜡抛光更容易,目前各美容店使用较多;机械上蜡的突出优点是效率高。无论是手工上蜡还是机械上蜡,都要保证将蜡在漆面涂布均匀。

(1)手工上蜡。首先将适量的车蜡涂在专用打蜡海绵上,以保证每次处理的面积一定,不可大面积涂抹。打蜡时以大拇指和小拇指夹住海绵,以手掌和其余3个手指按住海绵,以画小圆圈方式均匀涂蜡。具体顺序是右前发动机舱盖→右前翼子板→右前车门→右后车门→右车顶→右后翼子板→行李箱，左半车身与右半车身顺序相同，蜡膜尽量做到薄而均匀。每到涂抹都应与上道涂抹区域有 1/5～1/4 的重叠，防止漏涂。

(2)机械上蜡。机械上蜡时将车蜡涂在打蜡机海绵上，具体涂布过程与手工相似，打蜡机的转速控制在 150～300 r/min 之间。值得注意的是在边、角、棱处的涂布应避免超出漆面，可配合手工上蜡完成。

【提示】不要涂太多的蜡，太多的蜡只能增加抛光工作量，而且还容易粘灰尘，抛光时会产生刮痕。

3. 抛蜡

根据不同车蜡的说明，一般上蜡后 5～10 min 蜡表面开始发白，用手背接触，呈粉末状，即可进行抛蜡。抛蜡是遵循先上蜡后抛光的原则，确保抛光过的车身不受污染。抛蜡分为手工抛蜡和机械抛蜡。

(1)手工抛蜡。手工抛蜡通常使用不脱毛纯棉毛巾按原上蜡的顺序进行往复直线擦拭，适当用力按压，通过挤压形成蜡膜，直至漆面抛光至镜面般光亮。

(2)机械抛蜡。抛光机抛蜡时，先要将涂蜡盘套卸下，换上干净的抛光盘套，抛光机的转速控制在 1 000 r/min 以下，，确认盘套的绒线中无杂质后开机，然后将打蜡机盘套轻放在车身上，让打蜡机进行横向与纵向覆盖式的抛光，直至车漆亮泽令人满意为止。

(3)清除残蜡。手工清除边角、缝隙处剩余的残蜡，这样才能得到完美的打蜡效果。

二、汽车封釉的工艺流程

汽车封釉工序比较复杂，大约 4～5 h 能完成。

1. 脱蜡清洗

为保证封釉效果，封釉前必须用脱蜡洗车液将车身表面的污物清洗掉，注意不要有残留，因残留物会在擦拭车身时造成摩擦而损坏车漆，稍不注意就会损伤其光洁度。车身表面清洗擦干后，还要用压缩空气把洗车时在车体接缝处残留的水吹净。

2. 用洗车泥擦拭车身

车身氧化层，车身长期积存的尘土、树胶、飞漆等脏污很难靠清洗来去除，因此经过清洗的车漆表面可能仍是有些粗糙，这就需要用洗车泥进行全面的打磨处理。

【提示】如果车身表面已经很洁净，此道工序可以省略。

3. 全车贴防护胶条

汽车清洗干净后，要用胶条把车身所有与漆面相邻的镀铬装饰和橡胶条的边缘部分以及诸如车标、字母、塑料护板等都粘贴起来，防止抛光时造成损伤，以及后续工序可能对这些部位造成污染、腐蚀等不良影响。

(1)抛光处理。抛光可以去除车漆表面的氧化痕迹及发丝划痕，抛光后对车身表面高压冲洗。

(2)还原处理。使用抛光机配合静电抛光轮、增艳剂进行还原处理。抛光机在漆面上旋转的同时产生静电，漆面毛孔中的脏物吸出。同时，增艳剂渗透到车漆内部，发生还原反应，可以达到车漆增艳如新的感觉，还原处理还可以将车漆表面细小的划痕磨平。

(3)上釉。用海绵将釉剂一次均匀地涂抹在清洁的漆面上，并将漆面涂满，涂抹顺序与打蜡相同。

(4)抛振。使用封釉机将釉剂通过振动挤压至车漆的底部，使分子间形成如网状的保护层。

(5)无尘打磨。利用无尘纸或柔软的海绵轻轻抛光漆面，并轻轻擦去外表多余的粉末使其干净。

(6)收尾工作。把防护胶条撕掉，将被粘贴表面处理干净。

三、汽车镀膜的工艺流程

1. 洗车

用高压水将车身表面的泥沙冲洗掉，然后用洗车香波将车身表面污渍清洗干净。用气枪将车身表面及缝隙中的水吹出并配合干毛巾将整个车身擦干。

2. 用洗车泥擦拭车身

用洗车泥擦拭车身，其目的是有效去除漆面氧化层、沥青点、铁粉等洗车洗不掉的漆面污垢。应从发动机舱盖开始从前到后均匀地将车漆擦拭一遍，擦拭过程中要不断喷水，一是起到润滑作用，二是把粘掉的污垢冲洗干净，以达到最佳效果。

3. 贴防护胶条

胶条保护作业是镀膜工序中重要的工序之一，它可避免施工事故的发生。首先用遮蔽纸将刮水器片、喷水嘴、橡胶条、各部位镀铬件、车灯等部位粘贴保护。车窗玻璃最好用遮蔽纸粘贴，以防抛光时不小心将其磨损。

4. 研磨抛光

使用抛光机配合羊毛轮和研磨剂将漆面上的划痕、氧化层及漆孔中的污渍进行研磨处理，下一步进行抛光作业。研磨前，为防止意外上到车身附件，首先用胶条把车身上所有与漆面相邻的金属件和橡胶件的边缘部分以及诸如车标、字母等都粘贴起来，并对全车进行必要的遮蔽，取研磨剂充分摇晃均匀，在漆面上涂上一条薄薄的、断断续续的研磨剂，用抛光盘将研磨剂均匀涂抹在待抛光漆面上，保持抛光盘平面与待抛光漆面基本平行(拒不抛光除外)。调整研磨机的转速在 1 400～1 800 r/min 之间，起动抛光机，按与划痕垂直的方向移动并逐渐向前推进，抛光盘经过测长条轨迹之间要相互重叠 1/3。对于车身边角不宜使用研磨机的位置，使用手工方法研磨，用柔软的布、厚绒毛巾或柔软的抛光盘蘸研磨剂进行研磨。

【提示】研磨时，依据所选用产品的特点及要求决定是否需要保持抛光盘湿润。一般如果研磨剂含蜡质成分较多，可以抛干。如果研磨剂含蜡质成分较少，如使用 3M 产品，进行研磨抛光作业时应保持抛光盘湿润，方法是用喷雾瓶想抛光盘或工件表面喷清水，以防因水流失过大而冲去研磨剂，并可防止板件变热。

5. 还原

使用抛光机配合还原盘和还原剂按照抛光的顺序进行还原作业。

6. 喷膜

将镀膜液摇晃均匀，适量倒在镀膜专用海绵上，在漆面上擦拭力度均匀，画小圈沿直线将全车擦拭一遍，不要有遗漏的部位，涂抹顺序与打蜡相同。

7. 烤干

用红外线烤灯将镀膜的漆面按喷膜的顺序烤干，或按照说明书的时间要求自然干燥。

8. 擦膜作业

用超纤维专用毛巾擦去膜与车漆产生的结晶，方法为画小圈直线擦拭。

9. 收尾作业

去掉胶条、玻璃遮蔽纸，清理门边干燥的研磨剂。

【知识拓展】

新车开蜡

购买新车特别是进口轿车时，会发现有些车外表脏兮兮的，其实你不必担心，这些脏兮兮的东西是一些保护性的封蜡。这些封蜡的作用主要是为了抵御运输途中海水、剐蹭等因素对漆膜的损伤。一般情况下，汽车生产商不允许封蜡停留于车漆表面一年半以上，否则封蜡将会因阳光紫外线、大气酸性物质的助解性而演变成有害物质腐蚀车体。所以新买的车辆都要清除封蜡，这个过程被称为“开蜡”。

一、封蜡的类型

下面是市场上几种在新车上经常见到的保护性封蜡。

1. 油脂封蜡

车体蜡壳呈半透明状态，多用于长途海运的出口汽车。它可提供蜡壳极硬的保护层，即使碱性极高的海水飞溅于涂有封蜡的车体表面，也不能对其造成任何损害，并可防止大型双层托运车在途中遇到树枝或其他人为所造成的轻微损伤，保证了新车在出厂后一年内不受其他有害物质的侵蚀。

2. 树脂封蜡

车体蜡壳呈亚透明状态，主要用于本国短途运输的汽车。它可为车身提供一年以上良好的硬质保护层，能防止运输新车过程中人为轻微剐蹭所造成的划痕现象，但无法抵御海水的侵蚀，所以这种树脂封蜡不适合在海洋运输中为汽车提供防止碱性物质侵蚀的保护层。

3. 硅性油脂保护蜡

车体蜡壳呈透明状态，新车出厂时为汽车提供短期的保护层。能有效防止阳光紫外线、酸碱气体、树枝、风沙等一般的侵害。对于海水或运输新车过程中所造成的剐蹭现象却不能起到很好的保护作用。

二、开蜡所需产品

1. 油脂开蜡洗车液

市场上80%的产品属于非生物降解型溶剂，主要原料提炼于石油，强碱性药剂，因此使用时应注意劳动保护。

2. 树脂开蜡洗车液

属于多功能轻质水溶性清洁剂，含有树脂聚合物的溶解元素，渗透性较好，使用起来比较安全。

3. 强力脱蜡洗车液

本品属于生物降解型产品，主要提炼于天然橙皮，并含有阴离子表面活性剂，泡沫丰富，分解性较好，因此成本也较高。

三、开蜡所需工具

1. 专用洗车海绵

这种中密度海绵具有极好的包容性，在清洁车身过程中能将沙粒及尘土深藏于气孔之内，避免了因擦洗工具过硬而不易包容泥沙给车体造成划痕的问题，配合高润滑性阴离子表面活性剂（高泡洗车液）更可保证操作中万无一失。

2. 高密度纯棉毛巾

三遍开蜡工序中都需使用，因质地比较柔软，即使清洁车体后表面仍存有少量泥沙，开蜡过程中也不会对漆面造成影响外观效果的较大伤害。

3. 塑料异形刮板

这种刮板材料较软，具有一定韧性，加之垫有纯棉毛，所以操作时不会对漆面造成任何损伤。

4. 防护眼镜

可防止施工中擦洗车体时药剂飞溅入眼。

5. 橡胶手套

因多数开蜡液均属轻质性煤油类产品，渗透分解性极强，对皮肤有害，所以应使用橡胶手套采取防护措施。

四、开蜡操作工序

由于封蜡的种类不同，进行开蜡时所采取的操作步骤也不尽相同。

油脂封蜡开蜡程序：

(1)首先将车体污物冲净，然后用配制好的脱蜡洗车液清洁车身，冲洗后无须擦干。

(2)将油脂开蜡洗车液均匀喷洒于车体。

(3)晾3 min后，喷洒少许清水，用半湿的毛巾按顺序全车擦拭，然后用配制好的脱蜡洗车液将全车清洗，冲净后无须擦干。

(4)将油脂开蜡洗车液再次喷洒于某一板块，晾 1 min 后，将喷洒过药液的板块用半湿性毛巾再次擦拭，这时此板块残留封蜡应可完全清除，然后用脱蜡洗车液清洁。

(5)最后验车时，应将车身连接缝隙处残留的封蜡清除干净，并将全车外表用脱蜡洗车液再次清洁，擦干后打蜡即可。

树脂封蜡开蜡程序：

(1)用高压水枪将车体大颗粒泥沙冲洗干净，然后用配制好的脱蜡洗车液均匀喷洒于车体，并用洗车海绵擦拭全车，冲净后无须擦干。

(2)将树脂开蜡洗车液均匀喷洒于单一板块，晾 1 min 后，将喷洒过药液的板块用半湿性毛巾擦拭，然后用脱蜡洗车液清洁此板块。按此方法逐块清洗，直至将全车封蜡清除。

(3)将车身连接缝隙处残留的封蜡用塑料刮片垫半湿性毛巾清除干净。

(4)用配制好的脱蜡洗车液将全车再次清洁，擦干后打蜡即可。

硅性油脂保护蜡开蜡程序：

(1)将车身大颗粒泥沙冲洗干净。

(2)将强力脱蜡洗车液用喷雾器均匀喷洒于车体。

(3)用洗车海绵按汽车板块顺序将全车快速擦拭。

(4)最后用高压水枪将车身擦掉的蜡质及污物冲净，擦干后打蜡即可。

【思考练习】

1. 车漆的种类有哪些？
2. 车漆的修复工具有哪些？
3. 打蜡的作用及注意事项是什么？
4. 简述封釉的优点。
5. 简述镀膜的工艺流程。
6. 简述研磨、抛光、还原的操作过程。

项目5 汽车装饰

任务1 汽车的外部装饰

【任务导入】

2015 年 4 月 5 日，黄冈的王先生买了一辆三菱蓝瑟，看着电视里的三菱进行装饰后都比较好看，王先生也想在改装店里给自己的爱车加上个大包围，但是王先生应该怎样选择这些项目，选择什么样的价位呢？

【任务分析】

加装汽车大包围不仅可以彰显车主个性，并且对提高汽车行驶稳定性和节省燃油等方面都有很大作用，但现在市场上的产品从材质，设计原则，加工工艺到安装工艺可谓千差万别，从而造成价格也相差很大，只有我们多了解产品相关信息并结合爱车的实际情况做出综合决断，这样才能达到满意效果，否则不但达不到理想效果还会弄巧成拙。

【知识要求】

1. 了解大包围安装的好处。
2. 熟悉大包围材料、性能、价格。

【能力要求】

掌握大包围安装的步骤及注意事项。

【相关知识点】

一、大包围的发展由来

汽车改装源自汽车运动，早期的汽车改装只针对于提高赛车的性能，主要用于改善车身周围的气流对运动中车身稳定性的影响，以便赛车在比赛中取得好成绩。随着汽车工业的发展以及赛车运动的深入人心，汽车改装已揭开它的神秘面纱，成为普通车迷汽车生活中的一部分，并渐渐成为一种时尚。而在我们目前民用改装车上，多为体现车主的个性思想，但也同样起到了降低风阻，提高行车安全系数的作用。汽车外部改装包括汽车大包围、车身贴饰、大灯改装、安装尾部扰流板等项目。

加装大包围属于汽车外部改装的一部分，下面就车身大包围的常见相关问题进行简单探讨(图5-1)。

图5-1 大包围改装后的汽车

大包围装饰的学名是车身空气扰流组件，一般来说，汽车大包围由前包围、后包围和侧包围组成，前后包围有全包围式和半包围式两种形式：全包围式是将原有保险杠拆除，然后装上大包围，或将大包围套在原保险杠表面；半包围是在原保险杠的下部附加一装饰件，这样可以不拆除保险杠，侧包围又称侧杠包围或侧杠裙边。由于汽车在发生撞击时，保险杠可以起到缓冲和吸震的作用，而且它是在汽车设计时经过精密计算得出的结果，可以最大限度地保护乘员，所以出于安全考虑，与全包围相比半包围更具有优势，但美中不足的是半包围达不到全包围的那种整体美感。

汽车安装大包围达到美观的同时可以使汽车车身重心降低，增强汽车行驶稳定性，还可以减小汽车行驶时所产生的逆向气流，同时增加汽车的下压力，使汽车行驶时更加平稳，从而减少耗油量。另外它是外观上最能突出个性化的汽车外部改装配件。但由于安装大包围使汽车原有的离地间隙变小，使汽车的通过性在一定程度上受到限制，大多只能在平坦的公路上行驶。还有就是安装大包围不合适的情况下可能增加汽车的耗油量，因此对于把经济性放首位的家庭，建议可以通过车身贴饰来达到美观目的。

二、大包围相关产品的材料、性能、价格

1. 国内主要流行的汽车大包围材质

国内主要流行的汽车大包围材质主要有玻璃纤维材料、ABS塑料、合成树脂材料、聚酯塑料、合成橡胶等，下面就各种材料的性能做分析总结：

(1)玻璃纤维材料。此类产品价格较便宜，但韧性极差。成件安装、打孔麻烦，它的耐腐蚀性能好，对大气、水和一般浓度的酸、碱、盐及多种油类和溶剂都有较好的抵抗能力，还有热性能良好热导率低，室温下为1.25～1.67 kJ/(m·h·K)，只有金属的1/100～1/1 000，是优良的绝热材料。在瞬时超高温时，是理想的热防护和耐烧蚀材料，由于这种材料制作的时候收缩性较大，所以制造出的包围表面很容易会起波浪，经过一段时间的日晒后甚至可能出现裂缝。

(2)ABS塑料。此类的产品因为是以真空吸塑成形，厚度较薄，所以此类材料不能作保险杠款的包围，只能制作唇款的大包围。

(3)合成树脂材料。此类材料收缩性较小、韧性较好、耐热不变形，所以制作出的产品表面光滑，同时抗扭力较强、密合度较高，但价格相对也较高。

(4)聚酯塑料。此类产品是高压注塑成形，有很高的柔韧性与强度。因为大多数汽车的原装保险杠也是采用聚酯塑料制造，相同的材料所以与车身的密合度亦是最佳的，寿命也较长。但此类产品造价极高，一般消费者难以承受。

(5)合成橡胶。它是目前高档汽车所采用的汽车外饰材料，由于它抗冲击、不易变形、不易断裂、耐候性好(−40～80℃)且环保无公害等诸多优点，它已经成为国际汽车装饰业界公认最合适做汽车装饰板的材料，合成橡胶大包围采用液体原料灌注而成，外形平、光滑，表面喷涂亮漆后，外观效果非常好。

图5-2所示产品采用的材料为树脂材料，其收缩性小、韧性好，其表面经过处理光滑，且它的制作和安装技术也较好，整体看来和汽车的吻合度高，像是原车件，但价格较高。

图5-2 树脂材料大包围

2. 产品的价格

按照档次不同和各地区的消费水平不同也有较大差异，普通轿车一般在400～3 000元。例如，广东战晨生产的一款型号为战神的马自达M3的大包围价格为2 150元，同品牌的战神马自达M6大包围价格为1 850元，还有同品牌的三菱蓝瑟大包围为1 700元，TOPMIX品牌生产的卡罗拉MA大包围价格为2 886元，同品牌的凯美瑞M款小包围价格为2 450元，锐志MA款大包围价格为2 650元，X-POWER生产的两厢飞度A款FRP前包围价格为2 880元，生产的雨燕ABS前小包围价格为2 580元，如BMW宝马E909(华晨宝马新3系)HAMANN改装款前下巴(碳纤维)价格为900元。一辆赛车根据产品档次的不同，加装大包围的价位也有较大差异，一般在1 000元之上，可以说上不封顶。比如适用于2005爱丽舍的两厢赛车款大包围价格为1 650元，保时捷卡宴包围价格68 000元，但价格高不一定适合自己的爱车，所以安装时要根据自己的收入和款型多方面因素做出合理决断。

如图5-3所示，此款骐达大包围后杠采用进口原材料树脂生产，具有耐老化、抗冲击力强、吻合度高、安装容易等特点，为日产车系的专用包围配件。

图5-3 进口原材料树脂大包围

三、大包围的设计原则

1. 整体性原则

要将车前后左右各包围件当作一个整体来设计，拿半包围和全包围进行比较，进行全包围可能会去除原有保险杠，但其设计时可以把大包围按照一个整体进行设计并安装，半包围虽然安全上照顾到了，但它可能更多的是使装饰件更好的配合原车的轮廓，因而整体性可能略差。

2. 协调性原则

各包围件的造型与颜色要与车身相协调，车身包围件应该与车身紧密配合并且颜色尽量与车体颜色不要有太大色差，可以根据色彩的几个决定性因素进行搭配：

(1)色彩的进退性。根据人们视觉距离的不同可分为前进色和后退色，例如，红色和黄色近距离看效果好些，而蓝色和绿色远点看会好些。

(2)色彩的涨缩性。色彩根据人们视觉体积的不同可以分为收缩色和膨胀色，例如蓝色和深绿色看起来要比实际的小，而黄色和白色则相反。

(3)色彩的明暗性。色彩根据人们视觉亮度的不同可以分为明色和暗色,例如红色和黄色为明色,这类物体看起来觉得大一些、近一些,而蓝色和绿色则为暗色效果相反。

(4)色彩的反差性。不同的颜色进行合理搭配,形成色差,其视认性和注目性将大大改善,一般情况,前进色应该与后退色搭配,膨胀色与收缩色搭配,明色应该与暗色搭配。

试验结果表明,在天气晴好的条件下,浅色系的汽车安全性能高于深色系汽车,黑色汽车的事故率竟是白色汽车的3倍。通常情况下,比较容易被眼睛所辨别的颜色更能引起道路上驾驶者以及行人的注意,不易发生碰撞以及追尾等事故,交管部门的事故专家也很认同这以试验结果。在新型试验中,工作人员选取绿、黑、蓝、银灰、白5种颜色的车进行试验。对比试验结果发现,黑色车辆在清晨及傍晚时段光线不好的情况下,最难被人眼识别,而绿色及蓝色车辆的颜色安全性居中,所以在进行车辆装饰的时候,要注意进行合理搭配,夏天最好采用冷色,冬天最好采用暖色。利用色彩的特性进行合理的搭配可以使你的爱车漂亮的同时还能增加你行驶时的安全性。

3. 安全性原则

汽车安装包围后决不能影响整车的性能和行车安全,设计要考虑路面状况,所有饰件离地应保持一定距离。例如加装大包围不当,虽然达到了美观的目的,但不符合空气动力学原理,不仅可能使原车的动力性能下降增加油耗,还可能减弱行车稳定性,造成不应有的事故。另外离地一定距离可以使汽车更好地驶过不平的路面。

4. 标准性原则

大包围组件要符合国家有关规定,我国法律虽然没有对汽车的相关改装作详细规定,只是规定不得私自改装车辆,但肆意地按照自己意愿安装汽车大包围,改变了车辆登记时的原貌是不符合国家规定的,所以车主在加装大包围前还是应该先咨询相关事项,以免给你带来损失。

综合上面诸多因素,相信你可以为你的爱车选择一套合适的外衣。

四、大包围的安装款式与材料选择

1. 大包围的安装款式分类

(1)加装款。此类产品不需要改动原车,是在原来的保险杠上加装半截下唇。此款大包围安装技术要求不高,两名熟练工人0.5 h即可装好一台车。由于采用的是3M胶加扣件的安装方式,若想再次拆下大包围也很容易。

(2)保险杠款。此类产品是将原来的前后杠整个拆下,然后再装上另一款保险杠。此类大包围可以大幅度地改变外观,更具个性化。

2. 国内大包围主要材料种类

装大包围要精选材料,国内现在比较流行的大包围套件的主要材料有以下4种:

(1)玻璃纤维材料。此类产品最常见,款式多选择多,价格较便宜,但重量大韧性不好,若发生擦碰容易断裂。

(2)ABS塑料。此类的产品因为是以真空吸塑成形,厚度较薄,所以此类材料不能作保险杠款的包围,只能制作唇款的大包围。

(3)合成树脂材料。此类材料收缩性较小,韧性较好,耐热不变形,所以制作出的产品表面光滑,价格相对较高。

(4)聚酯塑料。此类产品是高压注塑成形,有很高的柔韧性与强度,价格较高。因为大多数汽车的原装保险杠也是采用聚酯塑料制造,相同的材料所以与车身的密合度亦是最佳的,寿命也较长。

五、汽车安装大包围的利弊分析及选择

1. 加装大包围的优点和缺点

(1)优点:

①一般车身大包围包括前保险杠和后保险杠的扰流气坝,还有车身两侧的导流裙脚,以及后行李箱上方的尾翼几个部分。而前保险杠下方的导流坝主要是让气流从车身正面下方的底盘快速通过,让车身下方形成一个接近真空的地带,使车身可以牢固地被吸附在路面上,而经过发动机盖上方的气流经过后行李箱的扰流尾翼后,会因速度的不同造成不同数值的下压力,这样自然就会让轮胎对地面之间的附着力更大;而左右两侧的扰流裙脚主要让车身下方两侧的乱流尽快地清除,或者将气流引到后轮的刹车系统以达到降温的目的;可见加装大包围,在进行加装以后能利用空气动力学原理增加其效率,而且还能增加安全性。

②车身投影面积相同的情况下,车身外形不同或车身表面处理不同造成空气动压值有差别,其空气阻力系数也完全不同,由于空气阻力与空气阻力系数成正比关系,现代汽车为减少空气阻力,必须考虑降低空气阻力系数,目前,轿车空气阻力系数一般在0.28~0.4之间。有关试验表明,空气阻力系数每降低10%,燃油可节省7%左右,曾有人对两种相同质量、相同尺寸、相同发动机,其他部件也基本相同,但具有不同的空气阻力系数(分别为0.44和0.25)的轿车进行比较,以88 km/h的速度行驶了100 km,燃油消耗后者比前者节约了1.7 L。

③大包围可使车身加长,重心降低,给人以安全,稳健,踏实,庄重的感觉。

④安装大包围后,可以使车身的曲线更柔顺,棱角更分明,车型线条更顺畅,造型更优美,给人以整体和谐的愉悦感受,外形大变,极显个性。

(2)缺点:

①目前市场上大包围大多为美观而设计,如果大包围的设计不良反而会造成车身有更大乱流的产生,反而使车速降低并且增加油耗。

②安装后汽车只能在平坦良好的道路上行驶,否则影响其通过性。

2. 如何给爱车选择合适的饰件

(1)按车型选择。目前装饰生产厂家生产的大包围总成件,基本上都以特定的车型为准而

设计制作的，据材质和工艺可分为标准型、豪华型；在为车型配套时，还要考虑车身的颜色。

(2)选择标准。主要达到装饰后好看，协调，总体平衡协调，外观美观大方，前后包围和侧包围融为一体。但给自己的爱车选择合适的包围，就要注意以下几点：

①韧性要好，有抗扭的能力，汽车在行驶在崎岖不平的路面时会出现颠簸，或者与周围物体发生轻微擦碰，大包围材料的这种性质可以发挥作用，如果材料的韧性较差，很脆，则可能在轻微刮碰使使大包围出现严重损坏，如果是金属大包围也可能因韧性不足出现表面凹陷影响美观。

②耐热不变形，由于汽车前包围离发动机较近，在汽车行驶较长距离时，由发动机做功所产生的多余热量会通过周围物体散热，并且温度比较高，如果材料耐热性不够，不仅会大大降低产品的使用寿命而且美观效果也会受到很大影响。

③表面要平滑、重量要轻，表面平滑可以增加视觉效果，在合理安装的条件下，汽车重量越轻它的油耗就越低，可以很大程度为车主节约成本。

④与车身密合度要高，这样可以使车子与饰件的整体性更加明显。

【任务实施】

一、大包围的常见安装工艺及典型安装方法

1. 常见的安装工艺

准备好安装所需的工具和材料。一般常用的工具有手电钻，螺丝刀，锤子，活动扳手，钳子等，准备好大包围及其附属零件并按照说明做好各种处理工作。将大包围的安装部位进行擦拭和清洗，去除油污和污垢，使表面清洁、干燥。在车身上安装大包围的相应部位贴上保护用的皱纹纸，防止在安装过程中碰坏车身油漆。将大包围在车身上相应位置试放一下，观察两者的贴合程度，注意安装侧包围时应该把车门打开，安装后包围时注意排气管。取下大包围，按照试放的效果对其进行修整，将大包围修边角和去毛刺，按照安装要求在车身下端钻好安装孔，并去掉孔边周围的毛刺。安装大包围，施力时应该注意技巧，要使车身与大包围紧密地贴合，避免用力过猛而造成损伤，必要时可以在它的内侧与车身贴合的位置涂上专用的胶水。拧上固定螺丝，最好在螺帽上涂上油漆，使之与车身颜色协调。

2. 典型安装大包围操作工艺

测试前后唇强度：由两人各持一端向相反方向用力使其产生形变，然后再松开看其是否能恢复原来状态，如此时前后唇发生了明显变形，则说明其强度不够；安装灯眉：把灯眉粘贴在前大灯的上部。为保持原车涂面，在原车前后保险杠边缘粘贴皱纹纸；将后唇放到车上对位；用角向磨光机和砂纸反复打磨修整后唇，使其与原车后保险杠紧密配合；在后唇内部涂抹胶水；把后唇粘在后保险杠外面，并用皱纹纸粘贴固定；在后唇内侧钻孔并用螺丝固定；在螺钉上涂调好的同颜色涂料；按相同方法安装前唇并安装裙边（粘接）；安装扰流板（在行李箱盖上打孔安装）。

3. 对比分析及小结

常见的安装方法可以说和典型的安装大包围步骤上大同小异，所不同的是一般常见安装方法把大包围按照整体性的原则一次性将饰件安装在车身之上，而后者是将大包围分装在车上并逐一固定。相比之下，常见的安装方法在美观的角度上应该胜于后者，但由于是整体安装，它的牢固程度可能不如后者，将整件拆装按照小部件安装可以使饰件更牢固地装在车身上，以防车子在行进中发生整体脱落，所以出于安全考虑后者更加实用。另外车主应该注意：按照正规的安装方法大都是用螺钉固定在车身上的，但某些小的修理厂为安装方便对某些部件采用粘贴方法，所以加装时应该注意，以防汽车在高速行车时发生部件脱落事件造成事故。

4. 安装大包围应该注意的事项

(1)大包围总成是关键，只要选好了总成的型号和颜色，能与原车配套，协调，达到整体和谐，就为大包围的装饰成功奠定了基础。

(2)汽车是否加装大包围，要根据汽车经常行驶的道路情况而定。加装了大包围的汽车只适合在平坦和良好的道路上行驶，如果你的汽车经常要在不平的路面上行驶，那就不要加装了。

(3)应选用高质量的产品。大包围安装在车上，也就与车成为一个整体，日常的磕碰就在所难免，如果包围材质脆弱，刚性过大，就很容易碎裂，那样不仅增加更换成本，也平添了不少麻烦。

(4)最好不要选用需要拆掉原车保险杠才能安装的大包围，因为大包围所用的材料抗撞击能力不如原车保险杠，所以，选用将原杠包裹其中的大包围不会影响车辆的牢固性，但如果一定要选用拆杠包围，可将原杠中的缓冲区移植到大包围中，以起到保护作用。

(5)加装大包围应该到有经验的改装店去，因为这些改装店有制作维修各种大包围能力，大都会免费为车主修复不慎碰坏的包围，令车主不必为包围的一点小损伤就得花钱去换一个新的。

(6)选好安装企业并注意索要保存好保修卡，以备万一在使用过程中出问题，以便协商保修。

【知识拓展】

汽车消费现在主要集中在我国几个发达的地区，而且购车者近年来有着年轻化的势头。我国近几年与世界的距离渐渐拉近，人们更容易接触到外国的文化，特别是年轻人。他们寻找的是一种与众不同，可以充分表达自己的一种激情。加上赛车运动的推广，消费者的汽车消费理念正从“代步”向“个性”“时尚”转变，“汽车改装”这个词正在逐步走进人们的视野。中国汽车工业协会的专家曾经预测，汽车服务业将在售后服务等方面突现十大商机，其中第二大商机中就涵盖了汽车改装业，其很有可能成为21世纪汽车业的黄金产业之一。

新的《道路交通安全法》中明确规定，任何单位或者个人不得拼装机动车或者擅自改变机动车已登记的结构、构造或者特征。车辆的结构包括车身颜色、长、宽、高四个硬性标准以及发动机和相关的技术参数。因此，车辆改装是否合法，关键是看车辆是否与行驶证上的照片相符；与车辆出厂技术参数是否相符。不符合的，就不能通过年检。已领牌照的汽车进行改装时，应向车管所登记申报，其改装技术报告经车管所审查同意后，方可进行改装。改装完毕，还要到车管所办理改装变更手续。车管部门在年审中一旦发现违规改装，会要求车主恢复原状。当前，交管部门对汽车改装的限制要求依然比较严格，汽车排量、涡轮增压等涉及汽车技术参数部分绝对不能私自改装，法律法规对改装汽车作出了限制：汽车的型号、发动机型号、车架号不能改，不能破坏车身结构；汽车改变颜色，更换发动机、车身或者车架的，必须交验汽车，更换发动机、车身或者车架的还要提交机动车安全技术检验合格证明；车贴面积不能超过车身总面积的 30%，超过了就必须去相关部门报批；车的外观不能大幅改动，要求与行驶证上的照片基本保持一致。

【思考练习】

1. 简述大包围的分类。
2. 简述大包围选择的注意事项。
3. 简述大包围的安装步骤。

任务 2 汽车尾翼加装

【任务导入】

2016 年 11 月 25 日，一位酷爱改装的车友，买了一辆低配三菱菱悦，准备改装一下尾翼，但是不晓得如何选择。在淘宝上看到了几种不同类型的，有粘贴式的，也有打孔的，不知道选择哪一种更好，那么我们该如何选择呢？

【任务分析】

我们在赛车上都会看到安装有结构复杂的尾翼，在城市中我们也可以看到一些改装后的量产车安装有尾翼。但你了解尾翼的原理吗？尾翼真的会如你所期望的发挥它的作用吗？但“尾翼不是你想装就能装”，如果你懂得气动造型、下压力、空气动力学等名词，那就差不多了。

【知识要求】

1. 了解汽车尾翼安装的作用。
2. 掌握汽车尾翼分类。

【能力要求】

1. 掌握汽车尾翼安装的步骤。
2. 掌握汽车尾翼安装注意事项。

【相关知识点】

一、汽车尾翼的作用

汽车尾翼使轿车平添许多靓丽与生机，因此许多人也都以为这美丽的尾翼是厂家为了好看才给轿车安装的装饰件，其实它的主要作用是可以有效地减少汽车在高速行驶时的空气阻力和节省燃料。

汽车尾翼的设计原理是参考了飞机尾翼的，在过去很长的一段时间内，此设计一直被广泛用于赛车上，后来才被移植于普通汽车上。

根据空气动力学原理，汽车在行驶过程中会遇到空气阻力，这种阻力可分为纵向、侧向和垂直 3 个方向的作用力，并且空气阻力与车速的平方成正比，所以车速越快，空气阻力就越大。

一般情况下，当车速超过 60 km/h，空气阻力对汽车的影响表现就非常明显。为了有效地减少并克服汽车高速行驶时空气阻力的影响，人们设计了汽车尾翼，其作用就是使空气对汽车产生一种有利于汽车行驶稳定的作用力，即加大对地面的附着力而抵消一部分升力，减轻汽车的高速发飘，减小风阻影响，使汽车能紧贴着道路行驶，从而提高了高速行驶的稳定性。

目前市面上用得较多的尾翼是用玻璃纤维材料制成的，既轻巧又坚韧，并且它的形状、尺寸都是经过设计师精确计算而确定的，不宜过大也不宜过小，不然反而会增加轿车的行车阻力或起不到应有的作用。

除了增加汽车的高速行驶稳定性外，由于尾翼能降低汽车的空气阻力，因此加装尾翼对于节省燃油也有一定帮助。据计算，对于排气量为 1.6L 轿车，如果汽车在高速公路上以 100 km/h 的速度行驶，则能节省燃油 10%。

二、尾翼和扰流器的分别

尾翼和车尾扰流器的分别是后者与车尾连为一体，或者干脆就是车身整体设计的一部分。车尾扰流器其实也可以用来制造下压力，但是常见的功能仍是减少浮升力和气流拉力。掀背车的尾扰流器集结了大量的空气干扰流器的前方，目的是分隔车尾的气流，从而降低浮升力。后扰流器也可以令气流更顺畅地流经车尾，避免气流长时间地徘徊或紧贴在车尾上，如此一来便可以减少空气拉力，同时也可以减低导致浮升力的车底气压。

通常所说的“尾翼”比较专业的叫法为扰流板，多见于运动型轿车和跑车上。现在市面上也有一些普通车加装了所为的尾翼(扰流板)。

汽车在行驶过程中受到的风作用力，一般可分为纵向、侧向和垂直三个方面的作用力。当车速超过 60 km/h，空气阻力对汽车的影响就表现得非常明显了。

我们知道，汽车设计在外形上多为“水泡型”，与飞机机翼的截面很相似，运动中气流总有向上浮起车辆的趋势，为了有效地减少并克服汽车高速行驶时空气阻力和对地面的附着力的影响，人们设计使用了汽车尾翼，它能减小风阻，抵消一部分升力，控制汽车上浮。使汽车能紧贴着道路行驶，从而提高行驶的稳定性。

目前大多数汽车尾翼都是用玻璃纤维或碳素纤维制成的，并且它的形状尺寸是经过设计师精确计算而确定的，其最佳形状和位置因车型和速度而异，应当通过风洞试验来确定。如果没有风洞试验结果支持，加装尾翼多是盲目的，搞不好还适得其反（图 5-4）。

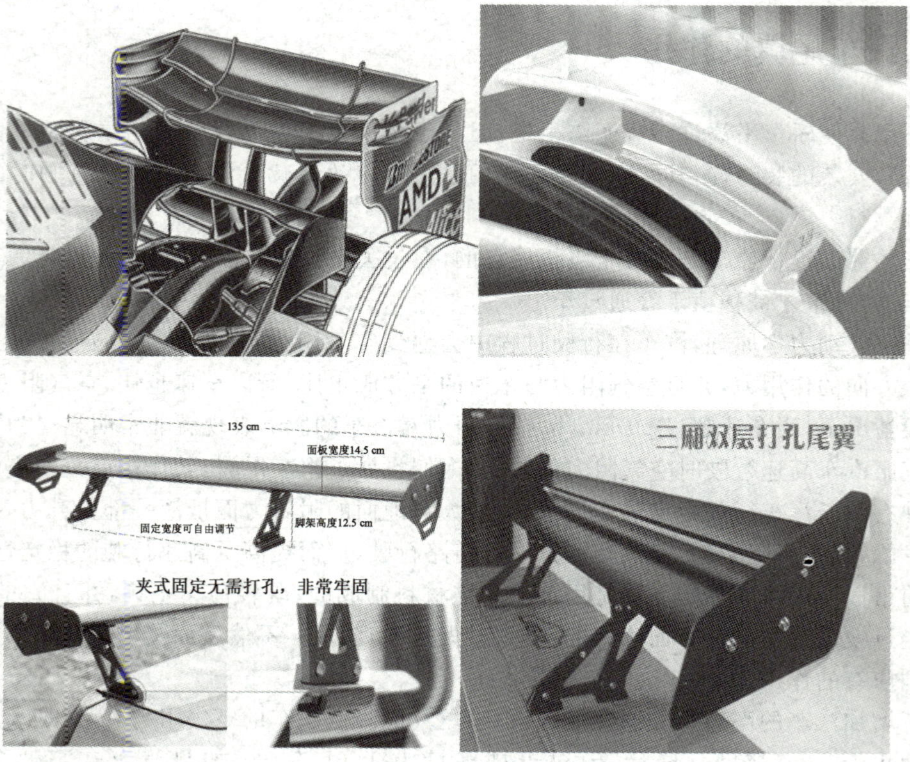

图 5-4 汽车尾翼

三、尾翼的分类

安装尾翼如今成了年轻车主彰显时尚个性的一种方式，安装大气美观的尾翼可以提高车辆的行驶稳定性，然而貌似简单的尾翼安装也有一定的学问。

现在市场上尾翼的种类较多，价格在 200～1 500 元之间，常见的尾翼有以下 3 种：

（1）玻璃钢尾翼。这类尾翼造型多样，有鸭舌状的、机翼状的，也有直板式的，比较好做造型，不过玻璃钢材质比较脆，韧性和刚性都不大，价格比较便宜。

（2）铝合金尾翼。这类尾翼导流和散热效果不错，而且价格适中，不过重量要比其他材质的尾翼稍重些。

（3）碳纤维尾翼。碳纤维尾翼刚性和耐久性都非常好，不仅重量轻而且也是最美观的一种尾翼，现在广泛被 F1 赛车采用，不过价格比较昂贵。

安装尾翼除了美观外，更大的作用是高速行驶时可以为车辆提供必要的稳定性。尤其对大功率的车来说，在高速过弯或通过复杂路段时，尾翼可以起到一定的平衡作用。

但安装尾翼也有缺点，即在城市路况行驶会增加油耗。我们知道，汽车表面的凸出物越少，线条越流畅风阻越小。增加的尾翼毫无疑问会增大风阻，由于大多数轿车以城市道路行驶为主，车辆根本达不到尾翼能够发挥作用的时速，这样体积越大，低速阻力就越大，再加上车身整体重量的增加，也势必会导致油耗的上升。

【任务实施】

汽车尾翼的安装

加装尾翼能有效改善行车稳定性,是运动型车的必需品之一,由于花钱不多,很受年轻车迷的欢迎。汽车尾翼的安装方式主要有粘贴式和螺栓固定式两种,前者可避免破坏行李箱盖且不会漏水;后者固定牢固,但因要钻孔会破坏行李箱盖的面貌,且安装不好时会发生漏水现象。

安装施工方法:

(1)清洗安装部位,一般后翼板都安装在行李箱盖板上,大都用螺钉连接。所以,可应用清洗剂擦洗行李箱盖板并擦干,保持干净整洁。

(2)按安装要求,钻后翼板的安装孔。这些安装孔是钻在行李箱盖板的相应位置上。

(3)在行李箱盖的安装孔与后翼板的接合处涂上硅胶,以防漏水。

(4)将固定螺钉由行李箱内侧往外再固定锁紧。

(5)为了提高防漏水的可靠性,固定后,在固定架周围注入透明硅胶。以上所述安装方法,稳定可靠,效果好。

(6)有的后翼板可采用粘贴法安装。这种方法不在行李箱盖板上钻孔,不会发生漏水现象。但是,其稳固性和可靠性要差一些。使用一段时间后,有剥落掉下的现象发生。这可能与粘贴质量欠佳或粘胶质量不良有关。

【知识拓展】

十大高端汽车尾翼品牌排行榜

易友:易友 Mini 通用免打孔个性装饰 GT 碳纤维小尾翼。

金帅:金帅车品的 GT 免打孔 Mini 小尾翼位居第二,和第一名的产品伯仲之间,受到众多朋友的喜爱。

点缤:较好的抗冲强度和一定的耐磨性。耐寒性能良好,温度范围－40～100℃。良好的耐油性、耐水性和化学稳定性。

鑫宏发:轻便、亮丽、抗压、抗摔、易保洁、壳轻薄、韧性好。

耀迪:耀迪汽车安装尾翼(定风翼)不但有装饰效果,而且在车辆高速行驶中能起到稳定车身的作用,在高速转弯时作用尤为明显.尾翼的扰流作用还能为车主节省一定的燃油。

欧泰:能为客户提供最全面、最经济、最耐用、最贴心的汽车尾翼改装服务。为汽车行业的蓬勃发展做出杰出贡献。

奥美斯:长期以来致力于赛车及汽车改装市场,提供动力、制动、悬挂、空力套件、轮毂等改装配件、精品及服务,在不失原厂设计的理念下,满足改装车迷对个性化的需求。

AMG:两位德国人:HansWernerAufrecht 和 EberhardMelcher,在德国一个名为 Grosaspach 的小镇上开始了他们的改装事业,Aufrecht 先生和 Melcher 先生及地方名字的第一个字母,诞生了 AMG。

MUGEN：凭借着它那份创新精神，为汽车一次又一次换穿上时尚、优雅、高贵的新衣，这一切都赋予轿跑车难以抗拒的十足魅力！

赫迪：国内汽车尾翼行业的后起之秀，不过产品质量值得称道。

高端营销推广平台鹿豹座认为，汽车尾翼给我们带来的是科技、安全、便捷的现代生活，同时也能体现现代生活的高品质要求，而对于汽车尾翼的选择，应当与个人以及汽车的需求实现完全匹配，只有这样才是你最佳的选择。

【思考练习】

1. 汽车尾翼产生什么方向的下压力？
2. 汽车尾翼安装要求是什么？

任务3 天窗的选装

【任务导入】

2016年11月25日，一位酷爱改装的车友，为了省钱当时买的是个低配车红色名爵M3，没有天窗，但是总羡慕别人的天窗，所以想突破一下，在淘宝上买了一个天窗总成，准备自己进行天窗的改装，具体该如何选择，如何操作呢？

【任务分析】

很多车友很在乎汽车有没有天窗，似乎有了天窗就打开了另一扇门一样开心，似乎都成了车友心中的标配，没有了天窗，就像咖啡没有加糖一样，没了情趣！随着家庭驾车外出加多，时刻梦想着打开天窗，看天上的星星，成为一种梦想。汽车开设天窗（Sunroof）的历时由来已久，但是由于早期汽车天窗在防漏、防震及耐久性等方面存在的不足，影响了用户的信心。近几十年来，伴随着汽车天窗技术的飞速发展和人们对驾乘舒适性要求的不断提高，汽车天窗的性能和质量大大提高，并成为一种全球性的时尚热潮。事实上，汽车天窗流行的最主要因素并不仅在于加装天窗后对车辆外观具有的美化效果，而是汽车天窗具有的实在功用。

【知识要求】

1. 了解汽车天窗的作用。
2. 掌握汽车天窗的分类。

【能力要求】

1. 掌握汽车天窗选择标准。
2. 掌握汽车天窗加装注意事项。

【相关知识点】

一、轿车开天窗的必要性

现在市面上在跑的汽车，大部分都带有天窗，而很多车主把天窗看成是装饰品，实际上天窗的很多用处都没有用上，下面给大家讲讲汽车天窗的用处。

1. 换气

空气的质量对人的活动能力具有重要的影响。因此，汽车座舱内的微型环境是否适宜，不仅关系到驾乘舒适性，还与行车安全性息息相关。

换气是汽车开天窗最直接、最主要的目的。没有安装天窗的汽车，在长途驾驶的过程中，如果座舱始终关闭，那么座舱内将由于乘客的呼吸消耗而进入贫氧状态。氧气供给不足将导致驾驶员出现疲劳、警觉性降低、头痛和注意力分散等一系列不适症状，从而直接威胁到行车的安全性。再加上汽车尾气的渗入、司乘人员的呼吸作用及内饰装饰物的化学反应等原因而导致座舱内一氧化碳和二氧化碳的浓度(含量)持续上升。血液中 CO 和 CO_2 浓度的升高将导致司乘人员出现头痛和嗜睡等症状。每当车内空气出现这种缺氧或污浊状态时，司乘人员常用打开侧窗的方法给车内换气。这种方法不仅使乘客感到不舒服，而且车外污浊的空气和噪声也进入车内。当汽车在污染严重的城市道路行行驶时，为减少车外污浊空气进入车内，乘客一般都不得不关上侧窗。而在车窗密闭的汽车里，CO_2、细小微粒大量积聚，空气的污浊程度往往比车外还要严重。据测算，车内乘客总吸入的微粒是街上行人的 10 倍，长期呼吸车内污浊空气将对人体造成危害。同时，封闭的车厢内 O_2 减少，CO_2 增多，直接导致人体疲劳、精力分散、反应灵敏性降低，甚至有困倦、头疼等症状。

车厢换气包括进气和排气，没有天窗的汽车的进气是在进风口采用鼓风等方法实现的，排气是利用行车时车体内外产生的正负压差，使车厢内气体通过缝隙和排气孔排出。此种进气、排气方式使得排气不通畅，进气受阻，车内空气无法快速更新。

天窗作为一种新型的换气设备，可以很好地解决车厢内通风换气问题。天窗换气利用的是负压原理，打开天窗时首先将车内的空气抽出，而不是直接进风，污浊的气体被抽走后，从进气口补充进来经过过滤的新鲜空气。采用这种先排气后进气的换气方式，可加快空气的更新速度，而且不易进入尘土，始终保持车内新鲜空气的流通，提高了车内乘坐的舒适性，减少了驾驶员的疲劳。

2. 节能

开启天窗可降低车内温度，节省能源。经测试，阳光暴晒下的车内温度可高达 60～70℃。这时打开天窗，车内温度降低的速度比空调快 2～3 倍。

3. 除雾

春夏两季雨水多、湿度大，前风窗玻璃容易形成雾气。打开车顶天窗至后翘通风位置，可以很容易清楚前风窗的雾气，改善视觉效果。而且除雾速度快，同时雨水也不能进入车内。

4. 降噪

汽车在告诉行驶时，常常会被侧窗打开时的噪声和侧风所困扰，尤其当车速超过 100 km/h 时，打开侧窗通风而引起的噪声可高达 110 db，而如果打开汽车天窗通风噪声只有 69 db，因此噪声会大幅度降低。

5. 开阔视野

天窗可以开阔视野，并且能够亲近自然、沐浴阳光，驱除被封在车厢内的压抑感。

6. 提高汽车档次

天窗在改善换气的同时，还起到美观装饰作用，提高了汽车的档次。

二、天窗的分类及选择

(一)天窗分类

1. 按驱动方式分

天窗按驱动方式分有手动式和电动式两种。手动天窗结构比较简单，价格也较便宜，且便于安装。

电动天窗主要由滑动机构、驱动机构、控制系统和开关等组成。此类天窗档次较高，价格较贵，安装时由于要走线，安装难度较大。

2. 按面板材质分

按面板材质分，天窗有玻璃面板、金属面板和复合材料面板 3 种。

3. 按开启方向分

天窗按开启方向有内藏式、外掀式和敞篷式等。

(1)内藏式天窗。其特点是在开启后可以保持不同的弧度，具有防夹和自动关闭功能，配有独立的内藏式太阳挡板。

(2)外掀式天窗。其特点是在开启后向车顶的外后方升起，分电动和手动两种行驶，具有防夹和自动关闭功能，配有可折式的遮阳板。

(3)敞篷式天窗。其特点是在开启后天窗完全打开。使用 3 层高品质的特殊材料组合而成，具有防紫外线和隔热的效果。此款天窗非常前卫，适合年轻人。相对前两款天窗，敞篷式天窗的密闭防尘效果要略差一些。

(二)天窗的选择

1. 汽车天窗选装原则

汽车天窗的品种较多，但都是生产厂家按车型配套设计制造的，目前国内外都有天窗的生产厂家和产品供应，可供装饰选择。

(1)按车型选择天窗。目前市场上的天窗基本上都是按车型配套的，所以首先应按车型进行选择。

(2)在同类中应选需要的型号，一般在同类天窗中，有标准性、经济型及豪华型等区分。选择天窗必须与车型配套协调，高档车应选用豪华型天窗，若低档车选用豪华天窗，则天窗会出现许多多余的功能，既不协调也不经济。

(3)一定要选择正规厂家生产的合格天窗进行改装，这样结构安全性才可以得到保证。因为正规的天窗生产厂家对汽车结构安全性都有自己的专利技术，能够保证车辆在加装天窗后结构安全性。

2. 不同类型天窗的选择

(1)内藏式天窗。内藏式天窗指的是滑动总成置于内饰与车顶之间的天窗。其优点是天窗开口大，外形简洁美观。据介绍，目前中高档轿车原装天窗多采用内藏式天窗。在加装市场上，内藏式天窗由于价格相对较贵(目前主流价位在8 000～10 000元之间)，而且施工技术要求较高(须将整个车顶内饰重新做一遍)，因此比较少人安装。适合车型：凯越、帕萨特、雅阁、奔驰、奥迪、佳美(图5-5)。

图5-5　内藏式天窗

(2)外滑式天窗。滑动总成为伸缩型轨道，具有体积小、结构简单的优点。可以倾斜升高，打开一定角度，但是开口大小有限。据介绍，这类天窗属于电动天窗中比较经济的一类，价格在3 000～5 000元之间，安装者较多。适合车型：奥拓、福美莱、奇瑞、宝夹、捷达、富康、桑塔纳等(图5-6)。

图5-6　外滑式天窗

(3)手动式天窗。手动式天窗价位最低，主流品牌价格在 2 000 元左右，如果选择国产品牌或者店家促销的型号，价格甚至可以低于 2 000 元。手动式天窗只能在原位上打开一定角度，玻璃无法滑动形成开口。可以说，手动式天窗满足的是人们体验天窗的感受，经济性是其最大优势。适合车型：昌河、奥拓、吉利、福莱尔、长安。

(4)敞篷式天窗。敞篷式天窗的遮盖物不是玻璃，而是一种高品质特殊材料制成的篷布。据介绍，这种篷布密度非常高，防水防尘防划功能很强大；内含加固型钢丝骨架，更使其硬度完全达到安全需求。由于篷布可折叠，敞开时缩成一小部分藏在车顶，因此这类型天窗开口非常大，可以满足人们将身子伸出车外吹风的需求。在电动天窗中属于较高档的一类，市场安装价格在 10 000 元左右(图 5-7)。

图 5-7 敞篷式天窗

(5)改进型天窗。据介绍，目前市场上新推出了一些双门天窗，由于原理和外滑式相同，我们暂且称之为改进型。这类天窗往往用于体形较大的汽车，在前后排座位的上方各安装一个天窗，可以使车内任意位置都可看到蓝天，并且最大限度地通风和采光。市场价格在 10 000 多元。适合车型：奥德赛、毕加索、GL8(图 5-8)。

图 5-8 改进型天窗

三、天窗的正确使用和维护方法

1. 天窗的使用

(1)遇到下雨时,不要开启天窗,等雨停后风把天窗上的水吹干之后再开启天窗。

(2)天窗的玻璃板有的是用绿水晶玻璃板制作的,有的镀制了防热层。对此,不能用黏性的玻璃清洁剂清洗玻璃。

(3)在极为颠簸的道路上最好不要完全划开天窗,否则可能因天窗和滑轨之间振动太大而引起相关部件变形甚至使电机损坏。

2. 天窗的保养

(1)天窗玻璃板是由高弹性、防磨损的橡胶密封垫圈密封的,每2个月至少要用润湿的海绵对密封垫圈清洁一次,保持其干净。经常涂抹一些细腻的滑石粉在橡胶密封圈上进行保养,可延长密封圈的使用寿命。

(2)天窗活动部分虽然是由低保养材料制成的,但在使用一段时间内,还是需要用润滑油或润滑剂进行适当润滑的。这样可以防止滑动部分和管道在运动过程中过早地磨损,以及其他不正常的天窗故障。但在使用润滑剂时,千万不要使用容易吸附或沾染灰尘的黄油之类的润滑剂。

(3)当天窗打开时,轨道暴露在空气中,难免堆积粉尘,甚至跑进小沙粒。时间长了,轨道容易磨损甚至变形,影响天窗的滑动。定期用气枪吹净轨道也是保护天窗的一个好方法。

【任务实施】

汽车天窗的安装

选购了好的天窗,还必须进行高质量的安装。如安装质量较差,使用一段时间后,便会出现天窗开启不灵、车顶渗水等现象。

1. 详细阅读天窗安装使用说明书

安装前要认真阅读天窗的安装和使用说明书,必要时应再重新检查一下是否完全符合配套安装使用要求。若发现问题,应及时调换。

2. 按天窗的安装要求进行施工

在天窗安装使用说明书中,对安装的要求、安装的步骤和方法都有明确的规定,应按上述规定进行安装。

电动天窗具体有如下几个安装步骤:

(1)准备。首先准备好安装所需要的工具和配件,将汽车清洗干净。

(2)检查。打开大灯、音响等电器设备进行检查,以确认汽车电路是否完好。

(3)拆下车内顶。在驾驶室内将汽车的棚顶拆卸下来。

(4)定位。准确测量天窗的安装位置,利用不干胶带施工图纸精确固定在准备天天窗的位置。利用电钻在车顶钻孔定位(至少 4 个)。

(5)剪车顶。用电剪按照施工图纸标线(第一遍一般是沿着内框红线)将天窗位置剪出来(如果安装较大的天窗,可能占据车顶安全防颤梁的位置,则应先将安全防颤梁锯掉)。

(6)精剪。沿着施工图纸标线(外框精确控制线)精确地剪出天窗的安装位置。

(7)做防锈。将剪出的切口打磨圆滑并涂抹防锈剂做防锈处理。

(8)量裁内顶。根据天穿的安装位置,精确测量所需内顶的尺寸并将内顶裁剪下来。

(9)安装天窗。将天窗准确安装到车顶,拧紧固定螺丝。固定好排水管和天窗驱动电机等部件。

(10)布线。拆开仪表台,按照说明书的要求接好电线并隐蔽布置。

(11)装复内饰。将汽车内棚顶、仪表台等装回原来的位置,安装电动天窗控制盒。

3. 检查安装质量

天窗安装后,应进行质量检验和试运转,例如做淋雨试验等,以检验天窗的性能及安装质量。

安装天窗应注意以下事项:

(1)安装汽车天窗是一项非常精细的工作,安装过程中不能受到任何外界干扰,最好在封闭的车检安装。

(2)要使用专用安装工具。如果天窗切口处理得不好会直接影响到汽车今后的防水问题。

(3)天窗内外两层框架的合并是关键技术,要边合并边做密封处理,只要安装得科学合理,一般是不可能发生漏水现象的。内藏式天窗一般在边框上有 4～6 个固定支撑点,在螺丝固定在车门纵梁上,无须车顶承重。外掀式天窗,安装后一般要用 12～16 个螺丝将天窗的内外框架夹紧在车顶上,使天窗与车顶基本联成一体。

(4)有观点认为,加装天窗时,除了天窗自带的零件之外,尽量不要用额外的加强梁进行补救。虽然加了加强梁后能够减少一些车身的细微变形,但这些加强梁采用的是局部焊接,由于车顶相对较薄,焊点强度一般不会很大,所以对车顶的机构不会起到实质性的加固作用,在发生事故时这些横梁还可能成为一把把锐利的武器,会对司乘人员的安全造成直接的威胁。

(5)吉普车、跑车等特殊的车型不适合后加天窗。由于吉普车和跑车的车顶有相对复杂的钣金结构,有的汽车车顶还有空调管路、电路、灯具等设备,所以这些车辆一般不具备后加天窗的条件。

【知识拓展】

天窗改装问答

1. 天窗是否会漏水?

只要您在安装天窗时能够满足以下四个方面:合格的产品、专业化的安装、正确的使用、定期的保养维护,天窗就绝对不会发生漏水的现象。

首先,选择天窗品牌要擦亮眼睛。目前市面上的天窗质量参差不齐,有的会带有“先天缺陷”。在此提醒您尽量选进口天窗。世界各国的天窗市场基本都由五个品牌占据,它们是:德国/荷兰生产的韦巴斯特豪华牌、德国的美驰、荷兰的伊纳帕、意大利的奥泰克以及美国的

ASC,它们都是值得信赖的。

选到了好产品,您的天窗梦就实现了一半,另一半则是专业化的安装。选择一家好的安装公司,他们的经验、工具、用料、手法等各个方面都会强于别家,这样才能避免今后发生安装质量问题。

装好了天窗,接下来就需要您来正确地使用它了。有很多天窗发生故障都是使用者的人为因素造成的。比如手动式天窗的锁扣或摇柄不慎拧反了方向,或者有的淘气小孩对电动天窗频繁地开关,这些都可能对天窗造成损害。另外,在一些极为颠簸的道路上依然完全滑开天窗也可能会出现故障。

除了以上方面,维护保养也是非常重要的。因为加装天窗并非一劳永逸。天窗是一种结构做工都非常精密的装置,离不开精心的维护。尤其北方的风沙大,天窗的滑轨、缝隙当中都会积上不少的尘土,如不定期清理,则会磨损天窗各部件。

2. 天窗是否影响车身强度?

同样,您也要遵循两点要求,加装天窗就不会对车身强度有影响。第一是合理选择适合自己车辆尺寸的天窗;第二是要规范地安装。

现在大部分车是采用承载式车身,好的天窗产品已经充分考虑到车身结构强度问题,所以它采用了框架式结构来加强车顶的结构强度。并且在某些型号的天窗上,已经增加了钢架支撑以增加强度。

3. 天窗在发生撞击时是否会对乘员造成伤害?

进口天窗100%采用了钢化玻璃,无论从钢化效果还是厚度来讲,天窗所用玻璃都比车辆本身所带玻璃要强。万一破碎后,天窗玻璃会碎成没有锐角的细小圆粒,不会对人造成任何伤害。

4. 天窗是否会让人觉得晒?

在中高档天窗中,玻璃均采用了隔热处理,它不光能够有效地阻挡紫外线,更能阻挡热量的进入,质量最好的天窗甚至能达到隔绝95%以上热量的进入,有的还附属了一些遮阳板、遮阳帘,也起到辅助的防晒隔热作用。而对于那些经济型天窗,您可以在天窗上贴一些隔热效果较好的太阳膜,也能有效阻止热量进入。

5. 天窗是否会卷进尘土?

如果您打开侧窗,吹进来的是旋涡状气流,不仅吹进车里很多土,乘员的脸和肩膀也会吹得生疼。而天窗采取的是负压换气式原理,和排风扇往外抽吸换气的原理相同。所以与开侧窗相比,车内几乎没有尘土进入,更不会像有些车主所担心的“卷进尘土往头顶落”了。

6. 天窗是否会增加车内噪音?

因为天窗的抽吸换气方式与侧窗不同,所以打开天窗后车内的噪音与打开侧窗相比是微不足道的。

7. 天窗寿命有多长?

只要正确使用定期保养,车辆报废后汽车天窗仍可使用。

8. 原车所带天窗与后加装天窗的区别何在?

原车天窗是汽车在生产线上安装的产品,最大特点是成本低,但存在功能少、材料用量省的问题，而且不能满足所有车型的安装需求。后加装天窗的功能较全，质量较好，可以满足各种车型需要。但价格要高一些，并且需要额外的安装时间。

9. 天窗究竟有什么作用?

能够有效地使车内空气流通，增加新鲜空气进入，为车主带来健康、舒适和安全。

10. 天窗改装行业目前存在什么缺陷?

从整个天窗安装行业来讲，还存在一些专业性不强、售后服务没有保障的不规范现象。

【思考练习】

1. 试述雅阁天窗加装的注意事项。
2. 试述加装天窗是否符合国家相关规定。

任务 4　车灯的装饰

【任务导入】

2016 年 11 月 25 日，开着科鲁兹的王师傅在乡村公路上，突然对面来了一个车，车灯特别亮，对比之下顿时让王师傅心生嫉妒，回到市里就准备改装一下车灯，问了下价格，王先生又有点犹豫了。

【任务分析】

最近有好多想要改灯的车主询问一些细节，但一问及价格就会退却，有种被“黑”的感觉，其实车灯的装饰可不是简单的加装一对灯泡那么简单，整个过程短则几小时，长则一两天去完成一对灯的改造，并且透镜价格也是比较高的。

【知识要求】

1. 了解汽车车灯的分类。
2. 掌握车灯装饰的作用。

【能力要求】

1. 掌握装饰灯选用原则。
2. 掌握车灯装饰方法。

【相关知识点】

一、车灯的分类

汽车灯具按功能可分为照明灯和信号灯两类；按安装位置可分为外部灯具和内部灯具（图 5-9）。

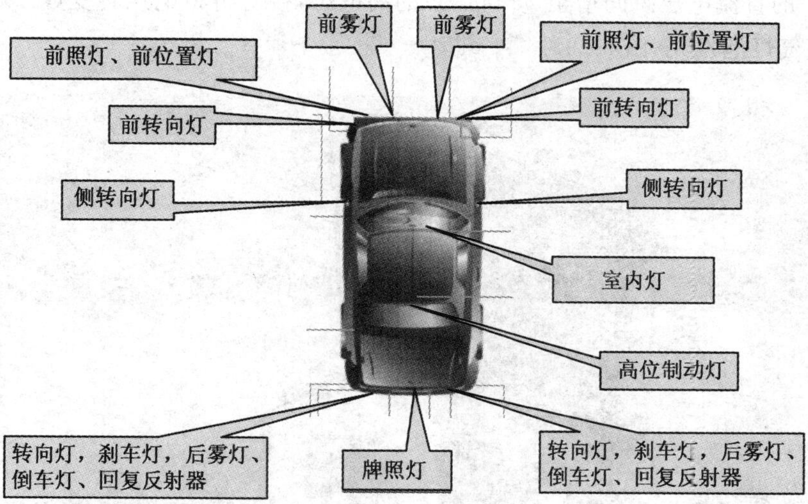

图 5-9　汽车灯具的一般分布

1. 外部灯具

前照灯、雾灯、牌照灯、倒车灯、制动灯、转向灯、示位灯、示廓灯、驻车灯和警灯。

2. 内部灯具

顶灯、阅读灯、行李箱灯、门灯、踏步灯、仪表照明灯、警报及指示灯、工作灯。

二、车灯装饰的作用

1. 使汽车美观

目前市场上有许多装饰性车灯，外形各异，制造精美，每当夜幕降临，打开装饰灯，神秘的色彩给驾车人增添了极其强烈的个性。

2. 提高照明质量

一般国产车的原厂车灯出厂时的色温为 3 000 K，经过一年使用就会降到 2 500 K，甚至 2 000 K，如果继续使用，会明显影响照明质量。采用新型高效的车灯能够提高亮度，放宽视野，从而提高夜间行车的安全性（－273.16℃为 0 K，即绝对零度）。

三、汽车照明与装饰灯介绍

装饰灯的种类装饰性车灯的种类很多，主要有高强度放电灯、竞技型车灯、探照灯、倒车灯、车顶排灯、高位制动灯等。

1. 高强度放电灯(HID)

高强度放电灯又称氙气灯。它没有灯丝，玻璃灯泡内有电极，它的原理是在抗紫外线水晶石英玻璃管内，填充多种化学气体，其中大部分为氙气与碘化物等惰性气体，然后再通过增压器将车上 12V 的直流电压瞬间增至 23 000 V 的高电压，接着再将电压转变成 85V，保持恒功率持续供应氙气灯泡发光（图 5-10）。

图 5-10 氙气灯

氙气灯曾是高档轿车才有的配置，现在价格有所下调，所以成为非常热门的改装项目。氙气灯的特点：一是亮度大，使用同样瓦数的氙气灯，亮度大约是钨丝灯的 2～3 倍；二是它的色调非常完美，是仿制太阳光那样的真实色调，如同昼光；三是效率高，氙气灯的效率是普通卤素灯的 3 倍；四是节能，与钨丝灯相比，能够节约一半电能；五是寿命长，由于氙气灯没有灯丝，所以它不存在灯丝断裂问题，使用寿命可达 2 000 h 以上。所以，氙气灯产生的照明效果可达到一个新的等级，将成为汽车前照灯的必然选择。

2. 竞技型车灯

竞技型车灯又叫辅助型车灯，不仅可以作为装饰使汽车更加靓丽，同时能放宽视野，提高能见度。黑夜行车有诸多不便，主要原因是车灯的照射范围有限，尤其是遇到雨雪或大雾的恶劣天气，大多数车主会觉得车灯不够亮、穿透力弱且射程近。如果汽车安装了竞技型灯便可很容易地解决这些问题。竞技型车灯具有亮度大、穿透力强、射程远等特点，安装后，无论天气如何变化，车主都能轻松地应付。目前，竞技型车灯可供选择的功能较多，有超白光型，还有聚光型和雪雨雾灯型，功能虽异，但价格相差不大，可以根据行车时常处的环境进行选择。

3. 探照灯

探照灯的射程极远，安装在车顶上，能做 360°旋转，它的光线能够从一个山头照到另一个山头，主要用于越野车（图 5-11）。

图 5-11 探照灯

四、装饰灯的选用

装饰灯的功能、型号种类很多，选用时应注意以下事项。

1. 选择车灯的种类和型号

根据汽车经常行驶区域的环境，有针对性地选择装饰灯，如果只是为了增大亮度，可选择高强度放电灯，如果经常行驶在冰天雪地、雾气茫茫的天气里可试一试竞技灯的效果，如果经常驾车外出旅游，可考虑选用探射灯。如果照明灯的功率符合国家标准，只需考虑车灯的型号问题，一般来说，日本车灯号大多数为 H4，欧洲车则是 H1、H7，美国车为 H3、H4、H5。可以在车灯的玻璃下角找到该灯的型号，安装灯泡时要注意灯泡型号，如果型号不对，将无法安装，所以首先要对号入座（图 5-12）。

2. 选用知名厂家的产品

应优先选择使用知名企业生产的汽车灯具产品，不要购买“三无”产品。除了查看产品的合格证，还可以查看产品的生产企业名称、厂址、电话，查看产品的执行标准。国产的车灯反射碗，有些不是采用计算机辅助设计得到的形状，而是采用翻模的模式，直接从成型产品上盗版的，但光形的精确度是很难被简单复制的，因此选择时要多加注意。

3. 仔细检查外观

汽车灯具产品外观应无不良缺陷、手感光滑、无毛刺；灯泡应为国标规定的汽车灯泡。对于汽车前照灯，可以查看其光线的明暗，截止线是否清晰、整齐等。

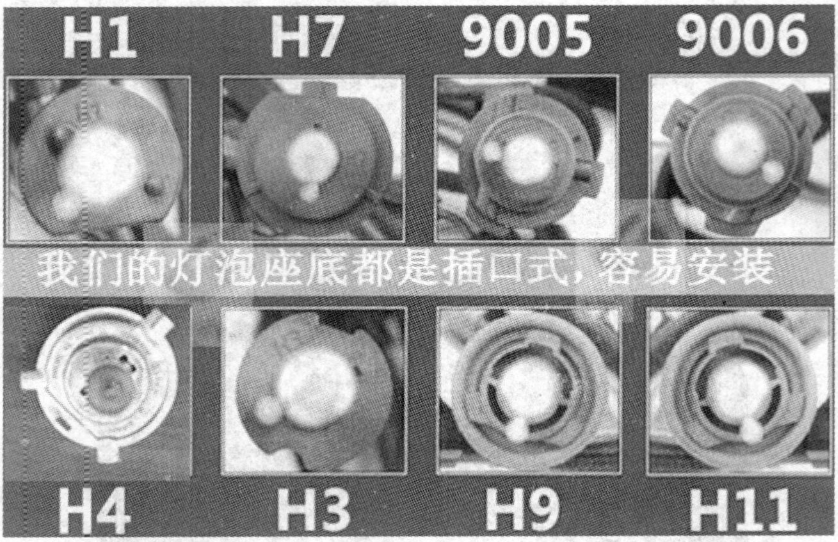

图 5-12　不同型号车灯

随着汽车的普及，汽车灯具的改装也开始流行，于是车灯改装店也应运而生。在汽车用品市场里，这些店一般都是厂家的特约专卖店。目前，国内的汽车车型都有相关的改装尾灯。款式多样，工艺不同也造成了不同的效果和不同的价格档次。

五、常见车灯改装方式

1. 直接加装氙灯

优点：安装方便，对应原装卤素灯泡选择氙灯型号，(欧系车大部分近光是 H7，远光是 H1，日系车近光是 9006，远光是 9005，远近光一体的灯碗都是 H4 型号)：价格便宜，一般在几百元左右，国产杂牌子林林种种，目前比较强悍的组合是雪莱特灯泡＋海蓝星的安定器。

缺点：由于氙灯的制作不可能考虑到每款车的反光碗的设计，所以焦点势必不准确，以至于造成灯光发散，即使是近光也会影响到对面行车，是一种不道德的改装。

氙灯的颜色是由色温决定的，3 000 K 的是黄金光，俗称黄金眼，穿透力最强，但长时间驾驶容易视觉疲劳；4 300 K 的是原厂色温，综合性能最好；6 000 K 的是全白光，类似于日光灯的颜色，人眼看着最舒服；8 000 K 偏蓝，再往上还有粉色紫色，不过最好还是别用了，没有任何的实用意义，完全是为了扮酷了。

2. 更换改装款的大灯总成

优点：同样安装简单，直接替换原厂的大灯即可，外形漂亮，有的加了天使眼和透镜。

缺点：有些号称台湾产的大灯总成虽然造型好，但加装的透镜反光碗效率低、焦点不准确，这就造成了照射范围窄、亮度低，夜间行车有严重的安全隐患，加装的天使眼也大多是单个 LED 的导光塑料的，亮度差，效果不明显。也有部分厂家的大灯总成在不断地升级改进，部分大灯总成还是很可取的。还有一些大的灯具生产厂家的替代总成例如海拉(HELLA)、博世

(BOSH)的，采用的高档的双光透镜，质量没的说，但价格却高不可攀，动辄七八千元，性价比并不算高。

3. 原车大灯总成加装双光透镜

简单来概括就是打开原车大灯总成的罩子，然后把透镜加进去在密封装车。但这种改装的要求很专业，有些车主自己买来相关的材料自己 DIY，但装完车后光型很差，有些甚至偏离的太大，这是因为没有专业的定位工具和方法造成的。改装双光透镜有几个难点，是打开灯罩，大灯密封无非是热熔胶和冷胶两种，前者比较简单只要加热到一定温度就可以比较轻松地打开，但冷胶的大灯就比较困难了，开不好轻则把大灯撬走形，重则整只灯报废掉，冷胶的灯以法雷奥(VALEO)的灯具为代表，这也是让专业改灯者头疼的，需要专业的工具配合，建议去专业改装店改装。二是加装透镜定位，这个需要不断调整要复制原厂数据，这也是最关键的一个步骤。三是透镜的固定，需要采用科学的方法和合适的材料，不然透镜是装到大灯总成里了，但时间长了难免会产生虚位。四是大灯的密封和走线，这个就不再鳌述了。总之每个细节都要处理到位。

优点：加装进口双光透镜达到 AUDI、BMW、BENZ 的照射效果，但价格却是这些大灯总成的几分之一；用户可以根据自己的要求制定改装方案，决定是否加装天使眼、恶魔眼，灯底是否做喷黑处理，是否保留原装的高亮风格；加装透镜后使用氙灯不会发散有明显的切割线，照射范围大，亮度均匀，利用电磁阀实现遮光板的变化从而使一个灯泡实现远近光的变化，从而多出一组远光也就是 4 个远光(带独立灯碗的车)，增加夜间行车安全。进口双光透镜也分很多品牌，光型各有不同。常见的有海拉 5(全新和拆车)、海拉 3(拆车)、正品 Q5(新和拆车)、国产 Q5(新)、博士、伟世。

缺点：资金较高，改装有风险，需谨慎！

【任务实施】

一、HID 安装程序和注意事项

1. 改装 HID 大灯的程序

这种改装比较简单，一般分以下 7 步进行

(1)待发动机完全冷却后，将前大灯灯具接头、防水橡胶罩及旧灯泡取下。

(2)取出 HID 灯套件，仔细检查后将 HID 灯泡安装在前大灯灯具灯座上，替代原旧灯泡。

(3)将原车灯防水橡胶罩后部重新钻一个小孔，将 HID 灯泡线束引出，并需确认防水圈与橡皮罩密封良好，然后将 HID 灯泡固定好。

(4)将镇流器输入端(12V 直流电源)与车辆前大灯灯具供电端连接，有的需要单独另接＋12 V 和搭铁，并将镇流器输出端与灯泡的连接器接好。

(5)检查所安装步骤，确认正负极正确无误后，发动车辆，接通电源使灯点亮。

(6)检查光源所射出光束的高度、距离及光形，并作调整，使之符合交通法规要求。

(7)将安定器固定在通风、散热良好、连接牢靠的合适位置。氙气大灯的改装是一个比较成熟和容易的改装，关键是固定好各个部件，它不需要改动原车线路，最多有时需要另接两条

电源和搭铁线。

汽车疝气灯套装如图 5-13 所示。

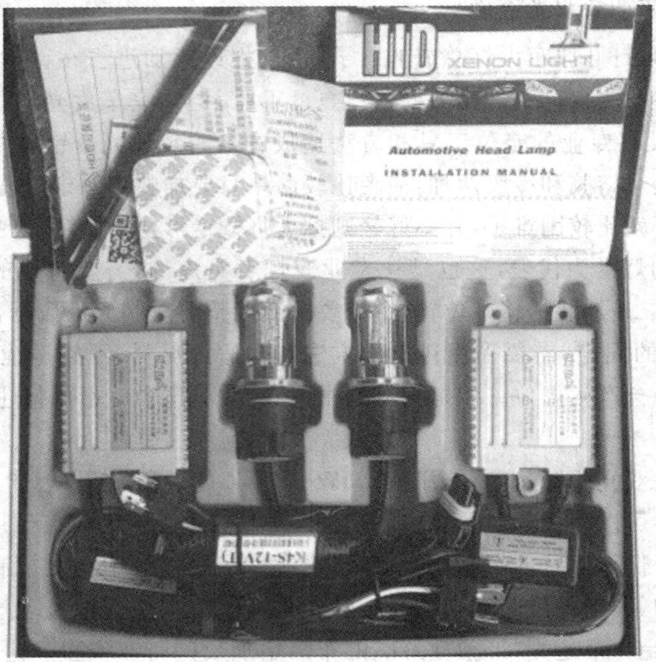

图 5-13 汽车氙气灯套装

2. 需要注意的事项

(1)安定器一定要安装在离发动机等热源或水箱等水源较远的地方,否则,过度的潮湿会导致安定器的漏电和老化,安定器安装的稳定性也会对 HID 灯的使用效果有很大影响。

(2)安定器也不要装在车内过热的地方,最好置于透气性和散热性较好的位置。

(3)安定器的高压线部分不易缠绕,以免影响绝缘,或产生过大的磁场,从而影响汽车的其他电器设备。

(4)灯光的焦距要调到合适位置,灯碗要固定好,否则极有可能造成散光,或者照射来车视线,形成安全隐患。

二、尾灯改装的安装步骤

(1)打开行李厢盖,切断车辆电源,清理行李厢,留出能够进行更换的空间。

(2)拆下车灯背部的防尘板。大多数车灯分为两种形式:灯泡与灯座一体式和灯泡与灯座分开式,这里介绍前者,后者见下面前大灯的更换。

(3)确定需要更换的车灯,按住车灯后部的旋转手柄,将其拧下。更换上新的车灯,注意车灯的型号及颜色。

(4)装复车灯及防尘板。一般来说,尾灯的拆装工作相对容易,一则工作空间较大,二则结构相对简单。

三、前大灯改装的安装步骤

(1)打开发动机舱盖。观察前大灯背部的汽车部件布局情况,如果空间不足,那么还是到专业的"4S"店去更换。确定爱车的大灯型号,注意大灯的外玻璃下部车灯标识型号。

(2)拧下车灯盖。注意因车型的不同拆除车灯盖的方法会有细微差别。

(3)用力拔下带电源线的灯座,拔的时候注意用手按住车灯以免损坏。

(4)松开灯座卡簧即可将车灯取出,而后重新装上新灯泡。装复的过程为拆卸的反序,这里不再赘述。注意重新装上防尘盖时一定要拧好,以免大灯受到雨水和灰尘的侵扰。

【知识拓展】

在大街上跑的车,改装得比较普遍的有白色雪莎尾灯和超白光水晶尾灯。

为便于管理,交管部门对汽车照明灯在功率上做了强制性的规定,前大灯瓦数不能超过60 W。信号灯的瓦数与颜色也分别有限制,车主进行灯泡升级时一定要注意遵守这方面的规定,以免因车灯不合规定而使车辆年审不过关,结果白白耗费精力。

如果照明灯的功率符合国家标准,车主只需考虑车灯的型号问题.一般来说,日本车灯号大多数为H4,欧洲车则是H1、H7,美国车为HB3、HB4、HB5,车主可以在车灯的玻璃下角找到该灯的型号,只要仔细对照选购相应车灯就行了。不同品牌的车灯有时功率虽然相同,但是因为使用了不同的材料,加上发电气体不同,发光效果相差很远。比如氙气灯,色温、寿命都是普通卤素灯的几倍,而能耗却只有卤素灯的一半。

车主在信号灯的外观颜色上也有了更多的选择。由于交管部门规定转向灯必须为黄色,有时会造成转向灯与车身整体设计不协调,现在有的设计便充分考虑了这一点,灯泡的上半部为银灰色,下半部则为黄色,当车灯不发光时,与车体设计浑然一体,当需要车灯发光时,则发出黄光。至于车内照明灯也可改换为冷色调,但需要提醒大家的是,改装车灯一定要到专门的改装店并按国家规定进行。

【思考练习】

1. 试述前大灯灯泡的更换方法。
2. 试述HID灯的安装方法。

任务5 车窗的装饰

【任务导入】

2016年5月8日,张先生买了一辆起亚K2,买车时4S店送了全车膜,但是张先生听说送的膜不怎么好,于是正犹豫是不是要在外面花钱贴个更好的。

【任务分析】

这个要分情况而论，如果您不太讲究，那完全可以接受，但是记住一点，前挡最好不要，因为4S店的膜，一般不会是好膜，而差的前挡膜对安全性影响较大，所以宁可不贴膜，前挡也不能贴差膜！如果您对膜有一定要求，那么就要和4S签合同的时候说明，送的什么膜。大多4S店可以提供加价换好膜的，但是还要注意，不要一味看牌子，因为3M、雷朋现在假货也很多，所以如果是品牌膜，一定要4S提供电子质保证书，因为贴到假膜的危害更大！还有些消费者想，先用4S送的膜，如果不好再换，这个未尝不可，但是有一点需要注意，玻璃贴膜后再撕了贴好膜，对玻璃多少有一定损伤的，会降低玻璃的清晰度！所以可能的情况下把握以下原则：要么不贴膜，要贴就贴好一点的膜！

【知识要求】

1. 了解车窗窗帘的发展与材料。
2. 熟悉车膜的作用、结构、种类及指标。

【能力要求】

掌握车膜装贴的方法及注意事项。

【相关知识点】

一、车窗窗帘

1. 汽车窗帘的定义

根据car2100权威定义，汽车窗帘指的是安装在车厢内以达到遮光、隔热、保护隐私等作用的装置，和家用窗帘道理是一样的(图5-14)。

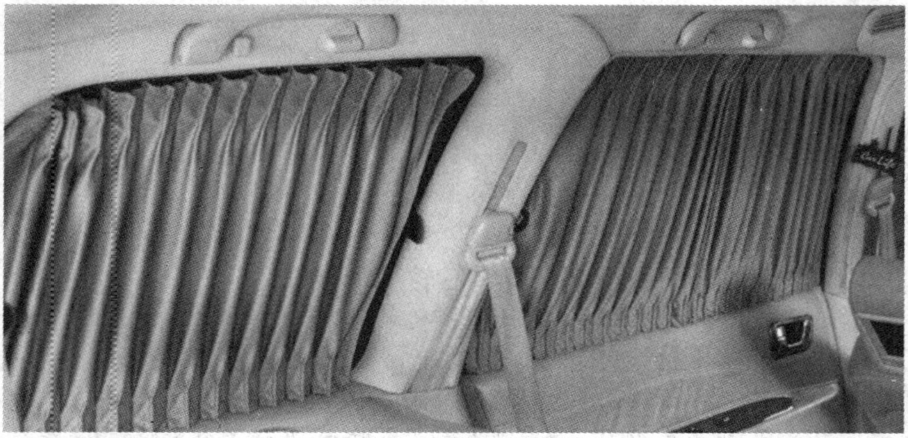

图 5-14　汽车窗帘

2. 汽车窗帘的发展

早在1996年，国内一些汽车饰品厂家便掀起了研发窗帘的热潮，但由于受材料限制，以及科研力量不足的缘故，所研发出来的产品只有两边侧窗窗帘，而使用的材料也不能达到隔热、单面透光的效果，因此一直打不开市场，许多厂家都被迫退出。

直到高分子经纬棉运用到汽车窗帘上，才扭转了这一局面。高分子经纬棉具有良好的单向透视特性，可以有效地将大部分强光阻挡在车外，同时保持车内一定的光亮度。此外，经纬棉可以减少水分的流失，降低车内因强光照射而引起的干燥程度。正是因为解决了材料问题，厂家开始看好窗帘市场，研发的产品也逐渐丰富，发展到今天出现了五幅窗帘，即除了四个侧窗外，连后挡风玻璃也可安装窗帘，而消费者的购买欲望也开始重新被燃起。

3. 汽车窗帘的材料

窗帘可以分为三类：

第一类是尼龙、涤纶产品，这种产品在阳光照射下没有灼热感，隔光、隔热作用有限，整车安装不到300元。

第二类产品是PVC产品，这类材料被大量地应用在雨衣上，其市场价格用于手动窗帘每平方米5元左右，用于窗帘为280元两幅。

第三类便是采用高分子经纬棉制造的窗帘，这类产品坚实耐用，几乎无须维护保养，但价格相对前两者高出许多，平均每辆车1 800元，根据车型的不同，价格会有上下浮动。如一幅匹配劳斯莱斯的自动窗帘，卖出了1.4万元的天价。

二、车窗贴膜

1. 车膜的作用

(1)隔减热量。贴膜能很好的阻隔红外线产生的大量热量。

(2)防晒。贴膜能很好的反射太阳光照。

(3)隔离紫外线。紫外线里的中波、长波能穿透厚玻璃，贴膜后能隔断大部分紫外线。防止皮肤受伤害，同时减轻汽车内饰老化。

(4)防眩光。降低眩光因素造成的意外交通情况。

(5)增加美观。根据个人喜好定制。

(6)安全和防爆。膜的基本组成为聚酯膜，有非常好的耐撕拉防击穿的功能，加上膜有一定的胶性，贴膜后能防止玻璃意外破碎对司乘人员造成的伤害。

(7)降低空调损耗。贴上隔热膜后空调制冷能力损耗大大降低，能有效减低车内温度，一定程度上达到节省电量和油耗。

(8)营造私密空间。选择合适的品种，贴膜后，一般在车外看不清车内的物品，而在车内可以看清车外，保留隐私和安全，防止财产外露。

各种汽车车膜如图5-15所示。

2. 车膜的结构(图5-16)

(1)抗磨层。由耐磨聚氨酯组成，硬度高达4H。

(2)带色PET安全基层。由高强度、高透明PET聚酯与颜料熔融挤出双向拉伸制得，由于颜料夹在PET膜里面，可防止氧化变色，寿命长达8年。

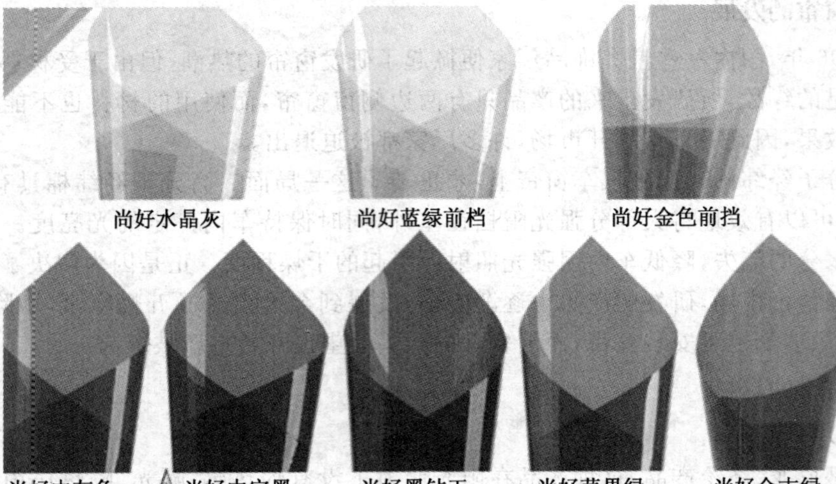

图 5-15 汽车车膜

(3)金属隔热层。在 PET 膜上通过真空蒸镀或真空磁控溅射金属铝、银、镍等对红外线有较高反射率的纳米级金属层。

(4)复合胶黏剂。由耐候性良好高透明的聚氨酯胶黏剂组成。

(5)UV 吸收层。由特种 UV 吸收剂构成,可阻隔 99%的紫外线。

(6)透明 PET 安全基层。由高强度、高透明 PET 聚酯膜组成,目的是把金属层夹在中间,防止金属氧化,延长金属膜的寿命。

(7)安装胶黏剂。由耐候性良好高透明的丙烯酸酯胶黏剂组成。

(8)高透明 PET 离型膜。

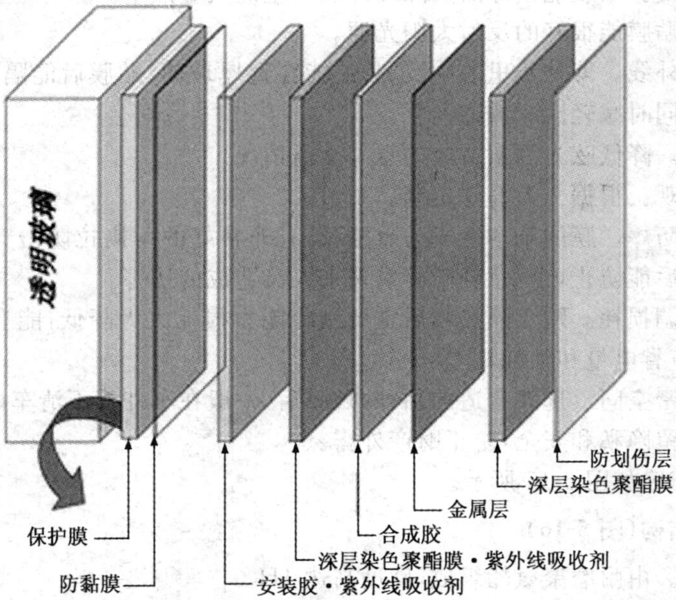

图 5-16 汽车防爆膜结构图

3. 车膜的分类

目前市场上汽车膜大体分为4类产品：

(1)染色膜。又叫茶纸，此类汽车膜是较早期的产品，不具备对红外线和紫外线的阻隔能力，膜表易老化，易脱落，易褪色，无防爆性能，只具备隐蔽性能。但因其价格非常便宜，很多小店都有售卖，目前场地多在台湾或广东。

(2)金属膜。在无色的原膜层上，采用真空镀上铁、铝，或不锈钢等普通金属。这种汽车膜透视性一般，隔热也一般，价格却不低。一般美容店经常用这种膜冒充顶级膜。很多知名的品牌，其实也不过就是这种普通金属膜，由于进入市场较早，所以消费者也误以为这种膜是高档膜。

(3)多金属磁控溅射膜。使用光学级PET材质在真空状态下将贵重金属(银、铟)多层均匀溅射到基材上。色泽细腻，透光度、清晰度较高，隔热比单层金属膜高，防紫外线和防爆性强，隔热率高达85%以上，是目前隔热性能好，最先进的薄膜生产技术，只有美国拥有这种技术。

(4)纳米陶瓷膜。高档膜，是用纳米技术将"硅"粒子喷溅到无色原膜层上制造而成，这种膜隔热好，清晰，是一种新科技产品，具有不干扰电子信号、环保等特点。可以解决一小部分日系车金属膜屏蔽信号的问题。

4. 车膜的指标

可见光透过率：可见光(380～780 nm)穿过玻璃/玻璃窗膜复合层的百分比。

可见光反射率：可见光(380～780 nm)被玻璃/玻璃窗膜复合层反射的百分比。

太阳能穿透率：太阳能透过玻璃/玻璃窗膜复合层的百分比。

紫外光阻隔率：紫外光(280～400 nm)被玻璃/玻璃窗膜复合层反射的百分比。

太阳能反射率：太阳能被玻璃/贴膜复合层反射的百分比。

太阳能吸收率：太阳能被玻璃/贴膜复合层吸收的百分比，吸收的太阳能是能够向玻璃/贴膜复合层两边同时辐射的，空气流动速度高的一边将辐射更多的能量。

总太阳能穿透率：太阳能透过玻璃/玻璃窗膜复合层的部分与被吸收的向内部辐射的太阳能的总和。隔热率的计量单位是每小时每平方英尺通过的热量(BTU/Hr./Ft.2，其中1BTU=262 K，1平方英尺≈0.092 9 m^2，1 K≈4.19 J)。透明玻璃的隔热率一般为20 BTU/Hr./Ft.2。

总太阳能反射率：即隔热率，它是太阳能被玻璃/玻璃窗膜复合层反射的部分与被吸收的向外部辐射的太阳能的总和。

遮蔽系数：玻璃/玻璃窗膜复合层相对于玻璃的总太阳能穿透率。

U值：每小时、内外温差每1℃，通过每平方英尺的热辐射量。

根据用途的不同，性能要求不尽相同，一般而言，其主要指标为可见光透过率、可见光反射率、隔热率以及紫外线阻隔率等。

5. 车膜质量的鉴定

一看颜色。通常，防爆膜都选用较浅的绿色、天蓝色、灰色、棕色、自然色等对眼睛较舒服的颜色。而且采用了金属溅射工艺，将镍、银、钛等高级金属涂在了天然胶膜上，怎么用都不会出现掉色、褪色现象。从外观上看，防爆膜色泽均匀柔和，无波浪深浅不匀的色差，从车内往外看景色自然不变色。而普通色膜是将颜色直接融在胶膜中，撕掉上层塑料纸后，用力刮粘贴面，就会有颜色脱落。另外，普通色膜拿着在地上轻轻擦拭，就会出现褪色现象。

二闻味道。劣质膜的胶层残留溶剂中，苯含量高，会有异味，而好的膜在出厂前已经过了专业的处理，异味较小。专家提醒，长时间闻到此异味，会严重影响到车主的身体健康。

三问指标。所谓防爆膜，必须具有隔热、防爆、防紫外线等功效。所以，消费者在选择时，可以详细地向销售人员咨询相关情况，从而判别质量的真假和好坏。

按照一般的标准，防爆膜的隔热率应达到90%左右，紫外线阻隔率一般不低于98%，高档的不低于99%。而透明度，优质膜其透光度可达90%，而且不论颜色深浅，清晰度都非常高，消费者在挑选的时候，可以透过防爆膜远望，劣质产品的效果很模糊。在防爆性能上，优质的防爆膜由特殊的聚酯膜作基材，膜本身有很强的韧性，在正常使用下，能保护膜面不易被划伤，玻璃破裂后可被膜粘牢，而不会飞溅伤人。保质期方面，正规厂家生产的膜都有较长的质量保证期，通常是5年。

四摸手感。一般安全防爆膜的厚度不低于2 mil，所以摸起来手感厚实平滑。另外，由于其表面经过硬化处理，一般不会划伤表面。而普通色膜由于厚度不够，手感薄且脆，在摇动玻璃的过程中，会在膜上留下道痕。

6. 车膜装贴工具

(1)剪刀。保证在裁膜时不会伤及汽车玻璃以及薄膜边际，防止锯齿状薄膜的呈现。

(2)美工刀。悄悄划开剪刀无法到达的旮旯，应慎重运用。

(3)烤枪。按玻璃弧度确认烤枪温度，尽量防止在烤膜的进程呈现玻璃决裂的状况。

(4)白色蜡笔。裁膜时若不断定膜型，可以先用白色蜡笔画好记号，再用剪刀或美工刀裁开。

(5)橡胶T形刮板。第一次刮水时运用，保证汽车太阳膜不会四处移动。

(6)长三角塑料刮板。预备两只长三角刮板，一只用来定型和清洁玻璃，一只贴膜赶水专用。长三角刮板用300号砂纸一次把形状磨好，再用1 200号砂纸打磨第2次，保证打磨尖利，以便可以把剩余水分排干，薄膜也不宜刮伤。

(7)水砂纸。300～1 200号砂纸保护东西。

(8)钢板。贴侧档时让薄膜简单移动到门板防水条内。

(9)白色浴巾。白色纯棉大浴巾两条，一条铺在引擎盖，防止刮伤烤漆，一条铺在仪表板上防止剩余水份流到仪表板下面致使电脑版短路。小毛巾两条，铺在门扛踏板上，防止踩脏门扛上的塑料和不锈钢门扛。

(10)麂皮巾。用来擦洗窗框上的赃物和尘埃。

(11)棉布。贴膜完工后，吸干窗框附近的水分，防止回流，防止形成施工后薄膜起泡。

(12)活动扳手。用于拆掉挡风玻璃上的后视镜。

(13)水壶。增加洗洁精，运用喷管拌和均匀，待洗洁精与水交融后，均匀喷洒在即将施工的玻璃上，用刮板进行玻璃清洁。冬季贴膜，洗洁精无须增加过多。夏天贴膜时，胶比较黏，洗洁精需求多加一些。图5-17为汽车贴膜工具套装。

7. 贴膜注意事项

俗话说："三分膜，七分贴"，汽车贴膜的施工环境尤为重要，不专业的施工工艺不但发挥出优质贴膜的作用，长期使用还会产生气泡甚至脱落。所以在选择贴膜的时候还要看看店里的施工环境，主要看以下几个方面：

图 5-17　汽车贴膜工具套装

(1)贴膜前是否清洗汽车，全面清洗，防止有浮尘。

(2)车况检查，专业的贴膜施工前都会对车况进行检查，对原有划痕进行标注、告知。

(3)贴膜前是否降尘、除尘，保证环境的清洁。

(4)防护措施，专业的贴膜工具极易碰到车身，造成不必要的伤痕，那么对车身以及车内进行一定的保护十分必要。

(5)烤膜定型，热风枪用来对贴膜进行定型，这也是判断施工专业性的重要步骤。

(6)安装液安装，贴膜过程中安装液的使用尤为重要，驱赶玻璃上的杂质、气泡，使得汽车膜与玻璃完美结合。

(7)贴膜过程中，专业的做法是在膜表面上加盖一层保护膜，再用工具驱赶气泡，以防划伤贴膜。

(8)贴完后检查玻璃边缘，膜的边缘与玻璃边缘是否间隙过大，间隙过大会显得玻璃没有整体性，影响美观。

(9)贴膜后是否有贴膜提示贴在车窗开关上，并有工作人员告知使用注意事项。

【任务实施】

一、汽车贴膜流程

1. 施工前准备

施工员接车质检，质检完成后将车辆清洗干净，对车间进行除尘处理，并对施工车辆的施工部位进行遮盖和保护，防止贴膜液渗漏到电器部位，损坏车辆。施工工具准备到位，施工过程中工具禁止落地。

2. 裁膜

裁膜首先判断玻璃面积及弧度，选择确定整幅裁剪的大小，可根据玻璃的弧度，裁出太阳膜的弧度。

3. 挡风玻璃的清洁

(1)清洗玻璃外侧：喷上贴膜水，先用手直接清洗一遍，因为手的感觉灵敏，能感觉到沙尘颗粒，遇到黏附力高的灰尘用刀片清除，再喷水用水刮板清洗。

(2)清洗玻璃内侧：喷上贴膜水，先用手直接清洗一遍，遇到黏附力高的灰尘用刀片清除，用硬塑料刮板从上至下，从中间到两边刮水，每刮扫一次用擦拭纸清洁塑料刮板。整幅玻璃清洗后用贴膜水喷洒一次，再用水刮板清除积水，直至确认玻璃一尘不染。对于玻璃内部有金属防雾线的车辆，在清洁内部玻璃时避免施工尖锐硬质的刮板大力刮扫，以免损坏金属防雾线。

4. 烤膜

安全膜在烤膜过程中要注意：主膜面朝下，为避免刮伤隔热膜要检查耐刮面是否清洁，其次在刮板上包上湿擦蜡纸才能在隔热膜上进行操作。烤膜的温度也有一定限制，烤膜时在同一位置不能停留时间过长(注意不能急于求成)(图 5-18)。

图 5-18 汽车烤膜

5. 定型裁切

隔热膜经过加热定型之后尺寸变化较大，应按挡风玻璃内侧贴膜面的最大尺寸进行精确裁剪。裁剪时应注意：裁剪时刀片角度倾斜呈 15°，力度适中，以免刀片划伤玻璃。

6. 贴膜

将手清洗干净，以避免手上的污物带到隔热膜上，为保证质量，避免灰尘，应关闭两侧车门并支起玻璃，不得启动车内空调，使整个施工环境处于相对密封状态。将车内玻璃贴膜面再清洗一遍，撕掉已定型的隔热膜、保护膜，在胶面和玻璃上喷洒贴膜水，将隔热膜粘贴到玻璃上应注意玻璃水分充足。上膜后应先从中间位置用水刮板赶水，再附上透明保护膜用硬刮板把水赶干净。遇到局部有部黏合的地方，可按定型的方法，用烤枪加热后用刮板使之黏合。

7. 施工完质检

(1)施工完成后，将车辆内外卫生及水渍清理干净，检查工具是否有遗漏。

(2)检查车辆各电器设备、仪表、车漆是否正常。

(3)施工员对施工后的隔热膜进行质检：检查有无漏光现象，有无气泡及折痕，隔热膜切割边是否平滑并与玻璃边缘保持平行。

(4)施工员质检完成后交由施工中心负责人质检，质检合格交车，对质检不合格车辆必须进行返工处理，并做好内返记录，以便考核。

【知识拓展】

不同品牌车膜介绍

1. 龙膜

这个牌子很响，质量确实不错，但是由于刚刚进入市场且价格较高所以销路不是很好，做这个牌子的代理商也很少，目前价格 2 500～3 000 元。

2. 3M

同样是假膜遍布，而且颜色较少，但真膜可算是经典中的经典，过滤紫外线的效果也不错。目前价格前挡加车身 2 000～3 000 元。

3. 联邦

这个牌子进入市场比较晚，凭借其铟锡氧化物隔热出名，目前前挡加车身在 3 000～4 000 元左右。

4. 寰球窗膜

进入国内市场比较晚，国际知名度较高。性能优越，清晰度很高。车膜型号、颜色丰富，全车贴膜价位在 2 000～5 000 元。

5. 美国贝夫

进入国内市场比较晚，国内知名度虽然不高，也是“出身名门”，隔热性能，防紫外线性能卓越，最让用户受欢迎是其性价比超高，酷影系列在 1 000 元左右。

6. 贝卡尔特

全车贴贝卡尔特汽车膜价位一般在 2 000～3 000 元，有水晶 75、钻石 70、量子 19、量子 37 等热销品种供选择。

7. 强生

性价比不错，但是现在市场上假货横行，且不好分辨，强生新加的防伪标已经被仿制了。但强生的质地硬一些，抗划性好。目前前挡加车身应在 2 000 元左右。

8. 雷朋

用户居多，质量也不错，但是真货寥寥无几，只有授权专营店才有真货。目前价格前挡加车身应在 2 000 元左右。

9. 琥珀光学

琥珀光学是全球唯一的多层纳米陶瓷隔热膜，其性能在高隔热的基础上解决了金属膜容易氧化、阻隔电子信号等弊端。其前挡 C70 是目前市场上销售最好的高端前挡贴膜之一，售价在 3 600 多元。

10. 威固隔热膜

高端车膜品牌，是全球第一款也是唯一一款多层纳米金属隔热膜，与美国 B-Ⅱ隐形轰炸机表面相同的光谱选择技术。

【思考练习】

1. 如何选择适合自己的车膜？
2. 汽车贴膜注意事项有哪些？

任务 6 底盘装甲和喷塑

【任务导入】

2016 年 5 月 5 日，黄冈的王先生买了一辆凯越，车开在石子路面时总是底盘上有异响，于是资询了 4S 店，原来是石子撞击底盘造成的正常声音，王先生觉得这个声音很烦人，听说可以通过做底盘装甲减小声音，底盘装甲真能减少底盘石子撞击的噪声吗？

【任务分析】

汽车底盘装甲：学名是汽车底盘防撞防锈隔音涂层（“undercoating”底漆），一种高科技的黏附性橡胶沥青涂层。它具有无毒、高遮盖率、高附着性，可喷涂在车辆底盘、轮毂、油箱、汽车下围板、行李箱等暴露部位，快速干燥后形成一层牢固的弹性保护层，可防止飞石和沙砾的撞击，避免潮气、酸雨、盐分对车辆底盘金属的侵蚀，防止底盘生锈和锈蚀，保护车主的行车安全。

【知识要求】

1. 了解底盘装甲和喷塑的作用。
2. 熟悉底盘装甲和喷塑的用品。

【能力要求】

掌握底盘装甲和喷塑的的注意事项。

【相关知识点】

一、底盘装甲和喷塑的作用

“底盘装甲”“底盘喷塑”是近几年底盘防锈护理的新项目。虽然叫法不同，但都是在汽车底盘的下面喷涂一层2～4 mm厚的弹性密封材料，犹如给车的底盘穿上一层厚厚的铠甲。底盘装甲是对这一技术进行的形象描述。底盘装甲可以有效防护路面砂石对底盘的击打，防止轻微的拖底摩擦；预防酸、碱、盐对底盘铁板的腐蚀；防止底盘螺丝的松脱；降低行驶时噪声的传导，增加驾驶宁静感；阻止底盘铁板热传导，使驾驶室内冬暖夏凉。

1. 底盘防腐蚀

汽车的锈蚀均从底板开始。有些地方多潮湿天气，加上每次洗车污水会残留在底部，长久下去就会形成潜在的腐蚀因素，给车造成伤害。汽车底部养护后，即便是酸雨、融雪剂、洗车碱水都不容易侵蚀这层防护膜。

2. 防石击

车辆在行驶的过程中，会溅起小石子，石子冲击底板的力量与车速成正比，一般10 g的小石子在时速达80 km时冲击力会达到自身重量的30 000倍！足以击破30 μm以下的漆膜，漆膜一旦被击破锈蚀，便从疵点开始并从铁板内部缓慢扩大。汽车底部养护后，可以做到能够承受砾石300 kg的冲击力。

3. 防振

发动机、车轮均固定在汽车底板上，它们的振动在某一频率上会与底板产生共振，使人产生不舒适的感觉，底部防护会消除这种共振。

4. 隔热省油

进入夏季，打开车内空调冷气向下沉，而车外的地面热气向上升，冷热空气大多集中在车辆的底板上进行交换，车辆底部防护效果如何，直接决定着车辆的制冷能量利用的效果如何，汽车底部养护后，其膜内的蜂窝状组织吸音因子将尽可能隔离冷热。

5. 隔音降噪

车辆行驶在快速路上，车轮与路面的摩擦声与速度成正比，车辆具有完好的底部防护能大大降低车内的噪声。

6. 防拖底

底部养护材料的厚度可达1.5～2.5 mm，当底部被路面突起剐蹭时，将减轻对底盘的伤害；特别是在高速公路上时，路面摩擦很大，声音听起来也很吵，底盘使噪音变得很小，而且暖风由于隔热效果好，即使关闭暖风仍能在较长时间保持温度。

二、底盘装甲和喷塑相关的用品

底盘防锈产品已经发展到了第四代产品，第一代产品为“单分子溶剂漆”，包括沥青型、橡胶型、油漆型3种；第二代产品为“合成溶剂漆”；第三代为“高分子型水性漆”；第四代为“复合高分子树脂型”(图 5-19)。

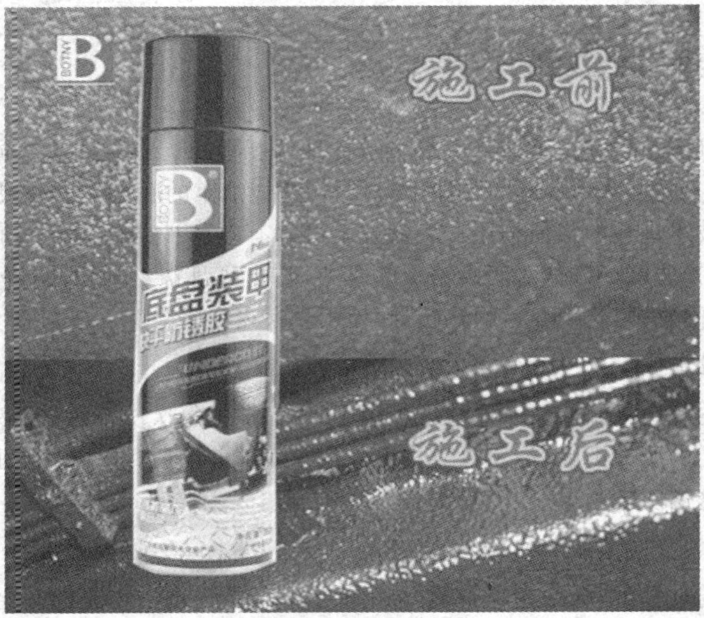

图 5-19　底盘装甲产品

简单判断底盘装甲材料的好坏的方法：

一看：看表面凹凸感，均匀且凸大，则隔音抗撞击能力强。

二掐：用力掐样板或已做好的汽车底盘，凹痕能迅速恢复的，则具备抗砂石撞击的能力。

三折：从不同角度弯曲样板，看是否会断裂，判断其柔韧性和附着力。

四晒：把做好的样板或把车放在太阳底下暴晒，看是否会变软变黏。

总结：底盘装甲不同于常规意义上的封塑，有些商家混淆概念，用封塑代替底盘装甲，损害消费者利益。

底盘封塑主要是保护汽车底盘裸露钢板，防止沙石击打、防腐，听着沙石打在底盘上的声音还是很不放心，要想隔绝沙石打击底盘发出的噪声，就要进行底盘装甲。

专业的底盘装甲是将一种特殊的弹性胶质材料喷涂在汽车底盘上，将底盘及轮毂的噪声部位完全包裹起来，待其自然固结而形成的底盘保护层，可以有效的降低沙石撞击的损伤，防止腐蚀和锈蚀，底盘装甲除具有封塑的功能外，还有隔音降噪的作用，底盘上形成将近半厘米厚的橡胶和聚酯材料混合涂层。这种涂层具有高弹性，有效减弱了烁石直接打在金属上所发出的噪声。除了功能不同，两者施工厚度和物理成分也有不同。普通封塑为 2 mm 的施工厚度，主要成分是聚酯材料，而底盘装甲是橡胶和聚酯材料混合配方，施工厚度为 4 mm，局部半厘米以上。

三、底盘装甲的注意事项

(1)进行水性底盘装甲施工前，必须对喷涂部位进行严格的清洗工作；若因操作不严格而导致喷涂部位还残留着灰尘、油迹等，将会出现产品脱落现象。

(2)进行油性底盘装甲施工前，喷涂部位清洗工作可适当放松，但应保证无锈、无沙尘、无水,否则将会导致产品脱落现象。

(3)进行底盘装甲喷涂施工时,请勿一次性喷涂过厚,以免产生流滴和难干等不良现象。

(4)新车进行油性底盘装甲施工时,应先观察喷涂部位是否存有白色或透明的防锈胶或漆类物质(此为新车在原厂已喷涂上的),若存在此类物质的,操作时务必要小心,施工时一定要薄薄地喷涂,待表干后再喷涂,如此反复操作至所需用量。若一次性喷涂过厚,会导致产品在短时间内难以完全挥发,从而会引发溶剂溶解原防锈漆或胶类物质,两种物质混合后会出现长时间不干和柔软、粘手的现象(此现象以油性低档底盘装甲表现最为严重)。若因操作不慎出现此现象的,可再薄薄地喷涂上一层水性底盘装甲,然后用软刷子来回涂刷至不干的表面完全被覆盖,再用气枪吹干即可解决问题。

(5)对较为隐蔽或难喷涂的部位,不要采取连续喷涂操作,应进行点动式喷涂(即"一喷、一停"),如此喷涂至完全覆盖较为隐蔽或难喷的部位,以防止因连续喷涂过厚而产生的不良现象。

(6)喷涂过程中,视气压和产品的雾化情况来调节与被喷涂部位的距离;气压高,雾化好时适当离远一些,随着气压的下降和雾化不太好的情况,与被喷涂部位的距离也相应地调近一些,此操作既可保证喷涂过程中不会产生过厚的现象,又能充分地提高产品的利用率。

(7)请务必遵守底盘装甲的正确操作方法,以保证产品在施工过程中和施工后的质量。

【任务实施】

一、汽车底盘装甲

(1)用高压水枪清洗底盘表面,专除黏附于底盘上的泥沙和尘土。注意对底盘的全面清洗(图5-20)。

图5-20 底盘清洁

(2)将车辆停放于施工现场的汽车举升机上,固定好支撑点。卸下四个车轮,并给各轮注明相应位置。

(3)升起车辆至适当的施工位置,继续对底盘表面进行清洗,去除锈迹和拐角部位积聚的尘土。注意车辆轮弧,挡泥板及挡泥板衬边的污垢。

(4)用水冲洗轮弧,挡泥板及挡泥板衬边。对于顽渍污垢可以用刷子刷洗。

(5)用压缩空气吹干清洗过的各部位。对于难以吹干的部位,用毛巾擦干。

(6)用准备好的遮蔽纸将轮毂包住,以避免被喷涂材料玷污。做好车身周围的裙部的遮蔽,避免被喷涂材料玷污。

(7)将车辆油漆部分和底盘的油管、排气管等部位遮蔽。在施工场地上铺好遮蔽膜,有利于施工后的清洁(图 5-21)。

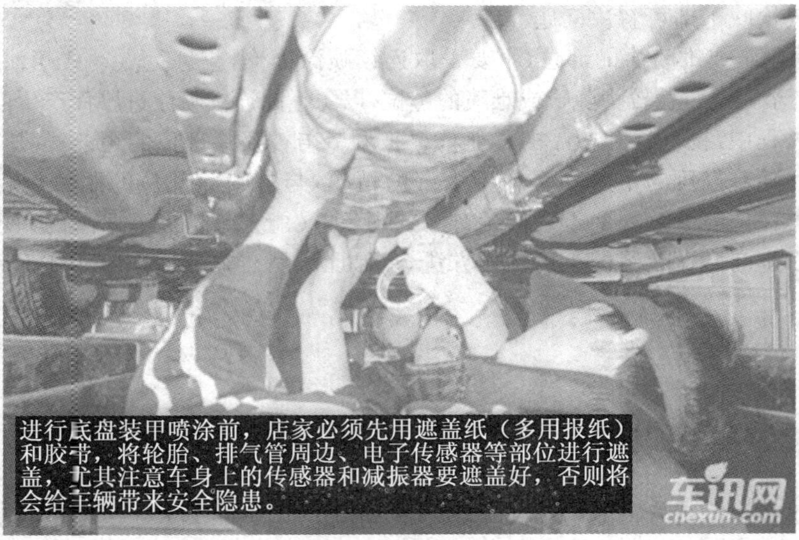

图 5-21 底盘遮蔽

(8)检查喷机气压是否充足,如不足应充足后使用。先对车辆翼子板进行喷涂,使用前充分摇晃容器。注意:作业人员施工时做好必要的防护措施,将口罩、手套戴上(图 5-22)。

图 5-22 底盘喷涂及个人防护

(9)喷涂之后,防撞防锈底漆应均匀分布,并有足够的厚度。

(10)再对车辆底盘进行喷涂,步骤同翼子板的喷涂。

(11)约 0.5 h 之后,进行第二次喷涂(图 5-23)。

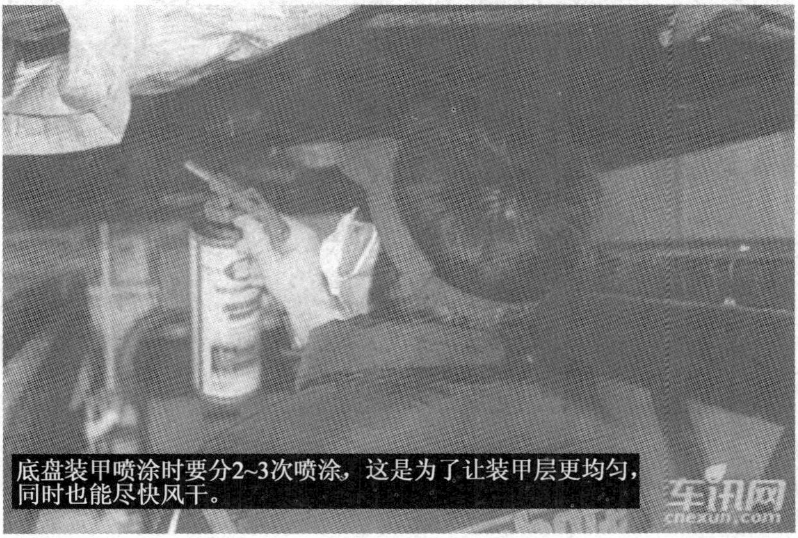

图 5-23 二次喷涂

(12)作业之后,等待喷涂部位表干。“底盘装甲”分布均匀,呈黑色颗粒状(图 5-24)。

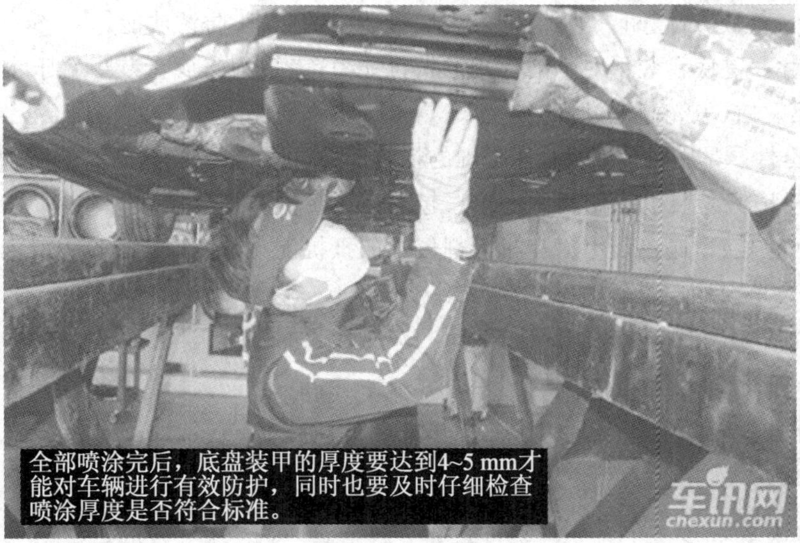

图 5-24 喷涂厚度检测

(13)取下遮蔽纸,并做好场地清洁工作。操作时须保证对非施工部位的遮蔽保护,以防因喷涂而影响车辆的性能。

(14)将轮胎装好后,仔细检查车身漆面是否有装甲残留物,如有应及时清理干净(图 5-25)。

图 5-25 车漆表面检测及清洁

(15)确认施工单所需施工项目已完成。

二、底盘装甲耐化学及耐腐蚀性能

好的耐水、耐酸碱性、耐汽油性、能实现底盘装甲的防腐、防锈功能。

(1)耐水性。是底盘装甲对水的作用的抵抗能力，表现为将底盘装甲置于水中浸泡 24 h，底盘装甲有无发白、失光起泡、脱落等现象。

(2)耐盐雾性。是底盘装甲对盐水侵蚀的抵抗能力，可用来实验判断涂层防护性能。用 5%的盐水浸泡 24 h，底盘装甲有无发白、失光、起泡、脱落、生锈等现象。

(3)耐酸(碱)性。底盘装甲对有机溶剂侵蚀的抵抗能力。用 3%的硫酸浸泡 24 h，底盘装甲有无发白、失光、起泡、脱落、生锈等现象。

(4)耐汽油性。用 97＃汽油浸泡 30 min，次品会起泡、脱落。

【知识拓展】

底盘装甲对车子是否有危害

有不少车友咨询，底盘装甲对车子有什么危害呀？如果我们真的来寻找底盘装甲的危害，那还真的有一条分享给大家，那就是增加了车身负重(6 瓶 1 L 装的产品大概增重 4 kg)，增加了油耗！不过在此再重复一下底盘装甲的一点好处就是：施工后增加了车身的密封性，降低车内温度由底盘出入车外，从而降低了空调的负荷，间接降低了油耗。任何一件施工项目都会有缺点和优点，这需要我们理性认识了。

【思考练习】

1. 简述汽车底盘装甲的作用。

2. 简述汽车底盘装甲与底盘喷塑的区别。

任务7 车身的局部装饰

【任务导入】

2015年4月5日，黄冈的王先生买了一辆三菱蓝瑟，看着电视里的三菱进行装饰后都比较好看，王先生也想在改装店里给自己的爱车做一些例如贴花的局部装饰，那么到底有哪些注意事项呢？

【任务分析】

伴随我国汽车消费市场规模逐步扩大和汽车文化蓬勃发展，越来越多的消费者在满足车辆的通用功能需求后，更多关注车辆的个性功能。高端车系的生产制造不但经过严格的安全性能审查环节，外观优化也是不可缺少的环节，所以高端车系不但质量性能有保证，而且外观也颇具诱惑力，更经得起长期的审美考验。低端车系为了增加市场竞争力，从选材、工艺到外观都追求最大化地节约成本，所以很大程度上低端车只具有车辆的通用功能；中端车系介于两者之间。据调查，2012年全年的广义乘用车销量为1 541.8万辆，高端车销量为145万辆左右，所以绝大多数销售的车辆都是中低端车辆。汽车局部美容和装饰是一个巨大的汽车后服务的超级市场，满足人们对车辆的通用功能和个性功能的消费需求。汽车局部装饰指在不影响正常行驶下进行的一些小范围的装饰，比如车身贴花、轮毂装饰片、汽车灯眉等。

【知识要求】

1. 了解车身贴花的要求。

2. 熟悉车身贴花的过程。

【能力要求】

掌握车身贴花的初步技能。

【相关知识点】

一、车身局部装饰的分类

车身局部装饰具体有汽车眼线装饰、汽车车身贴花装饰、汽车中栅框装饰、轮弧装饰以及其他局部装饰等。

二、眼线装饰

人类眉形有粗细、长短之分。从20世纪30年代起，女性的眉色主要以浓黑色为主流，到20世纪70年代，浓黑色的主流眉色被浅棕取代，之后的20世纪80年代，又回到浓黑色眉色。眉形方面，分为粗型眉和细型眉。除了20世纪60年代和20世纪70年代，细眉占主流，在20世纪80年代之后，粗型眉成为时代的主流，仅在眉峰上做一些眉形的变化。

眼线也称为眼眉，是根据美学模仿人类眼线而在车灯上表面部位贴附的装饰件。大多数的眼线材料是不干胶或者碳纤维，选用的时候应该根据潮流做到车身外形、大灯外形、车身颜色和谐统一，起到装饰的作用。如图5-26所示，左车眼线选用碳纤维装饰，车辆感觉更加沉稳大气；右车眼线选用黑色不干胶装饰，车辆感觉更加犀利动感。

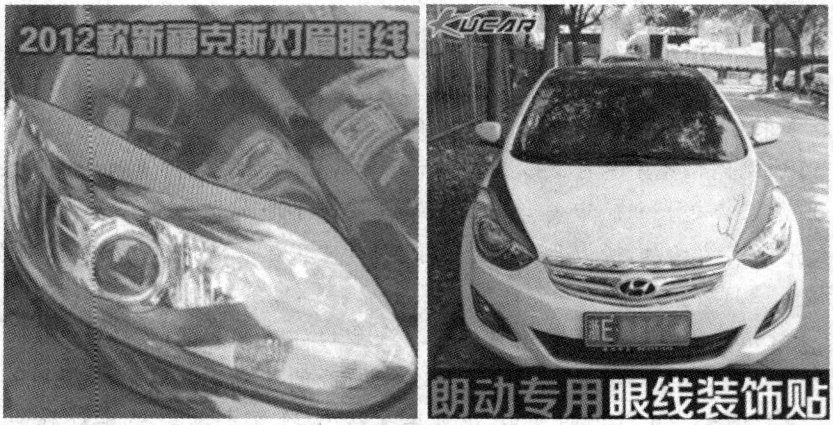

图5-26 车灯眼线

三、车身贴花装饰

随着车主对个性化汽车产品的需求急剧膨胀，加上车型改装毕竟麻烦，很多车主自然将注意力放在改变车身图案上。所以，汽车车身贴花很快就在全国的汽车市场流行开来，贴花产品也由固定车型的贴花，发展到各种形式、内容多样的随意贴，而且色彩、样式千奇百怪，应有尽有。

目前，车市一套国产材料的贴花产品售价在60元左右；而一套进口材料贴花产品的价格，则是国产贴花产品的几倍，并且价格制定主要依据车型的不同而有所不同；如果有的车主不想让车子全身都贴花，可以选择单张的随意贴，而单张的随意贴由于面积、材料不同，价格在10～50元。一般来说，给车子贴花大概只需要花费60多元就可以搞定，当然这里面不包括工时费和其他附加费用。如果消费者选择的车身贴花不好，时间不长就会脱落，车身上不但留下很难看的胶状物质，而且车漆也会被破坏。

目前国产车身贴花与进口品牌贴花的质量差距主要表现在以下 3 个方面：

第一，耐用性。质量好的贴花寿命可以达到与车身同寿命，一些国际贴花品牌的质量担保都可以达到 8～10 年。不过，这些贴花产品大多集中在汽车生产厂家手里，或者是作为汽车零部件的形式出现在各个汽车厂家指定的维修服务站里。

而出现在汽车零售市场的国产贴花的质量保证期，和进口贴花产品的质量保证期相比较则要短得多，虽然其中不乏一些印刷厂使用品质很好的“3M”“macfleet”材料所制的贴花，但这些材料其实并不是专门提供给汽车贴花使用的，而是用于广告标识贴花的材料。由于汽车的使用环境恶劣，且贴花的使用期限也会高于广告招贴牌的要求，所以，有的汽车美容装饰公司虽然给你使用了像“3M”“macfleet”这样材料的贴花，但是质量区别还是很大的。

第二，贴花印刷技术。先进的印刷技术会带来车身贴花内容形式的突破。很明显，一些独特印刷技术应用于车身贴花，会带来车外观的不同视觉效果。如赛欧车贴花的中间就有一条色带，从不同的角度看，会呈现不同的颜色。

第三，设计能力。一般来说，国际汽车贴花大公司都拥有专业的贴花设计队伍，他们手中掌握了许多汽车贴花的流行、时尚元素，可以将车身外饰设计做到时尚最前沿。而目前国内从事汽车车身贴花印刷的厂家，大部分还停留在仿冒进口汽车贴花产品的阶段。

四、轮弧饰片装饰

轮弧装饰片通常选用的材料有黏附性塑料、碳纤维和合金材料，如图 5-27 所示。黏附性塑料轮弧装饰片安装方便；合金材料轮弧装饰片安装时需要打孔固定，安装相对复杂。无论什么材料的轮弧装饰片主要体现以下两种作用：

图 5-27　轮弧装饰片

1. 具有美观作用

加装轮弧装饰片和车身整体外形、颜色匹配，美观大方，特别是合金材料的轮弧装饰片，使车辆看上去有档次，更具独特个性魅力。

2. 具有保护作用

安装轮弧装饰片后，可使轮弧受轻微或中度碰撞时受到的损伤减至最低限度。塑料轮弧装饰片柔软性大，在维护和保养车辆时，不易伤手。

轮弧装饰片根据材料的不同，安装方法也有很大的差异。

五、车轮装饰盖

车轮装饰盖是固定在车轮上装饰兼顾安全的外部装饰件，如图 5-28 所示。车轮装饰盖使用不锈钢钢丝卡簧和固定支夹安装在车轮轮圈上，产品须经过制造商的拆卸力测试，以确保产品的安全性。如果车轮装饰盖卡口不紧，弹簧材料不过关，则易导致装饰盖脱落。特别是在高速行驶时，不合格的车轮装饰盖容易脱落，对行车、行人来说都相当危险。

图 5-28　车轮装饰盖

(1)车轮装饰盖的材料和作用。通过塑料粒子经注塑，再在表面用油漆涂装或电镀形成的车轮装饰盖通常称为塑料盖。整体使用铝合金铸造成型的车轮装饰盖称为铝合金盖。油漆涂装或电镀的塑料盖具有较好的装饰效果，价格也相对便宜。铝合金盖有闪亮的金属光泽，具有更好的装饰效果，且具有各种各样的外形，但价格较高。车轮装饰盖位于汽车外部的醒目位置，是重要的外装饰件。高品质的装饰盖能烘托出整车的造型效果，提升车辆的档次。

(2)车轮装饰盖的使用要求。①造型优美。因为装饰盖的位置醒目，如造型欠佳，就会降低整车的装饰效果。②质量可靠。必须有足够的强度，结构可靠，装卡牢固，不能轻易掉下。否则，装饰盖容易破裂，脱落或破裂的装饰盖容易引起安全事故。③色泽和外形配合要协调。整车也有各种颜色、外形，要求装饰盖色泽必须与车轮和整车协调一致，达到和谐美观。

六、中栅框装饰

中栅框又名汽车前脸、格栅或水箱护罩等。其主要作用在于水箱、发动机、空调等的进气通风，防止行驶中外来物对车厢内部部件的破坏，另一个作用是美化车头，彰显个性。格栅往往是一种独特的造型元素，许多品牌使用它作为其主要的品牌标识，如图 5-29 所示。

图 5-29 中栅框外形

1. 进气格栅外形产生的影响

(1)影响散热性能。对于散热性能而言,进气面积是重要因素。按照正常需要,汽车前脸进气口的进气面积应等于散热器的迎风面积。由于现代汽车追求美观的造型和较低的风阻系数,不可避免地降低了散热器格栅的高度,但进气口仍须保证有效的进气面积。

(2)影响气动阻力。汽车气动阻力中的内流阻力是由汽车发动机和制动器冷却气流以及乘客区通风和空调的气流引起的阻力。汽车进气口和格栅的设计一方面关系到汽车前部迎风面压力和整车有效迎风面积;另一方面又是汽车内部流场的起点,故而会对汽车气动阻力有影响。

(3)影响进气量。进气口的开口位置和开口面积都会对进气量有影响。在正确位置的进气口与格栅一般都能满足发动机进气量的要求。一般认为,大面积的进气口象征着良好的动力性,所以在运动型和豪华型轿车上往往设计有大而夸张的进气口。

2. 中栅框材料

(1)工程塑料。塑料在汽车中的应用已经逐渐成为一种趋势,现代进气格栅一般采用工程塑料一次成形。

(2)塑料镀铬涂装技术。对于进气格栅,主要应用的是防护装饰性镀铬。镀铬层在大气中具有强烈的钝化能力,能长久保持金属光泽,在多种酸性介质中均不发生化学反应。此外它还具有优良的耐磨性和较高的耐热性。

(3)镁合金。镁合金是工业应用最轻的金属材料,具有良好的阻尼减震性能,因此它成为汽车轻量化的首选材料。据统计,1996—2001 年全球用于汽车零部件的镁合金压铸件的数量平均每年递增 25%左右,在北美的增长率约为 30%。

(4)碳纤维。碳纤维复合材料的最大优点是质量轻、强度大,其质量仅相当于钢材的 20%~30%,硬度却是钢材的 10 倍以上。

【任务实施】

一、汽车眼线装饰施工

(1)眼眉材料的选择,眼眉材料大多数是类似彩条那样的不干胶制品,应选择质地好、寿命长、色彩丰满、粘贴牢固的眼眉材料。

(2)将眼眉材料按装饰部位的形状,裁剪成长短、宽窄、形状相匹配的眼眉。特别注意:左右眼是对称的,不要各异。

(3)将粘贴眼眉的部位用拭布擦拭干净,以确保粘贴牢固。

(4)将眼眉的衬纸撕掉,把眼眉平整地粘贴到前照灯上部匹配的部位,不得有褶皱、气泡等。

二、车身贴花装饰施工

第一步:准备车贴、小刀、刮板、水盆。

第二步:展开车贴(此时可能会产生气泡,属于正常现象)。

第三步:根据车型或者车贴效果图进行分类。

第四步:清洗车辆外部。

第五步:进行贴膜,需注意撕膜方式,如图 5-30 所示。

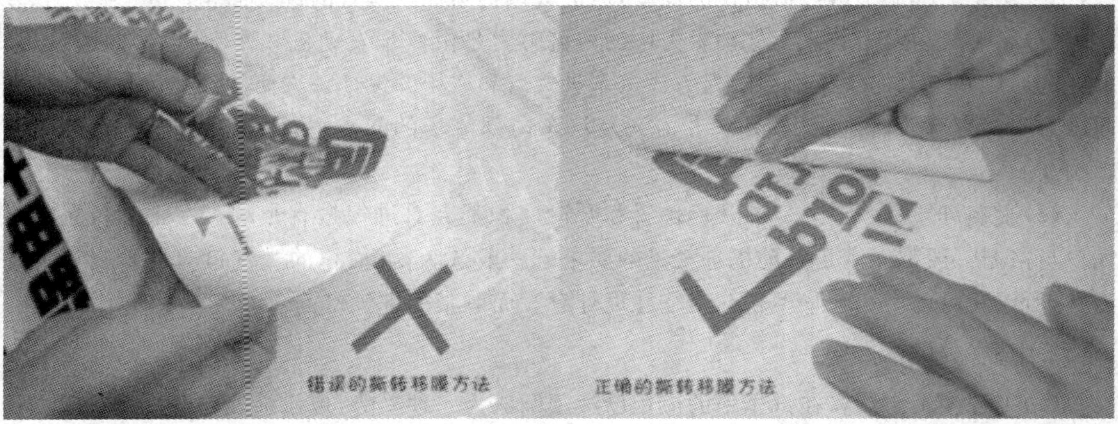

图 5-30 移膜方法

第六步:喷水。将贴纸放定位置后进行喷水。

第七步:对位,如图 5-31 所示。

第八步:刮水,注意需从一侧。

第九步:撕膜,由于撕膜的时候水没有完全蒸发,需要边撕边按着,如图 5-32 所示。

第十步:用小刀割开门缝。

注意事项:

贴车贴前一个星期不要打蜡,蜡会让贴纸粘不牢;贴膜不可在车子发热的时候贴,必须洗

图 5-31 对位

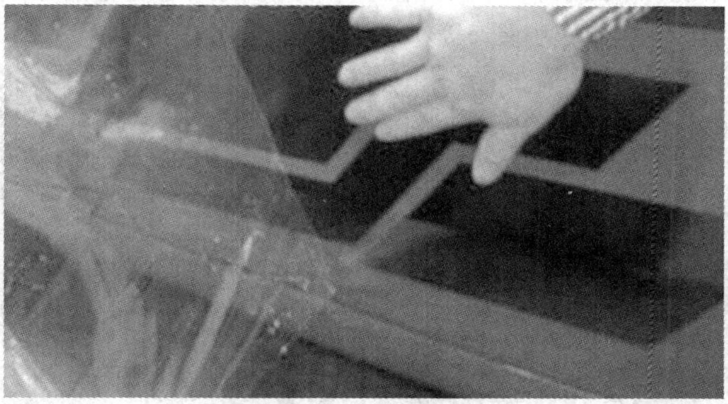

图 5-32 撕膜

干净车子，贴上后1周内不可以洗车，贴上后建议24 h内不要暴晒；车贴粘贴好后3 d内请勿洗车，不要在阴雨天贴，影响效果。

如贴纸需要贴在门缝上或其他需活动的地方，贴好后用快刀裁开即可。

反光材料非自发光。反光的晚上有灯光照射到的时候会反射光线，很炫而且可以起到警示作用。

如何清除：用指甲轻轻地将贴纸边缘刮起，再整个地撕除，不会留痕亦不会伤害车漆。冬天如果天冷无法刮起边角，可用电吹风将胶纸适当加热，胶融软后即可轻易除去。

三、轮弧安装

1. 塑料轮弧装饰片的安装

（1）清洁。在安装前，需对安装部位进行清洗。需要擦拭轮弧，去除尘土、污物、油渍，保持清洁干燥。

（2）安装。去掉轮弧背面胶带离形纸，将轮弧一端贴于车轮凸起部外侧适当位置处，依车轮凸起部的曲线弯曲，对齐后导贴于车体上。

（3）裁剪。由于各车种尺寸不同，多余的轮弧装饰片用刀片或剪刀切除，再用力适当压紧轮弧，确定完全接触密合。

2. 金属轮弧装饰片的安装

(1)清洁。在安装前,需对安装部位进行清洗。需要擦拭轮弧装饰片,去除尘土、污物、油渍,保持清洁干燥。

(2)钻孔。在翼子板凸缘上钻安装孔,去除孔边上的毛刺。

(3)安装。在翼子板和轮弧装饰片安装部位的相应位置涂上硅胶,将螺钉或拉拔铆钉固紧,使其结合紧密,不会积水,以免产生锈蚀。

四、中网装饰施工

例如,尼桑骊威用金属中网将下中网处做了下装饰,施工过程超级简单。专用金属中网,十字和一字螺丝刀,还有骊威一辆(图 5-33)。

图 5-33 安装前

(1)用一字螺丝刀将卡片翘起(图 5-34)。

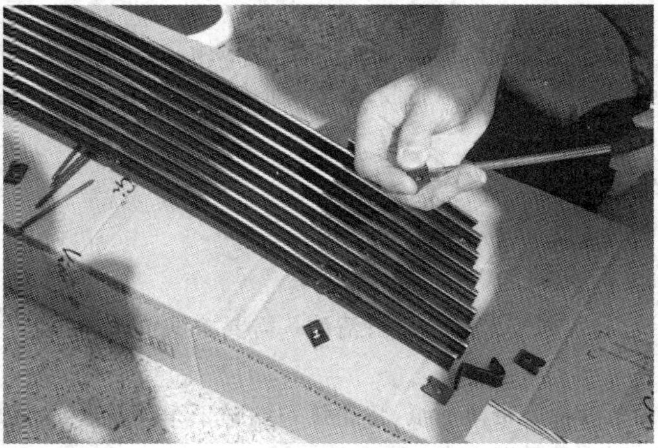

图 5-34 将卡片翘起

(2)放入固定片并调整,注意卡片扣方向,正面无鼓起部分跟L形同方向。

(3)将安装螺丝对应金属中网安装孔装好,旋上固定卡片(要点:只拧几扣,保证卡片不掉就好)(图5-35)。

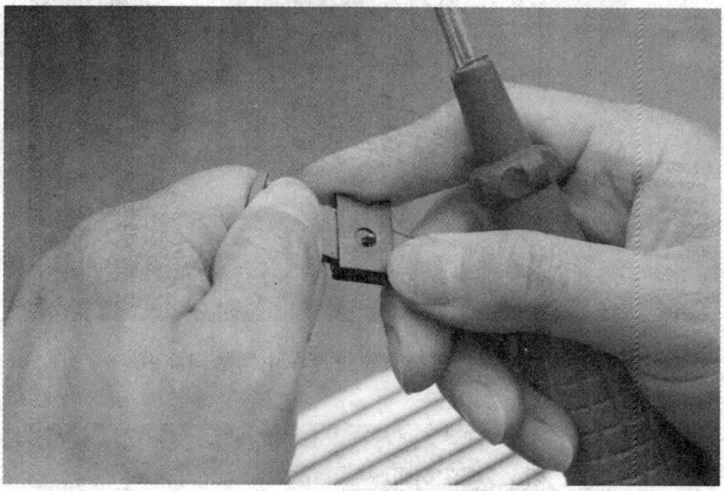

图5-35 放入固定片并调整

(4)将固定装置塞进原车中网的间隙中,然后拉住金属中网至张紧状态,依次拧相应的固定螺丝,调整几次后紧锁片完全卡住原车中网不移动后再做最后的紧固(图5-36)。(注意:可在未上螺丝前先将金属中网对位观察下,以便装好螺丝后直接对位)

图5-36 将安装螺丝对应金属中网安装孔

(5)做最后的固定(图5-37)。

(6)施工完毕,收拾工具和场地(图5-38)。

图 5-37 将固定装置塞进原车中网的间隙中

图 5-38 固定

【知识拓展】

车身贴花的相关规定

1. 实习期必须贴统一式样的实习标志

我国法律规定，机动车驾驶人初次申领机动车驾驶证后的 12 个月为实习期。

在实习期内驾驶机动车的，应当在车身后部粘贴或者悬挂统一式样的实习标志。如果未按照规定粘贴或者悬挂实习标志的，将被处以 20 元罚款。其中有两点需注意：

(1)无论是谁的车，只要是实习期的驾驶员驾驶，就必须在车后粘贴实习标志。如果你实习期内经常有不同车辆驾驶，最好就随身带着实习标志了。

(2)法规里提到了统一式样的实习标志，这也就意味着，网络上一些个性化的实习标志是不能代替统一式样的实习标志的。

2. 汽车贴纸不可以采用特种车辆专用颜色

我国法律规定虽然机动车所有人可以对车身颜色进行改装，但是消防专用红色，工程抢险专用黄色，国家行政执法专用的上白下蓝颜色及搭配，属于特种车专用颜色，普通车辆不能使用。通过贴纸将车辆改装成特种车辆样式也是法律不允许的，所以，虽然有的车主可能为了追求个性或是其他目的，想要通过全车改色膜(或其他手段)的方式进行改装，但是由于不符合法律规定，所以这样的行为属于非法改装机动车，将会被处以500～1 000元的罚款，并且还会被责令恢复原状。

3. 汽车贴纸面积不能超过车身面积的30%，超过需报批

如果汽车贴纸面积过大(超过30%)并没有去公安交通管理部门报批，这会导致车辆与行驶证的照片不一致，“警察叔叔”会认定车辆为非法改装，将会被处以500～1 000元的罚款。此外，车辆出险时，保险公司也很可能因此而拒绝提供相关赔偿服务。像全车改色这样的“大工程”，必须在改造完毕后向有关部分报备审批。

4. 汽车贴纸不得影响安全驾驶，内容须健康向上我国法律规定

机动车喷涂、粘贴标识或者车身广告，影响安全驾驶的将会被处以200元以下罚款。例如，某些追求个性的车主会给车辆张贴上非常花哨的电镀贴纸，但是这样的贴纸在强光下极容易对周边车辆造成反光，影响其他驾驶员的安全驾驶。类似这样的改装就是我国法律所不允许的。此外，内容不健康(色情、暴力等)的汽车车贴也将会给车辆年审造成影响。所以选择贴纸时一定要注意内容，别因为一时之快降低了自身素质并给自己带来不必要的麻烦。

【思考练习】

1. 简述汽车车身贴花的注意事项。

2. 简述轮弧装饰的方法。

项目6　汽车的内部装饰

任务1　汽车顶棚的内衬装饰

【任务导入】

2016年8月5日，武汉的张先生买了一辆丰田RAV4，看着当时在4S店展厅放着的改装了内衬的样车，心里痒痒的，也想把自己的爱车内饰给改改，到底在改装顶棚内衬的时候有什么要注意的呢？

【任务分析】

顶棚内饰是汽车整车内饰的重要组成部分，它的主要作用是提高车内的装饰性，同时顶棚内饰还可提高与车外的隔热、绝热效果；降低车内噪声，提高吸音效果；提高乘员乘坐的舒适性和安全性。由于太阳直射车顶，汽车顶部温度较高，因此顶棚内饰的耐热性和耐候性指标要求较严。

对不同档次的顶棚内饰在材料商、结构上有所不同，为提高隔音、隔热、降低噪声等效果，多采用各种纤维毡、聚氨酯泡沫、聚乙烯泡沫等与其他材料黏合在一起的结构作为衬垫，并与蒙皮材料（如无纺布、针织物等）通过一定的方式黏合形成一体。汽车顶棚内饰主要有两种：软顶和硬顶。汽车顶棚内饰材料的发展趋势是高强度模塑基材（图6-1）。

图6-1　改装后的内饰

性能要求：

(1)隔音、隔热、抗静电等。

(2)阻燃性：①不燃烧；②可以燃烧，但速度≤100 mm/min，燃烧速度不适用于切割式样所形成的表面；③如果从实验计时开始，火焰在60 s内自行熄灭，且燃烧距离不大于50 mm，也认为合格；抗污染性是指在使用过程中遇油、水的污染时，不易扩散。

【知识要求】

1. 了解汽车顶棚的分类、装饰原则。
2. 熟悉顶棚内饰的装饰方法。

【能力要求】

掌握顶棚内衬装饰的注意事项。

【相关知识点】

一、汽车顶棚内衬的分类与安装

1. 汽车软顶

软顶一般由面料和泡沫层用层压法或者火焰法复合在一起。面料多数为无纺布机织布或PVC膜等材料制造。泡沫层用聚酯或交联聚乙烯泡沫制造。面料起装饰作用，其他颜色及质地要与车身内饰颜色和质地协调。泡沫层起隔热、隔音、吸音、减振作用。

软顶的安装一般分两种：粘贴型和吊装型，用于货车、面包车和抵挡轿车上。

软顶的粘接有滚涂法和预涂法两种。

(1)用于滚涂法的粘接剂是氯丁橡胶，在施工现场，工人手持蘸满胶的胶滚或胶刷，将胶均匀涂在顶盖的内表面上，晾置几分钟后，将软顶粘贴在制定位置上。

(2)用于预涂法的压敏粘接剂是在生产软顶时，预涂在软顶的背衬上，用隔离纸将胶膜覆盖，一边包装和运输。在施工现场，工人截取隔离纸即可将软顶粘贴在指定位置上(图6-2)。

2. 汽车硬顶

随着我国汽车工业的发展，软顶已逐渐被成型的硬顶所替代。

成型硬顶主要由饰面、泡沫层和基材三层组成，利用大型成套生产设备，用热压成型法将它们符合成一个整体，成为具有一定刚性和立体性状的内饰件。

成型硬顶的安装分为粘接式与镶嵌式两种：

(1)成型硬顶的粘接是在施工现场工人手持喷枪，直接将粘接胶均匀地喷涂在硬顶背面的粘接区域内，根据工艺要求晾置一段时间内，再粘贴在金属顶盖上。

(2)镶嵌式安装分前、中、后及周围四部分。一般情况下，前部的安装点靠左右遮阳板和地图(驾驶员)灯固定装置实现，中部靠左右乘员把手和乘员灯安装点实现，后部则用塑料卡扣固定在顶盖后横梁上(图6-3)。

图 6-2 改装后的顶棚内衬

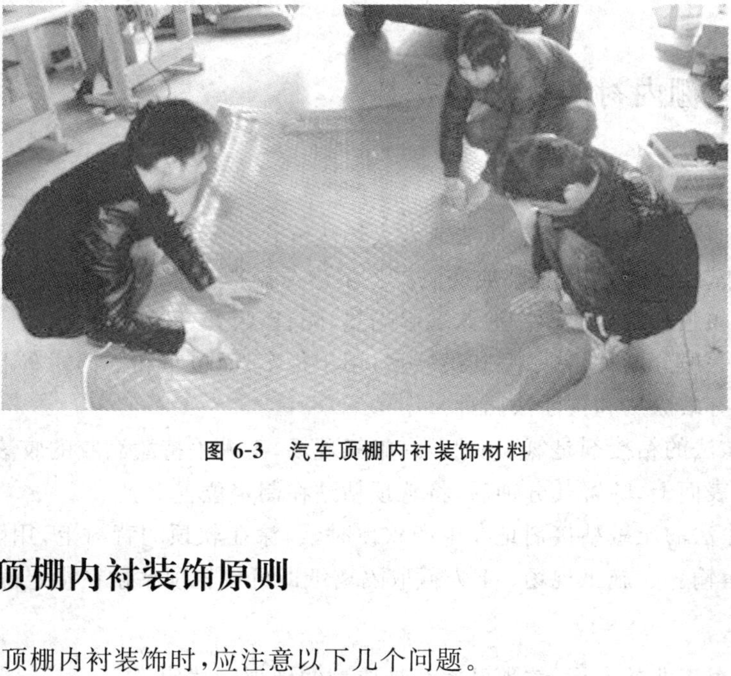

图 6-3 汽车顶棚内衬装饰材料

二、汽车顶棚内衬装饰原则

在进行汽车顶棚内衬装饰时，应注意以下几个问题。

1. 顶棚内衬装饰的基调

对于一部正规厂家生产的汽车，不论是外饰还是内饰，都是厂家经过很长时间的研讨、试制和定型后，才最终生产出来，整体和谐、协调。因此，装饰的基调应尽量按照原车的风格，对局部进行必要的修改。

2. 顶棚内衬装饰部位的选择

顶棚内衬装饰一般都是针对使用一段时间的原车，由于装饰件陈旧、损坏，或者装饰部位失效而提出的。因此，在装饰时要有针对性，在保证原车内饰风格基调的基础上进行，最终使旧车能够正常使用。在装饰材料、装饰效果以及对装饰评价上，都要经常与车的主人沟通，达成共识。

3. 保证装饰质量

在装饰的过程中，应进行必要的质量管理，每个环节的工作都要认真仔细，否则会影响全局的装饰效果。

【任务实施】

一、顶棚内衬的安装

1. 拆下顶棚原内衬

根据汽车顶棚的具体结构，选用适当的工具，把与顶棚内饰件有关的零部件，如顶灯、空调器、支架等拆除，并保存好，然后再把顶棚内衬拆下(图6-4)。

图6-4　内衬的拆卸

2. 检查内衬及顶盖

当内衬拆下后，要认真检查顶盖的内衬，查看其结构行式、有无损坏之处以及损坏的程度如何，有无修复的可能，内衬表皮是何种材料，如何加工而成的等。这些内容都是重新装饰时所需参考的资料，为制定新的装饰工艺提供依据，同时也为重新装饰并保证质量提供依据(图6-5)。

4. 检查顶盖护板

整个内衬是以顶盖护板为基材粘接或用其他方法固定在下面，与之形成汽车顶盖整体。若护板有锈蚀或其他方面损坏，应根据具体情况进行修复，严重的还需更换新护板。

5. 清洗护板内表面

去除表面上的污垢、异物，并使之清洁干燥，为组装内衬做好准备。

6. 清洗内衬

对内衬贴面(与顶棚内表面相贴附表面)进行清洗并干燥，做好顶棚安装的准备。

图 6-5 内衬拆卸后的车顶

7. 安装顶棚

按原顶棚与内衬的结构形式和安装方法，把装饰好的内衬安装在顶棚上。

8. 复原

将原顶棚拆下的零部件，如顶灯、空调器系统、装饰压条等零部件，经过清洗、干燥后，按原方法安装复原。

9. 清洁收工

将安装好后的顶棚进行全面清洗，清除安装过程中造成的尘垢或污物，并用内饰护理剂——多功能清洁柔顺剂，对顶棚内衬表面进行护理，使顶棚内饰焕然一新。

二、吊装型顶棚内衬装饰的作业流程

1. 拆下附属部件

拆下顶棚内衬上的顶灯、后视镜、安全把手等零部件及其他装饰件。

2. 清洗内衬表层

将内衬表皮层的人造革(PVC)用清洗剂清洗干净并擦干。

3. 裁剪

按内衬表皮的形状尺寸，用新的优质同色的人造革(PVC)进行裁剪并缝制成一体，留足周边粘接后的裁剪余量。

4. 粘贴

选用合适的胶粘剂进行粘接，先在原内衬表皮人造革上均匀地涂上薄薄的一层胶液，稍晾干，再把新的内衬表皮粘贴在上面。一般是从顶棚内衬的中部开始，分别向前和向后进行粘贴，粘贴时注意平整，逐渐向前或向后部展开，注意压平、压实，粘贴层中不要留有空隙、气泡，不得有皱褶。如果有气泡时，可用柔软而有弹性的压板从中部往边缘赶压，不能往复进行。同时，对空隙和皱褶也用压板进行赶压，使之消除，使内衬表皮粘贴达到光滑、平整、牢固等要求。

5. 安装

拆装时的反向步骤，把清洗并干燥后的顶灯、后视镜、安全把手等零部件及其他装饰件安装好。在安装周边压条时，把内衬表皮周边的粘贴余量用刀片或剪刀裁掉后安装。安装时要仔细，不得划伤内衬表皮。

6. 清洁收工

最后，对表皮进行清洗护理。可用仪表板清洁剂喷涂到内衬表面上，然后用柔软的毛巾进行擦拭，使人造革表皮光泽明亮，不沾灰尘，还有香味。

三、粘贴型顶棚内衬装饰作业流程

1. 拆除内衬表层的人造革

这种表皮的人造革是用粘接的方法与填充层粘接压合在一起的，可采用拆除这种表层的方法进行装潢。用热风枪把人造革边缘加热，使粘胶软化，然后用钳子夹着人造革边缘并拉出人造革粘合的周边(先拉出部分周边)。当拉出部分人造革周边后，继续向内部加热、软化、拆下，直至最后把内衬表层的人造革全部拆下。

2. 制作新的 PVC 人造革表皮

参照拆下人造革表皮，选择新的优质 PVC 装饰，其颜色、花样应与旧的一样或相似，也可以选择能满足个性需求的 PVC 人造革，以提高其装饰效果。参照旧的人造革形状尺寸，进行裁剪缝制，制成新的人造革内衬表皮。

3. 选用合适的胶粘剂

在常温下进行粘贴，不需加温、加压，施工简便，把胶液涂刷在填充层上，要求均匀涂刷薄薄的一层，稍等片刻，把新的内衬表层平整地粘贴到填充层上，不允许有皱褶和气泡，可用刮板排除，使之粘贴牢固。

4. 复原

将原来拆下的顶灯、后视镜、安全把手和装饰等清洗、干燥后，按原位置安装好，在安装内衬表皮周边压条时，应先将周边多余部分裁剪掉，然后进行安装。

5. 清洁收工

在顶棚内衬装饰完工后，可用仪表板清洁剂进行清洁护理，使顶棚内衬焕然一新，达到满意的效果。

四、注意事项

(1)顶棚内衬表皮装潢的关键是表皮材料、胶粘剂、黏结工艺的正确选用，相互之间必须是配套协调的，主色应与车厢内部的内饰和谐，否则其装潢效果不佳。

(2)用热风枪加热时，必须控制好温度，温度过高易损伤内衬结构或表皮。如果用电熨斗熨平皱纹时，也要控制好加热温度，要适度移动，不能停留一处的时间过长，否则易损坏内衬表皮，影响装潢效果。

(3)在粘贴过程中,如果发现有气泡时,可用刚性的塑料刮板除去气泡,当胶粘剂还没有固化时,也可用塑料压板施加压力,除去皱纹。

(4)在清洗或涂胶时,要特别注意不要把清洗剂、胶液等散落到车窗、座椅和地板上,必要时可对这些部位用毛巾遮盖。

【知识拓展】

汽车内饰顶棚清洗方法

汽车顶棚不只是外部顶棚的清洗,还有内部顶棚,但是相对来说汽车内饰顶棚是车主很容易忽视的地方,因为平时脏了之后,车主也很少会发觉到。随着长时间地使用汽车,车内顶棚附着越来越多的灰尘,长此以往对车内的乘坐人员来说,对于身体的健康是有不良的影响的,因此定期的汽车内饰顶棚清洗也是很有必要的。那汽车内顶棚应怎么清洗呢?

值得注意的是 车内顶棚的清洁应依据车顶内侧的材质、颜色进行不同程度的处理。通常对浅色系布料可使用座椅清洁剂。

第一步,座椅弄倒,用毛巾或椅套盖住,防止被车顶滴下来的水或清洁剂污染。

第二步,在喷雾器中注入水和清洁剂稀释液,喷洒在车顶上。

第三步,在清洁剂起泡后,使用轻柔的刷子进行清洁。不然容易起毛球,更会伤害到顶棚的布料。

对于使用汽车清洁剂的事项:使用拧干的清洁抹布清洁,因为一般汽车顶棚内的填充物是隔热吸音的材质,具有一定的吸收水能力。一旦是湿乎乎的毛巾,清洁剂浸湿车顶材料后,就很难干燥了,严重时材料会剥落。而且务必使用酸碱中和的泡沫清洁剂,如此才不会把织物腐蚀变色,同时不会给车留下水痕。

深色系的材料想要检查其肮脏的程度,通常用白色湿毛巾轻轻擦拭表面就一清二楚了。如果白毛巾上面沾上很多茶色污垢,证明汽车顶棚已经很脏了。对于自己的爱车平时的保养需要留意,定期一两个月左右得检查汽车内饰的脏乱程度。而如果发现用湿毛巾就能擦干净,那就没必要使用清洁剂了,实在要求比较高的话,用用也没事。

【思考练习】

1. 试述汽车顶棚内衬的分类。
2. 汽车顶棚内衬如何翻新?

任务 2　车内护板的装饰

【任务导入】

李先生的孩子在车内喝牛奶时,不小心将牛奶洒在车内,结果车门衬板和侧围衬板以及地板上都沾满了牛奶的痕迹,由于处理不及时,很多痕迹都已经渗透到了衬板的背面,难以清除,并有发霉、发臭的现象。汽车美容工作人员建议李先生对车内的衬板进行更换。

【任务分析】

车门内饰板相关的零部件。

操作件：车门内扳手、玻璃升降机摇手柄(或电动升降按钮)、门锁。

附件：搁手(简单经济型车门内饰板有单独的搁手，普通型与中高档型车门内饰板搁手往往由车门内饰板本体自身造型构成)、地图袋或杂物箱(盒)、烟灰盒、扬声器、照明灯、指示灯或安全气囊等。这些零部件的配置随车辆类型与档次不同而不同。

【知识要求】

1. 了解车门衬板的特点。
2. 熟悉车门衬板的更换过程。

【能力要求】

掌握汽车侧围衬板粘贴装饰作业流程。

【相关知识点】

车门衬板的特点

(1)车门衬板的结构比较复杂，尤其是轿车的正、副驾驶员门的衬板形状更复杂，切面形状尺寸变化大，有的是整体式，有的是组合式，有的还装有杂物袋，供驾驶员放置常用的物品。

(2)车门衬板主要采用复合材料批量生产，这样既可保证内饰件的质量要求，又可保证其在生产线上顺利组装。

(3)车门衬板不能用简单的设备和方法生产，所以当内护板损坏之后，一般都是更换原配套厂家的同类零件。

(4)更换新衬板。当原车门衬护板已经损伤，又不易修复时，应采用同车型的新车门衬护板进行更换。在更换时要注意新衬板是否是同规格的，否则就装不上。

(5)美容护理。当车门衬板整体完好，只是有尘污或稍有褪色现象。在这种情况下，可采取清洁美容护理的方法，使衬板达到焕然一新的效果，成本也较低。

(6)粘贴法装饰。当车门衬板基本完好，只是衬板表皮层表面稍有划伤或剐裂，车主又不愿意更换新的护板时，可采用粘贴法进行装饰(图 6-6)。

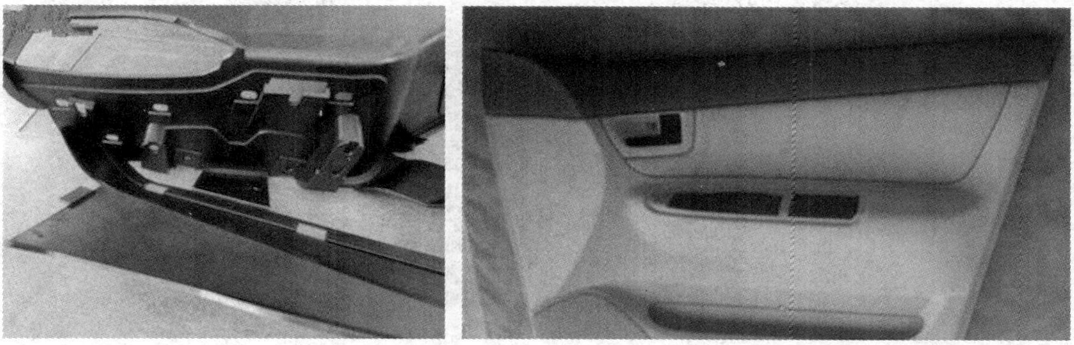

图 6-6　两种不同车型内衬板

【任务实施】

一、车门衬板的更换

汽车车门衬板、侧围衬板与地板装饰所需要的工具与汽车顶衬装饰所用的工具与设备基本相同，主要有剪刀、一字螺丝刀、刀片、热风枪（吹风筒）、扳手、砂光机等（图 6-7）。

准备工作

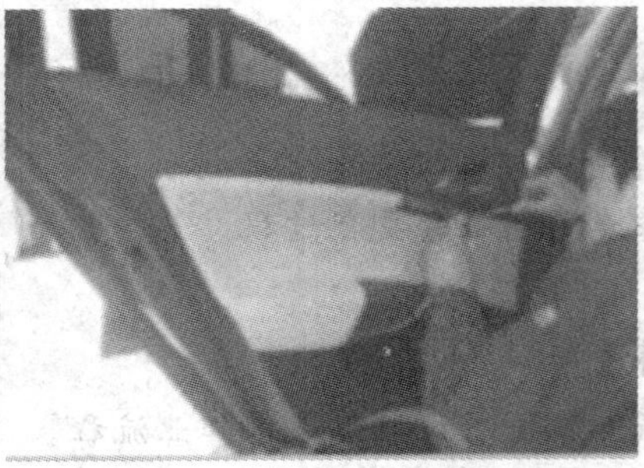

拆除原车门衬板装饰件

拆除原车门衬板

选用原厂车门衬板

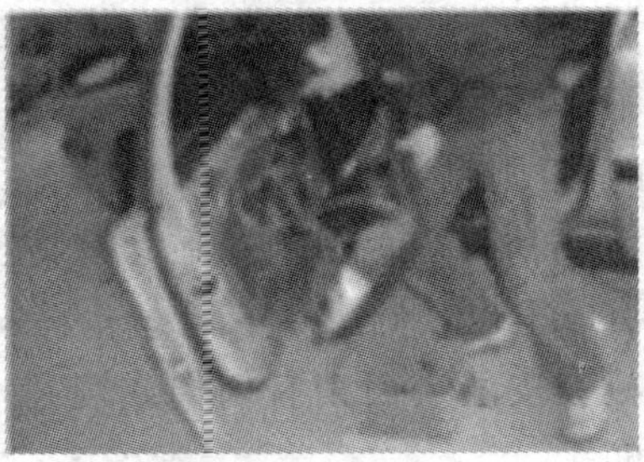

安装新车门衬板

清洁验收

安装车门装饰件

图 6-7　车门内衬更换流程

二、汽车侧围衬板粘贴装饰作业流程

1. 拆除原衬板的装饰件及功能件

拆除原内护面上的装饰件和功能件，并清洗干净、保存好，以备装饰后复位安装。

2. 拆除旧的人造革衬板

用热风枪对内护面加热，使原粘胶软化，用尖嘴钳把人造革边缘拉出，继续边加热边拉起人造革，直至把旧的人造革全部拉掉。

3. 裁剪

参照原内护面的人造革形状尺寸，剪裁出新的人造革片材，按需要进行缝制成整块，留出一定的装饰余量，以备粘贴使用。

4. 粘贴

用GH-20通用胶粘剂，按胶粘剂的使用方法，把新的聚乙烯人造革粘贴到内护板上，要求平整、光滑、无皱纹和气泡。

5. 复原

将拆下的原装饰件，按拆下时的反向工序安装好。

6. 清洁验收

对安装好的新内护面表皮进行清洁护理，即可使改装后的内护面光亮一新。

【知识拓展】

汽车门内护板

汽车车身内饰件大体可分为仪表板和副仪表板、地板护面、侧围护面、车门内饰、顶棚、后围护面、行李箱护面、座椅总成等几大部分。门内护板则是车门内饰的主要结构件，主要有以下几大功能：

它的立体艺术造型提高了汽车室内造型效果，给人以美感。

使车门开关方便、支承肘腕，隔音、吸音、防尘、防水。

采用触感好的非金属材料，提高乘坐舒适性，车辆冲撞时能吸收大量的碰撞能量，有效保护驾驶员和乘员的安全。

结合其立体造型，还可设置杂物斗，为烟灰盒、门锁内手开手柄等功能部件提供固定条件。

一、车门内饰板简介

1. 分类和结构

(1)分类。车门内饰板的分类，按不同标准有不同的分类方法，按其自身结构、功能、适用的车型、档次等因素综合起来可分为：简单经济型、普通型、中高档型。

(2)结构。

①简单经济型。这类门内饰板的特点是结构简单,造型简洁,基本上是呈平面型,材料价格与制造工艺成本低廉,主要用于货车、客车、吉普车等车型。由芯材、衬垫、蒙皮三部分构成,根据整车的具体配置要求,有芯材、芯材上加蒙皮或芯材与蒙皮之间夹一层衬垫等,组合使用(图 6-8)。

芯材的材料:主要有纤维板、硬纸板、胶合板、塑料板、压延钢板等。

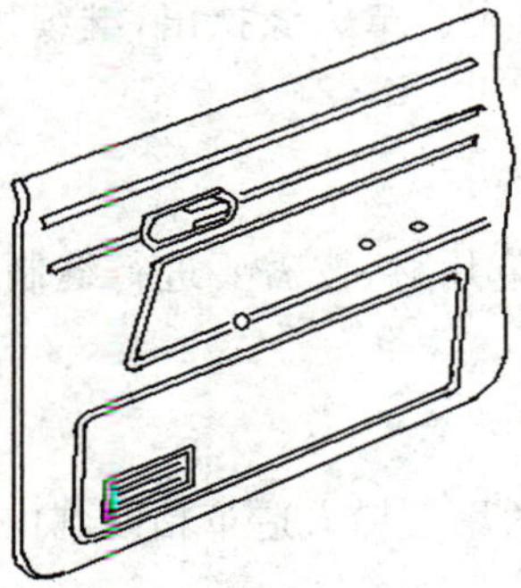

简单经济型门内饰板

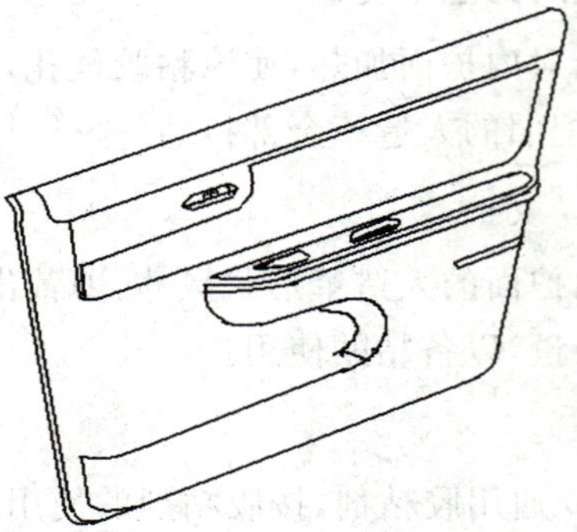

中高档型门内饰板

图 6-8 普通型门内饰板

衬垫的材料:主要有聚氯乙烯无纺布、氯乙烯泡沫等。

蒙皮的材料:主要有聚氯乙烯革。

②普通型。这类门内饰板的特点:结构比较复杂,造型比较注重人体工程因素,选材比较讲究,加工设备比较复杂,总体上比较美观,主要用于普通型、中低档轿车。

其结构主要由芯材、蒙皮、局部衬垫和装饰条等构成,这类车门内饰板有时下部还设有防护板,以提高饰板使用寿命和方便清洁。

芯材的材料:主要有注塑件、聚丙烯加填充料板材等。

蒙皮的材料:主要有织物、聚氯乙烯针泡革。

衬垫的材料:主要有海绵、较厚的聚氯乙烯无纺布、半硬质聚氨酯主要用于搁手部位。

饰条的材料:主要有聚氯乙烯、ABS、热融薄膜构成的复合材料。

③中高档型。这类车门内饰板的特点:结构复杂,造型与配置上充分考虑到舒适、安全、人体工程等因素,功能齐全,选材讲究,加工设备与制造工艺复杂,总体上美观中显豪华。

其结构主要由芯材、蒙皮、软化件单体、隔音垫、防撞吸振块、指示照明灯等构成。

芯材的材料:主要有注塑件等。

蒙皮的材料:主要有带有较厚泡沫层的聚氯乙烯针泡革、真皮等。在一些乘员经常触摸的部位一般均覆盖有软触漆。

隔音垫材料:主要有再生棉毡、泡沫、泡沫橡胶等。

防撞吸振材料:主要有 PU 聚氨酯发泡、PP 聚丙烯发泡。

指示照明灯罩材料:主要有 PC 聚碳酸酯、丙乙酸酯等。

软化体单件:由芯材、衬垫和蒙皮组成的小构件,主要置于门内饰板相对乘员人体手臂与肩等部位接触处。

二、决定车门内饰技术状态的诸因素

(1)车辆的类型与档次及所满足的功能。

(2)与乘员人体工程学相关的安全性、舒适性、操作性。

如尽量减少车内宽度、搁手作用、软化要求及门锁内扳手、玻璃升降机摇手柄、车门内拉手等操作的方便性。

(3)能承受必要的最低限度的外力和重力。

(4)有良好的工艺性、生产率、拆装方便,以便维修。

(5)总体上与车厢内饰及整车外部协调。

(6)在选材上应考虑到:重量小、便于加工,具有高频加热性能;安全性、外形美观、手感好;隔音、防水、阻燃、隔热等性能。

三、几种车门内护板

如图6-9所示。

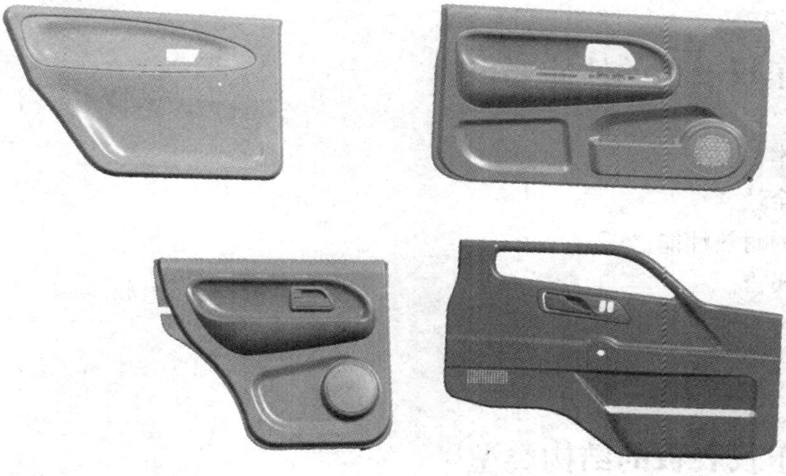

图6-9 几种车门内护板

【思考练习】

1.试述汽车车门内衬的更换方法。

2.试述汽车车门衬板的特点。

任务3 仪表板的装饰

【任务导入】

标志408车主觉得爱车的仪表板没有特色,凸显不出个性,想对仪表板进行装饰。汽车美容工作人员仔细询问张先生的个性爱好,制定出合理的装饰方案,之后将他的车移动到指定工作区域。

【任务分析】

在操作时，首先要认真检查客户车辆的内部情况。如果仪表板发现剐蹭、磨损之类痕迹时，应及时告知车主，经车主确认，以免产生不必要的纠纷。并且提醒客户保管好贵重物品，如果需要代为保管的，一定要当面接受、确认、签字、引导客户进入休息室，告知客户大概需要等待的时间，询问客户是否还有其他需求等。

【知识要求】

1. 了解汽车仪表板的类型。

2. 掌握汽车仪表板的性能要求。

【能力要求】

掌握汽车仪表板的装饰方法。

【相关知识点】

一、汽车仪表板的性能要求

(1)低成本。
(2)高安全性。
(3)良好的耐热性能。
(4)降低噪声。
(5)装饰效果好。
(6)质量轻。

二、汽车仪表板的结构类型

汽车仪表板的结构和用材多种多样，但基本上可以分为硬质和软饰仪表板两大类。

硬质仪表板一般是由塑胶材料整体注塑而成。这种仪表板结构简单、成本低，本体部分为同一种材料构成，多用于载重汽车及客车，一般不需要表皮材料(图 6-10)。

软质仪表板由表层、缓冲层和骨架三部分使用多种材料构成，外表面全部或者上部经过软化处理，触感舒适。常用材料有 PU、PP、ABS/PVC 合金等，多用于轿车(图 6-11)。

此外，还有钢板冲压成型再焊接，涂装制造的钢质仪表板；钢质仪表板外层包覆人造革后制成的半软化仪表板；木质仪表板等。

三、汽车仪表板的装饰方法

(1)用真皮对仪表板进行装饰。

(2)用桃木装饰仪表板。桃木材质细腻，软硬适当，花纹清晰美观。另外，同等手感的还有

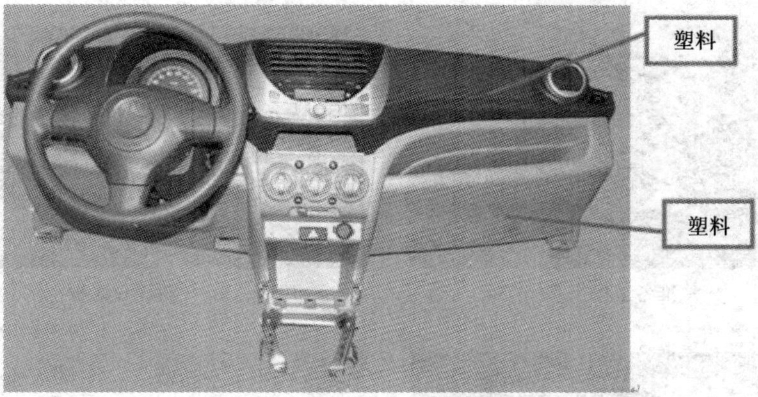

图 6-10　硬质仪表板

图 6-11　软质仪表板

橡木。一般是用桃木来装饰仪表板可以凸现回归自然的特色，降低车内乘客的疲惫感。

四、汽车仪表板的发展趋势

集中化、数字化、简单化、组合化。

【任务实施】

一、仪表板的装饰

仪表板的装饰见图 6-12 所示。

1. 用电热吹风加热，拆下原来仪表板表皮

温度不要太高，不要只对一面加热。

准备工作

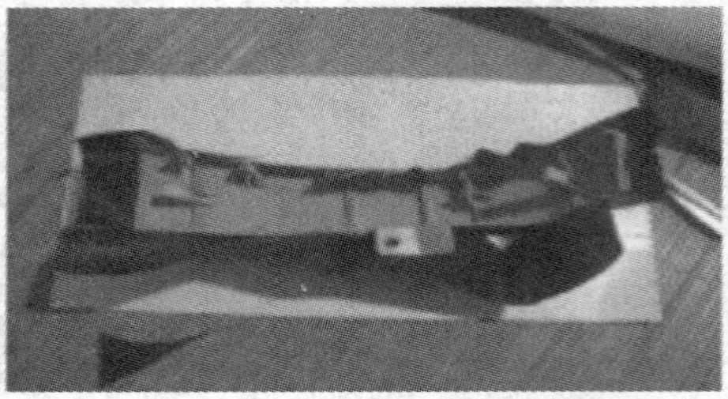

拆下仪表板

缝制仪表板表皮

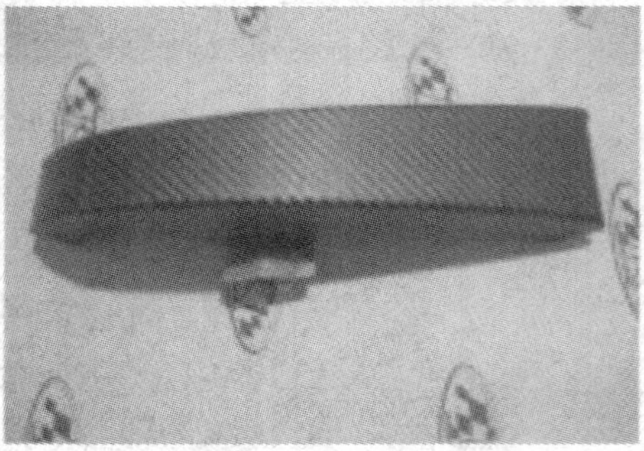

烫平

安装仪表板

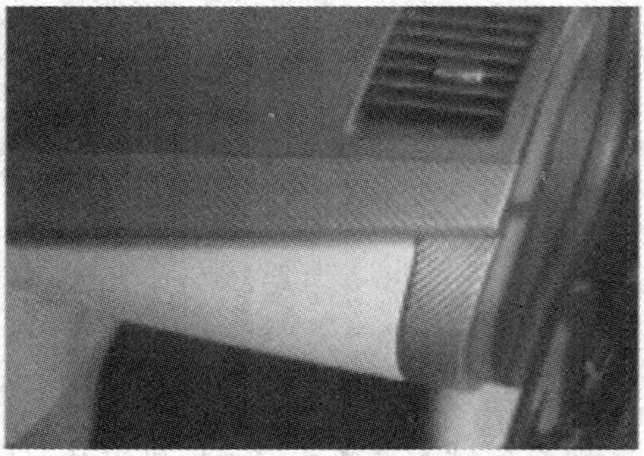

安装中控台

图 6-12 仪表板的装饰

2. 缝制仪表板真皮

一次缝好，否则有针孔。

3. 粘贴仪表板表皮

确保仪表板的各个部位被彻底粘牢。

4. 安装仪表板

要求空隙对准。

注意事项：

(1)结合车型选择装饰风格。

(2)结合车内其他装饰件进行装饰，避免不协调。

(3)应根据车型具备的功能选择仪表板。

(4)选用合适的胶粘剂。

(5)仪表板装饰时要一气呵成,不能有任何瑕疵。

(6)操作人员应注意安全。

【知识拓展】

一、轿车仪表板组成

仪表板总成似一扇窗户,随时反映出车子内部机器的运行状态,同时它又是部分设备的控制中心和被装饰的对象,是轿车车厢内最引人注目的部件。可以这样说,仪表板总成既有技术的功能又有艺术的功能,它反映出各国轿车制作工艺和风格上的差异,是整车的代表作之一。

现代轿车的仪表板总成一般分成两部分,一部分是指方向盘前的仪表板和仪表罩及平台;另一部分是指司机旁通道上的副仪表板。其中仪表板是安装指示器的主体,集中了全车的监察仪表,通过它们揭示出发动机的转速、油压、水温和燃油的储量,灯光和发电机的工作状态,车辆的现时速度和里程积累。有些仪表还设有变速挡位指示、计时钟、环境温度表、路面倾斜表和地面高度表等。按照现时流行的款式,现代轿车多数将空调、音响等设备的控制部件安装在副仪表板上,以便驾驶者的操作,同时也显得整车布局紧凑合理。

二、汽车仪表盘图标大全——车内各类仪表指示灯

1. ABS 指示灯

该指示灯用来显示 ABS 工作状况。当打开钥匙门,车辆自检时,ABS 灯会点亮数秒,随后熄灭。如果未闪亮或者启动后仍不熄灭,表明 ABS 出现故障。

2. EPC 指示灯

常见于大众品牌车型中。打开钥匙门,车辆开始自检时,EPC 灯会点亮数秒,随后熄灭。如车辆启动后仍不熄灭,说明车辆机械与电子系统出现故障。

3. O/D 挡指示灯

该指示灯用来显示自动挡的 O/D 挡(Over－Drive)超速挡的工作状态,当 O/D 挡指示灯闪亮,说明 O/D 挡已锁止。此时加速能力获得提升,但会增加油耗。

4. 安全带指示灯

该指示灯用来显示安全带是否处于锁止状态，当该灯点亮时，说明安全带没有及时的扣紧。有些车型会有相应的提示音。当安全带被及时扣紧后，该指示灯自动熄灭。

5. 电瓶指示灯

该指示灯用来显示电瓶使用状态。打开钥匙门，车辆开始自检时，该指示灯点亮。启动后自动熄灭。如果启动后电瓶指示灯常亮，说明该电瓶出现了使用问题，需要更换。

6. 机油指示灯

该指示灯用来显示发动机内机油的压力状况。打开钥匙门，车辆开始自检时，指示灯点亮，启动后熄灭。该指示灯常亮，说明该车发动机机油压力低于规定标准，需要维修。

7. 油量指示灯

该指示灯用来显示车辆内储油量的多少，当钥匙门打开，车辆进行自检时，该油亮指示灯会短时间点亮，随后熄灭。如启动后该指示灯点亮，则说明车内油量已不足。

8. 车门指示灯

该指示灯用来显示车辆各车门状况，任意车门未关上，或者未关好，该指示灯都有点亮相应的车门指示灯，提示车主车门未关好，当车门关闭或关好时，相应车门指示灯熄灭。

9. 气囊指示灯

该指示灯用来显示安全气囊的工作状态，当打开钥匙门，车辆开始自检时，该指示灯自动点亮数秒后熄灭，如果常亮，则安全气囊出现故障。

10. 刹车盘指示灯

该指示灯是用来显示车辆刹车盘磨损的状况。一般，该指示灯为熄灭状态，当刹车盘出现故障或磨损过度时，该灯点亮，修复后熄灭。

11. 手刹指示灯

该指示灯用来显示车辆手刹的状态，平时为熄灭状态。当手刹被拉起后，该指示灯自动点亮。手刹被放下时，该指示灯自动熄灭。有的车型在行驶中未放下手刹会伴随有警告音。

12. 水温指示灯

该指示灯用来显示发动机内冷却液的温度，钥匙门打开，车辆自检时，会点亮数秒，后熄灭。水温指示灯常亮，说明冷却液温度超过规定值，需立刻暂停行驶。水温正常后熄灭。

13. 发动机指示灯

该指示灯用来显示车辆发动机的工作状况，当打开钥匙门时，车辆自检时，该指示灯点亮后自动熄灭，如常亮则说明车辆的发动机出现了机械故障，需要维修。

14. 转向灯指示灯

该指示灯是用来显示车辆转向灯所在的位置。通常为熄灭状态。当车主点亮转向灯时，该指示灯会同时点亮相应方向的转向指示灯，转向灯熄灭后，该指示灯自动熄灭。

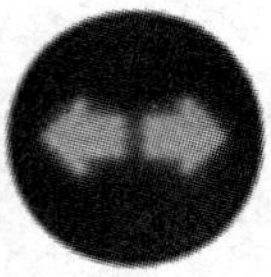

15. 远光指示灯

该指示灯是用来显示车辆远光灯的状态。通常的情况下该指示灯为熄灭状态。当车主点亮远光灯时，该指示灯会同时点亮，以提示车主，车辆的远光灯处于开启状态。

16. 玻璃水指示灯

该指示灯是用来显示车辆所装玻璃清洁液的多少，平时为熄灭状态，该指示灯点亮时，说明车辆所装载玻璃清洁液已不足，需添加玻璃清洁液。添加玻璃清洁液后，指示灯熄灭。

17. 雾灯指示灯

该指示灯是用来显示前后雾灯的工作状况，当前后雾灯点亮时，该指示灯相应的标志就会点亮。关闭雾灯后，相应的指示灯熄灭。

18. 示廓指示灯

该指示灯是用来显示车辆示廓灯的工作状态，平时为熄灭状态，当示廓灯打开时，该指示灯随即点亮。当示廓灯关闭或者关闭示廓灯打开大灯时，该指示灯自动熄灭。

19. 内循环指示灯

该指示灯是用来显示车辆空调系统的工作状态，平时为熄灭状态。当点亮内循环按钮，车辆关闭外循环，空调系统进入内循环状态时，该指示灯自动点亮。内循环关闭时熄灭。

20. VSC 指示灯

该指示灯是用来显示车辆 VSC(电子车身稳定系统)的工作状态,多出现在日系车上。当该指示灯点亮时,说明 VSC 系统已被关闭。

【思考练习】

1. 简述桃木仪表板该如何装饰?
2. 简述仪表板的结构类型。

任务 4　座椅的装饰

【任务导入】

2016 年 12 月 8 日,车主徐先生买了一辆科鲁兹,车子买了没有几天,发现小孩在车上布座椅上弄得很脏,座椅上面很难处理,看到朋友车上的真皮座椅后,心动不已,人家同款高配车上的真皮座椅也显得高大上,并且小孩坐在座椅上面也显得很不安全,于是开始琢磨有没有什么好的方法可以解决这几个问题,那么针对这种情况,我们应该如何处理?

【任务分析】

新车越来越多,针对新车座椅的装饰项目也很多,比如装坐垫,把布座椅直接改装成真皮座椅,添加儿童安全座椅等项目。

【知识要求】

1. 了解汽车座椅的分类。
2. 熟悉汽车真皮座椅的特点。

【能力要求】

1. 掌握汽车真皮的识别方法。
2. 掌握汽车座椅装饰方法。

【相关知识点】

一、汽车座椅的分类

汽车的座椅基本上都是由汽车配件厂专门生产的。座椅的主骨架和形体,一般是按人体工程学原理，以保证乘坐舒适、安全而设计的，其基本结构为复合型。座椅装饰主要集中在座椅的表皮层，主要是对表皮层材料的选用、加工制作。表皮层材料主要用棉毛纺织物、化纤及混纺等纺织物和皮革等。目前，以化纤混纺物和人造革用得最广泛，以真皮装饰最为豪华（图6-13）。

按照座椅表层的材料分类，主要有纺织布料座椅、人造革座椅和真皮座椅；按座椅的使用功能来分类，可分为驾驶员座椅、乘客座椅、儿童座椅三种；按照座椅的结构与车型用途，分为轿车座椅和客车座椅。

图 6-13 汽车座椅

1. 驾驶员座椅

驾驶员座椅安装在驾驶员的座位处。由于驾驶员在开车时必须集中精力，始终注视前方，灵活机动地处理各种交通路况。为了有利于驾驶员的驾车，对座椅的舒适性、方位（高低、前后、左右）的可调整性要求较高。所以，驾驶员座椅总成的结构复杂，性能可靠，调整灵活。多数是电动可调的，又称为电动座椅。

2. 乘员座椅

乘员座椅要求乘坐舒适，这与驾驶员座椅要求一样。但对调整方面无过多要求，一般乘员座椅，只在一些豪华客车上才有角度调整机构，即俯仰角度可在一定范围内调整，以期达到提高乘员舒适性的目的。

3. 儿童座椅

儿童安全座椅是根据体型设计制作的一种专用座椅，汽车安装这种座椅，不仅可使车祸对儿童的伤害降到最低程度，而且为儿童舒适地乘坐和家长精心地照顾提供了便利。儿童座椅在我国的市场中地位还很低。几乎所有发达国家都有相应的法规来规定儿童座椅的使用范围。特别是在瑞典，在 1982 年制定了法规，对 7 岁以下的儿童乘车，车上应有保护儿童的安全装置，目前这种安全装置的使用率已经超过 95％，其中 60％的儿童座椅是面向后的。我国于 1992 年 7 月 1 日立法规定坐在汽车前座的 8 岁以下的儿童，必须使用儿童安全座椅。3 个月

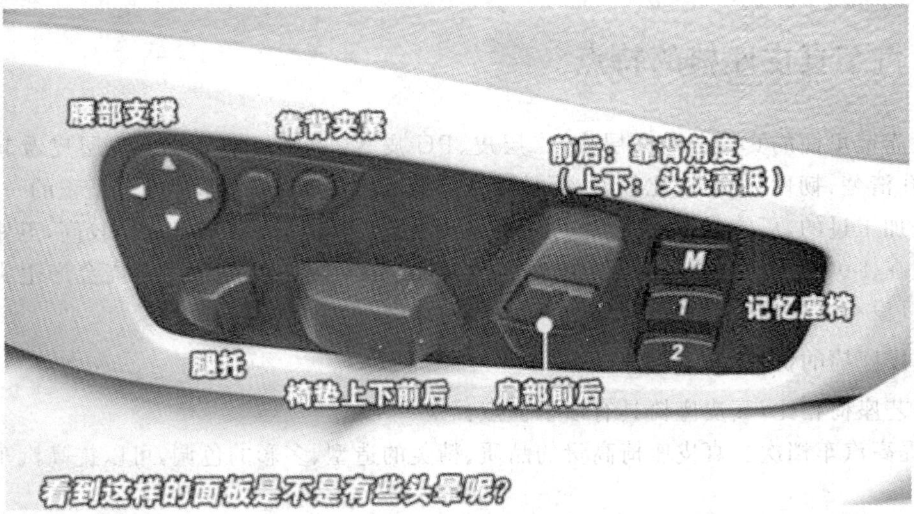

图 6-14　电动座椅

后，法律进一步规定，所有坐在汽车后座的 8 岁以下儿童必须坐在儿童坐垫上，并系好安全带。

儿童座椅的结构和安装方法，也是经过研究和实验来确定的，其安装应该配合儿童身躯的大小，而且应该绑妥在座位上。3 岁以下儿童头部的周长占人身长的 60%，因此头部受力比较大。8 岁以下的儿童脊椎尚不成熟，不能承受和成人相同的安全带强作用力。由上可知，保护儿童在车内不受伤，关键是保护儿童的头部。经研究试验确定，面向后部的儿童专用座椅，能将冲击的力分散到背后，抑制头部的运动，这是目前最好的解决方案。儿童座椅有不同的型号，这是因为在不同的成长期儿童身体的状况不同。1996 年时，瑞典 0～15 岁的儿童 95%乘车时备有安全保护装置，3 岁以下的儿童坐面向后面的专用座椅使轻度受伤的可能性降低 96%（图 6-15）。

图 6-15　儿童座椅

二、汽车真皮座椅的特点

一般店铺里面的真皮分为头层皮、二层皮、PU 皮等，需要仔细分辨。头层皮看起来比较细腻，毛孔清楚，韧性、柔软度比较好，而且整张是椭圆形的，如果是那种方方正正的一整张皮，说明就是加工过的，可能是拼凑的，也可能不是头层皮。而且，头层皮价格比较高，五座的价格至少应该在 4 000 元以上。二层皮肉眼也容易分辨，质感不如头层皮，用火烧会产生头发烧焦的味道，且没有多余的残留物。

1. 真皮座椅的优点

与布艺座椅相比，真皮座椅具有以下优点：

(1)提高汽车档次。真皮座椅高贵的品质、精美的造型、多彩的色调，可以提高汽车配置的档次。

(2)美观耐用。真皮座椅能让汽车在视觉上、触觉上，甚至在味觉上都有一个好的感觉，给汽车增光添彩。同时，真皮结实耐磨，使用寿命长。

(3)利于散热。真皮座椅的散热性比绒布座椅要好，在火热的夏日，真皮座椅只会表面比较热，轻拍几下，热气会很快消散。长时间坐在真皮座椅上时，也会将体热散去，而不像绒皮座椅那么吸热。

(4)便于护理。真皮座椅不像绒布那么容易藏污纳垢，顶多只是灰尘落在座椅的表面，不会堆积在座椅的较深处而不易清理。即使真皮沾上污垢，只要喷上真皮清洗剂，然后用干净毛巾一擦即可。

2. 真皮座椅的缺点

真皮座椅相比布艺座椅也有一些缺点，如容易被尖锐物品刮伤，真皮受热后会出现老化现象而过早失去光泽，在乘坐上比绒布座椅要滑一些。

三、真皮座椅的类型

真皮制品由动物皮革制作，主要有以下几种：黄牛皮革、水牛皮革、猪皮革、羊皮革和马皮革等。这些皮革中唯有牛皮可用于汽车座椅座套。牛皮中以黄牛皮最好，水牛皮次之。牛皮可进行多层分割，最多可分为八层，最外层的为头层皮，质量最好，次之为二层皮，其强度、弹性和透气性都不如头层皮。

牛皮按等级不同可分为 A 级皮、B 级皮、C 级皮。A 级皮为黄牛皮的头层皮，是所有汽车真皮座椅中最为常见的使用材料，表面细腻，手感柔软，几乎看不到毛孔。质地结实又非常具有韧性，因而加工出的座椅极为美观。B 级皮为水牛皮的头层皮，同黄牛皮相比，它的优点是结实耐磨，缺点是不够柔软、手感差、韧性差、表面粗糙、毛孔清晰，加工出的座椅同黄牛皮相比外观稍差。C 级皮为黄牛或水牛的二层皮。

四、真皮座椅的识别

1. 皮质真假的识别

分辨原车皮椅的皮质或改装好的皮质真假，可用以下方法识别。

(1)按压鉴别法。对已做好的座椅，用按压法进行质量鉴别是很有效的。具体方法是：伸出食指，按压在座椅的表面，压住不放手，若是有很多细微的皮纹向手压出延伸，这种现象表明座椅表皮是真皮制作的；如果按压下去以后没有这种效果，就说明座椅的表皮材料不是真皮的，是人造革制作的。

(2)延展性鉴别法。如果是定做装饰，可在制作的装饰店找出制作时的边角料进行检查，如果制作座椅的边角料延展性能很好，还有较好的弹性，即拉扯边角料时，伸展较长，而不用力拉时，它还能缩回去一部分，这种现象表明这种材料是人造革的，而真皮的延展性差，回弹性也差。

(3)燃烧鉴别法。燃烧制作座椅表层的边角料，看其燃烧时的现象。人造革很容易燃烧，而真皮不易燃烧，特别是真牛皮是很难烧着的。

(4)断面形状鉴别法。仔细观察边角料的断面形状，真皮材料的断面表层结构紧密，可见毛孔，内层较粗糙一些，可见一些很细的纤维状的层纹，纤维细绒不易拉出。而人造革，特别是仿皮革，断面整齐，表面层光滑细密，无毛孔，内层也较粗糙，有的纤维用夹子夹住可拉出，比真皮的纤维粗而长，这都是人造革的特征。

在鉴别时，可根据实际情况，综合选用上述方法，一般是能够把假货鉴别出来的。

2. 皮质的档次

(1)看。头层皮皮面光滑，皮质细致，色泽光亮且没有反光感，厚度在 1.0～1.2 mm，且厚薄均匀。如果皮纹不明显，只是异常光滑，则说明皮子在加工过程中进行了磨面处理，或者是用第二层牛皮喷上颜色后压成皮纹制成。

(2)摸。头层皮手感滑爽并有弹性，若皮面发硬或发粘均为劣质皮革。

(3)擦。用潮湿的细纱布在布面上来回擦拭七八次，并看不上是否沾有颜色。若有脱色现象，则不能购买。

(4)拉。用两只手拿住皮子的一角，然后稍用力向两边拉，若皮面出现裂缝或露出浅白的底色，则说明皮子的弹性及染色工艺不过关，也不能购买。

五、儿童座椅

1. 保证儿童的安全

有关交通安全的研究显示，汽车在 48 km/h 的时速下发生碰撞，足以在一个重 7 kg 的婴儿身上产生 140 kg 的前冲力，是一个婴儿体重的 20 倍，其后果可想而知。婴儿即使由系着安全带的成人抱着，也并不安全。在碰撞时所产生的强大冲击力，足以使婴儿从成人手中飞出。若抱着婴儿的成人没有系上安全带，成人极可能与婴儿一起冲向仪表盘或风窗玻璃，从而对婴儿造成伤害。同时，随着安全气囊的不断普及，这对成人起着安全保护作用的设备，却成为可能对儿童造成致命伤害的重要因素。因此,为了孩子的安全,应在车内安装儿童安全座椅。

2. 舒适

儿童因身材矮小,坐在成人座椅上很不舒服。若想靠上座椅后背,则腿不能弯曲;若想让腿能够弯曲,则又靠不上座椅后背,且腿弯曲后脚也不能着地,所以是靠着不舒服,不靠着也不舒服。专门为儿童设计制作的儿童安全座椅较好地解决了这一问题,使儿童乘车舒适快乐。

3. 儿童安全座椅的种类

儿童安全座椅按照安装方向的不同,可分为背向式和前向式两种座椅。

(1)背向式儿童安全座椅。背向式儿童安全座椅是儿童坐上后正面向后的一种座椅。这种座椅油漆适合3岁以下婴儿的使用。3岁以下婴儿的头一般与他们身体其余部分的重量相当,再加上他们柔弱而不稳的脖子,当正面碰撞发生时,如果他们是面向正方而坐,其处境十分危险。有关专家认为,儿童头部的重量被摔向前方,而他的脖子不能承受其力量,其结果会是致命伤或者致残。如果儿童坐在面向后方的座位上则可避免或减轻儿童在交通事故中受到的伤害。

(2)前向式儿童安全座椅。前向式儿童安全座椅是儿童坐上后正面的一种座椅。这种座椅适合3岁以上儿童使用。3岁以上的儿童更喜欢前向式儿童安全座椅,主要是因为坐在前向式儿童安全座椅视觉大为改善,便于欣赏来自大自然的美好景色。

3. 儿童安全座垫

专家认为,背向式儿童安全座椅比前向式儿童安全座椅更安全,但对于3岁以上的儿童坐在面向后方的座位上就不适合了。对此,可以让儿童在一个减压垫和车内配置的标准安全带的帮助下安全地旅行,加上头枕和三点式安全带,这些都为儿童提供了很好地安全保护。该装置有一个独立的、可以与一个特别设计的靠背结合在一起的靠垫,靠垫的主要用途是保证汽车的标准安全带能很好地适应儿童的身体,它特别适用于臀部安全带,该安全带必须足够低,能绕过臀部,使它不会滑过胃部而造成内脏不必要的伤害。儿童安全坐垫可以减少在碰撞中对腹部的伤害,当儿童被垫高后,就可以使用正常安全带,可以保护儿童的胸部和头颈部。事故调查研究组证明,使用安全座垫可将事故危险性降低60%(图6-16)。

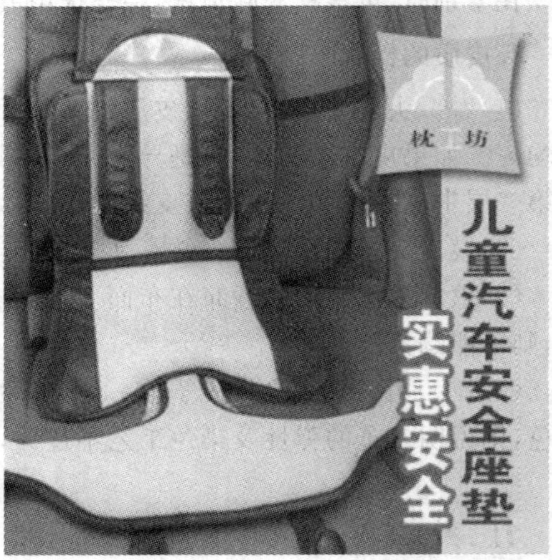

图6-16 儿童安全坐垫

六、汽车座椅的装饰

1. 坐垫

(1)汽车坐垫的功能。坐垫是置于座椅之上,用于提高提高座椅舒适性和耐磨性的一种装饰。

①提高舒适性。柔软的汽车坐垫使身体与座椅更好地贴合,可减缓汽车颠簸产生的震动,减轻旅途疲劳。

②改善透气性。夏季使用的硬塑料或竹制品坐垫具有良好的透气性,给人以凉爽的感觉,有降温消汗的功效。

③增强保健性。汽车保健座垫可通过震动按摩或磁场效应,改善乘员局部的新陈代谢,促进血液循环,消除紧张和疲劳,达到保健的目的。

④方便清洗。汽车坐垫可方便地拆卸和清洗,从而使座椅保持洁净。

(2)坐垫的种类。

①按功用分:汽车坐垫按功用不同可分为保暖坐垫、清凉坐垫、保健坐垫及电热坐垫。

保暖坐垫主要有棉、毛及化纤等材料制成,具有柔软、舒适、韧性强等特点,在冬季使用具有很好的保暖作用。

清凉坐垫主要有竹、木、石、藤及亚麻等材料制成,具有极好的透气性,是高温季节防暑降温的佳品。

保健坐垫是根据人们保健需求制成的高科技产品,当驾乘人员随汽车颠簸振动时可起到自动按摩效果,另外坐垫的磁场效应对人体保健也大有益处。

电热坐垫是在保暖坐垫中加入电加热装置,使坐垫温度升高,保暖效果更佳。

②按制作工艺分:汽车坐垫按制作工艺不同可分为纺织坐垫、编织坐垫及帘式坐垫(图6-17)。

图6-17　汽车坐垫

纺织坐垫主要由棉、麻、毛及化纤等原料经纺织缝纫加工而成。棉麻混纺坐垫具有透气性能优良、韧性强、易于日常清洁护理等特点；棉毛混纺坐垫具有柔软、舒适、透气性能好等特点；化纤混纺坐垫透气性好。价格低，但易于产生静电。

编织坐垫是采用草、麻、藤等原料经编织加工而成。

帘式坐垫一般用硬塑制品或竹制品串联而成，其透气性极佳，适于高温季节或车室空调环境不良的情况下使用。

(3)坐垫的选择。根据气温条件选用。当气温不高时应选用纺织坐垫，利于保温，并提高舒适性；高温季节应选用帘式坐垫，便于降温防暑。

根据汽车档次选用。中高档轿车可选用材质较好的纯毛坐垫或保健坐垫，另外中高档轿车空调效果较好，高温季节也不必使用帘式坐垫，以便提高乘坐的舒适性。

根据座椅结构选用。汽车座椅的大小和外形不尽相同，应选择与座椅配套的坐垫。真皮座椅必须选择有柔软地衬布的坐垫。由于真皮的可塑性较低，当选用清凉坐垫，尤其是高档的串珠坐垫时，应检查坐垫底部衬布是否柔软，否则将使真皮产生凹坑，影响真皮座椅的美观。

3. 枕垫

(1)汽车枕垫是根据需要置于驾乘人员的头、颈、腰等部位，用于改善局部舒适性的一种装饰、其作用主要是对人体的头部、颈部、腰部进行柔性支撑，从而缓解疲劳，增强舒适性，创造良好的乘车环境。

(2)汽车枕垫的种类。汽车枕垫按使用部位的不同分为颈枕(或头枕)和腰枕。颈枕安装在汽车座椅原装头枕上，可缓解驾乘人员头部、颈部的疲劳，舒缓颈部压力；腰枕放置在座椅靠背的下方，用于支撑腰部，使腰部和背部均感到舒适。

(3)汽车枕垫的选用。选用汽车枕垫应根据实际需要，主要是根据驾乘人员坐在座椅上感到某些部分不适时进行选用，同时也要根据驾乘人员的身体状况选用。例如，驾乘人员颈椎不好，可选用颈垫；腰部不好，可选用腰垫。

4. 椅套

(1)椅套的作用。椅套是套在座椅外部的装饰品，其主要作用是：

①保护作用。汽车座椅是驾乘人员在车内接触最多的部件，在汽车行驶中，驾乘人员随车颠簸，与座椅表层发生摩擦，导致表层易于磨损。安装椅套后便可对座椅表层起到保护作用，而且它们制作简单、价格低廉、更换比较方便。

②保洁作用。汽车座椅在使用过程中，经常会沾到汗渍、油渍等污垢，因座椅表层难以拆卸，清洁护理极为不便。椅套具有拆卸方便、换洗容易等特点，可使座椅始终保持洁净。

③装饰作用。加装花色各异的椅套的座椅更加美观、漂亮和个性化。

(2)椅套的选购。选购椅套主要考虑面料、颜色等因素。椅套面料主要有丝绒、平绒、纯棉、混纺等材料。绒布手感顺滑、耐脏、不易变形；棉布透气舒适、健康环保，可根据不同档次的汽车选购。椅套颜色主要根据不同种类的汽车选择，具体选择的方法是：

①私家车。一般的家用车，可选用轻松、休闲设计风格的椅套，色调方面可选择黄色、橙色等。还有一些小型的家庭用车，外观颜色采用粉红、正红、香槟色、绿色等跳跃性颜色，车主可根据自己的个性选择家居味较重的温馨色彩的椅套，也可选用热情的红色或奔放的卡通图案椅套。

②越野车。根据该车型的使用特点，宜选择迷彩图案或抽象图案等设计比较前卫的椅套。

③公务用车。行政、商务等公务用车的车身主要以黑色、灰色、墨绿色的稳重的颜色为主，所以汽车椅套也应以灰色、蓝色或杏色为基调。

④公共用车。出租、旅行、公交等汽车的座椅使用频率高，应选用蓝色、灰色、墨绿色等耐脏的深色。

【任务实施】

一、真皮座椅的制作和安装

1. 拆卸座椅

更换真皮座套，首先须用专用工具将原座椅拆卸下来，取下原来的座套。

【提示】注意拆卸座椅应使用专用工具，因为在汽车在制造中，对座椅的安全性有严格的规定和要求，没有专用的工具很难将座椅拆下。如用非专用工具硬撬猛敲，盲目施工，将造成拆卸部位变形，使用时难以保证原车的安全可靠性。

2. 制版下料

要制作与原座椅配套的牛皮座套先要用原来的座套制版，再根据版形对牛皮进行裁剪。其中制版非常重要，很大程度上决定着真皮座椅套制成后是否得体、美观。

3. 缝纫加工

对裁好的皮料用缝纫机进行缝制，缝制应一次完成，不能修改。否则，皮料上会留下明显的针孔。做工要细，成品表面能看到的只有明线和“合缝”，明线必须横平竖直，“合缝”要在 3 mm 以上。否则，皮套在使用过程中可能由此开裂。

4. 皱折处理

加工时对座椅和靠背部分应进行皱折处理或选用打孔皮革，因为这两个部位在使用中长期受压，一定要预留伸缩量，以确保长期使用而不变形。

5. 座套安装

牛皮座椅制成后，在安装前先在座套下面垫上 12～15 mm 厚的带网底的海绵，再套上座套，将卡钉装上即可。

操作注意事项：

(1)不要划伤或撕裂皮套。

(2)套上后要通过拍打、拉拽将皮套紧贴在座椅上。

(3)固定皮套的卡钉要选择防锈的，卡钉分布的尺寸、松紧要一致。

(4)座椅与靠垫的合缝要对称整齐。

6. 装回座椅

车内的空间有限，座椅的尺寸又较大，且比较重。装回时既要避免划伤椅面，又不能碰到车漆，所以必须按照装回工艺要求去做，否则，稍有不慎，就会前功尽弃。

真皮座椅的制作与安装过程如图 6-18。

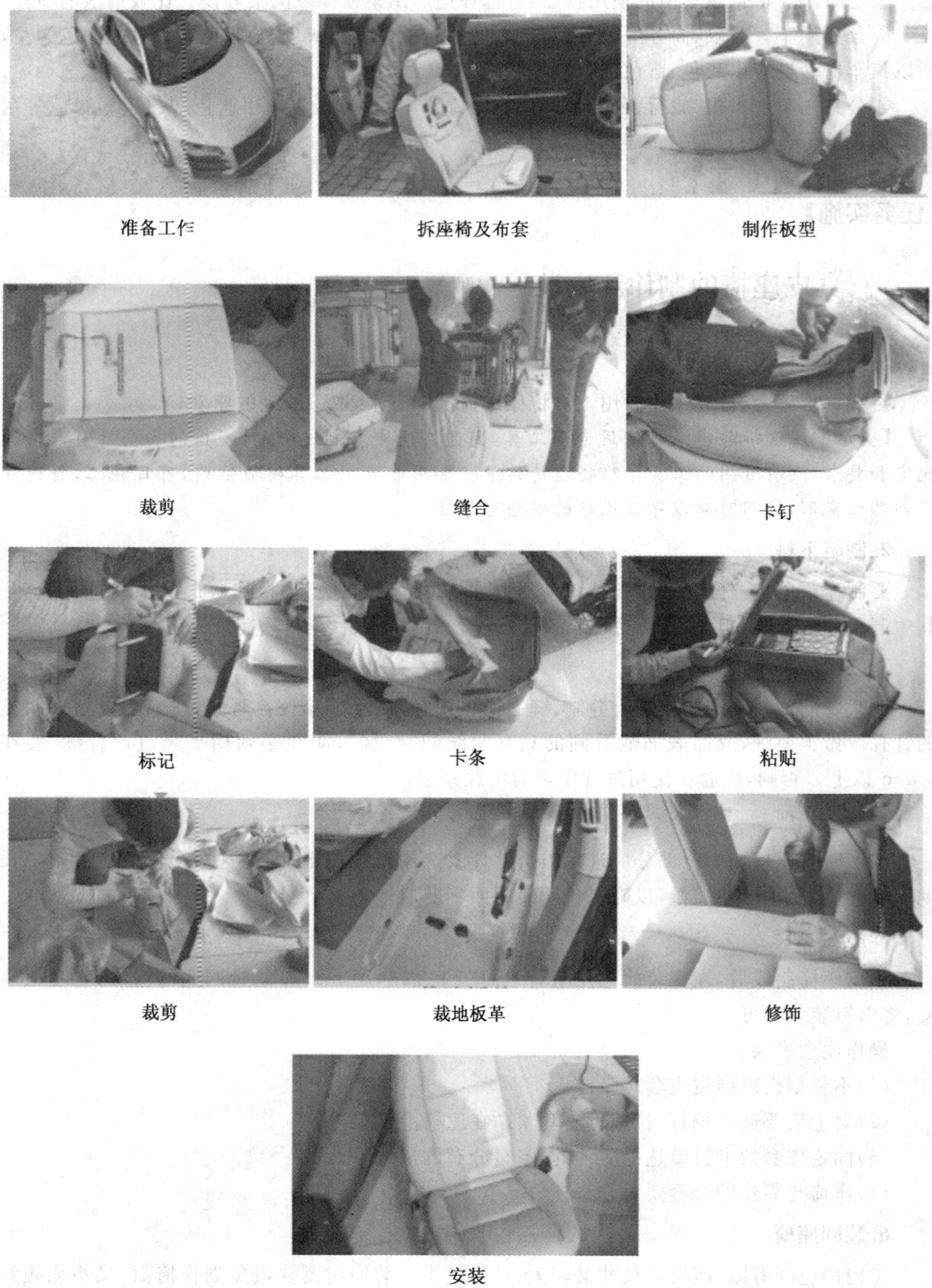

图 6-18　真皮座椅的制作与安装

二、儿童安全座椅的选购与安装

1. 儿童安全座椅的选购

挑选儿童安全座椅时应注意以下两点：

(1)要选择与儿童身材相当的儿童安全座椅。儿童安全座椅有很多种型号，随着儿童的成长，应选择最合适其身高、体重的儿童座椅。一般可分为婴儿、幼儿和儿童3种。

(2)要选择与汽车相配的座椅，这一点非常重要，购买座椅时最好开车前往，当场将座椅安装在汽车上看是否适合。

2. 儿童安全座椅的安装

儿童安全座椅的安装有3种，分别为安全带捆绑法、锁扣法和用固定装置法。

(1)安全带捆绑法安装。安全带捆绑法安装就是利用汽车座椅上的安全带将儿童安全座椅捆绑在汽车座椅上。

(2)锁扣法安装。锁扣是儿童安全座椅上附加的标准化安装装置，它包括3个锁扣和1个系绳。3个锁扣中，其中2个在座位底部，1个在上部。

(3)用固定装置法。为解决儿童安全座椅安装难的问题，沃尔沃公司研制开发了VOLVOISOFLX国际标准固定器。这种装置是儿童安全座椅安装操作变得简单。该产品结构中有一个起支撑作用的框架，该框架把国际标准固定器附件安装在靠背和坐垫之间，框架不需要附加固定装置，在它的椅背上嵌入一个支架以便在车尾发生碰撞时固定框架，框架很容易被附着在汽车两个预备好的金属夹上，当儿童安全座椅安装好了之后会听到“咔嚓”一声。

ISOFIX系统是安装儿童安全座椅的国际标准系统，为了易于安装，轿车应在前排和后排座椅上提供ISOFIX扣锁，以确保正确、快捷地安装和拆卸。我国于2012年7月1日开始实施国家标准GB 27887—2011机动车儿童乘员用约束系统，现在国内所有汽车生产厂家和座椅生产厂家都必须生产符合此标准的儿童安全座椅。

操作注意事项：

(1)儿童安全座椅安装在前排或后排均可，最好是安装在后排座椅上，因为后排乘客的安全系数从统计数据上显示更为安全。

(2)前排乘员座位上的安全气囊在打开时会对儿童造成致命的伤害。因此，当前排乘员座位上安装儿童安全座椅时，一定要将前排成员座位上的安全气囊关掉。

(3)儿童安全座椅安装一定要牢固，安装时要仔细阅读说明书。

(4)安装儿童安全座椅时必须保证安装儿童安全座椅的车座靠背不能放倒。

儿童安全座椅的安装详见图6-19。

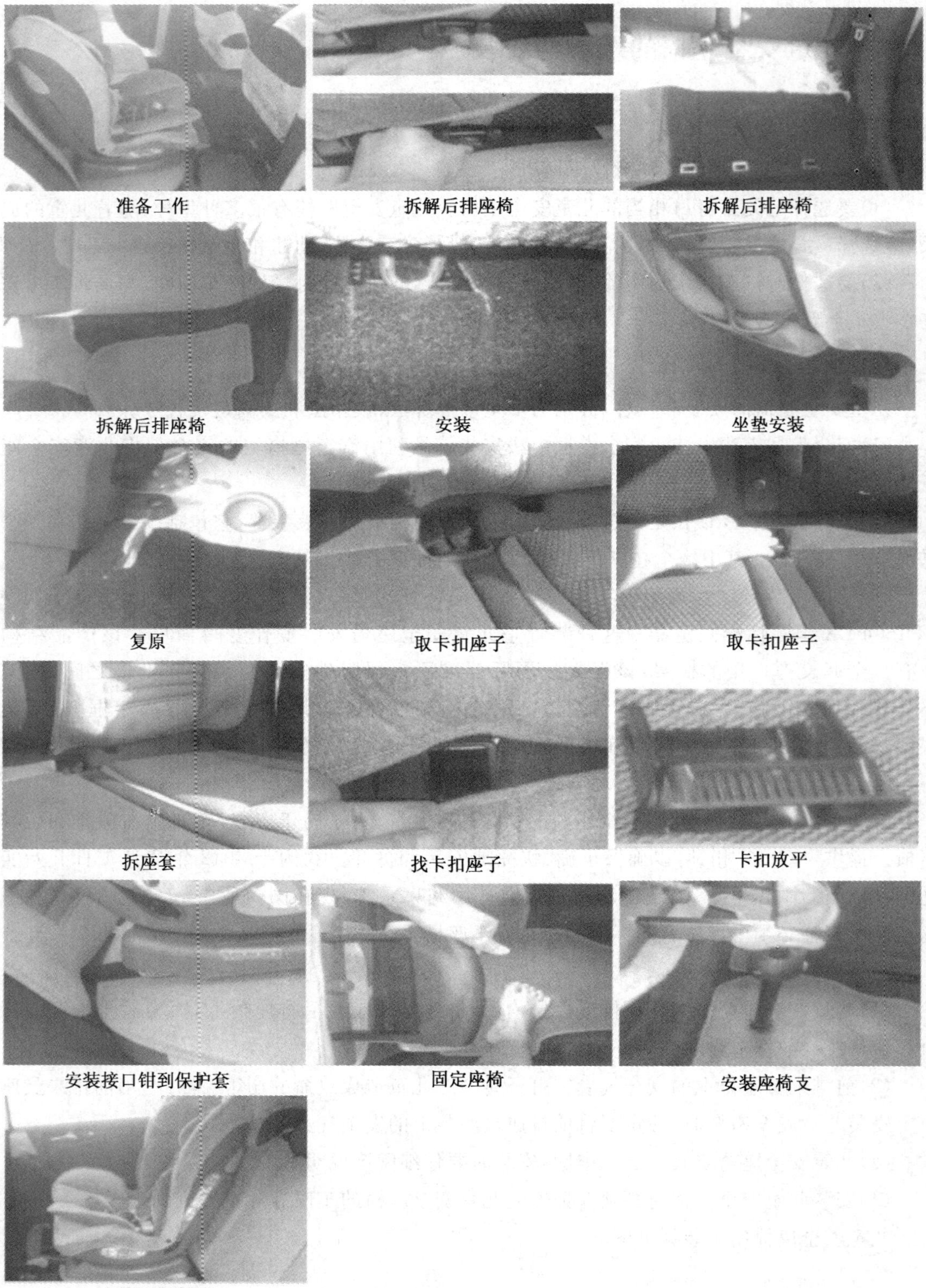

图 6-19 儿童座椅的安装

【知识拓展】

汽车座椅

1. 汽车座椅的组成

以汽车驾驶员座椅为例，其主要由以下零部件组成：坐垫、骨架、靠背骨架、头枕、泡沫、面套、调角器、滑轨、调节机滑轨、调节机构、塑料装饰件。汽车座椅的组成如图6-20所示。

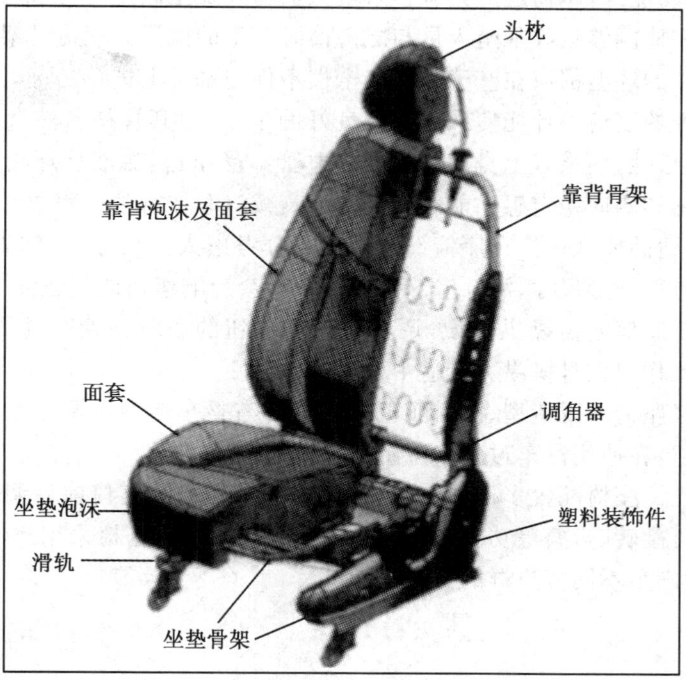

图6-20　汽车座椅组成

2. 座椅的分类

汽车座椅根据其使用位置可分为前排、中排、后排座椅。其中，前排座椅一般为驾驶员座椅和副驾驶员座椅，中排座椅一般分为单人独立座椅、双人连体座椅或4/6分座椅，后排座椅一般为三连体座椅或5/5分座椅。

3. 与座椅相关的国家强制性法规

目前，我国与汽车座椅有关的国家强制性标准主要有：①汽车座椅、座椅固定装置及头枕强度要求和试验方法（GB 15083—2006）②汽车座椅头枕强度要求和试验方法（GB 11550—2009）③汽车安全带安装固定点（GB 14167—2006）；④乘用车正面碰撞的乘员保护（GB 11551—2003）；⑤汽车侧面碰撞的乘员保护（GB 20071—2006）；⑥机动车运行安全技术条件（GB 7258—2004）。

4. 汽车座椅的设计原则

目前，有很多因素都在一定程度上影响着汽车座椅的设计。例如，日益严格的环保法规及车辆安全法规、乘坐人员数量的变化、油价上涨、原材料价格的改变等，但是消费者的需求始终是影响汽车座椅设计的最大因素。消费者对汽车座椅的要求主要有安全性、舒适性、便捷性、环保性和配置的灵活多样性。在这种情况下，设计人员在进行汽车座椅设计时应遵循以下几个原则。

(1)产品安全。座椅作为安全部件，在被动保护中起决定性作用。首先，在发生事故时它要保证乘坐人员处在自身的生存空间之内，并防止其他车载体进入这个空间。其次，要使乘坐人员在事故发生过程中，保持一定的坐姿，以使其他的约束系统能充分发挥其保护效能。除具有防止事故发生的功能外，座椅还应具有在乘坐人员与其发生碰撞时，使乘坐人员的伤害减轻到最低的性能，即座椅能够吸收乘坐人员与之碰撞时产生的能量。座椅骨架结构的设计，调角器、滑轨等核心部件的选型都应在基于满足安全性条件的基础上进行。

(2)舒适。合理的座椅设计能使乘客保持良好的坐姿，使其脊柱自然弯曲，保证合理的体压分布并使其肌肉松弛，使乘客上身通向大腿的血管不受压迫，血液循环正常；并具有腰椎依托感、腰背部贴和感和侧向稳定感。能有效隔离或衰减汽车在行驶过程中产生的振动，满足大多数驾乘者坐姿舒适的要求。汽车座椅设计应该充分考虑人体尺寸、人体重量和乘坐姿势等因素。座椅布置、造型外形尺寸、海绵泡沫的性能等都会影响座椅的舒适性。

(3)操作便利。座椅还需操纵方便，调节手柄和按钮的布置必须在驾乘者伸手可及的位置，并符合常人的操作习惯且操纵力量适中。

(4)造型美观。座椅外观造型、面料颜色和质感要与整车造型协调一致，设计人员要充分考虑和分析驾乘人员在使用汽车过程中各感官知觉的需求。

(5)配置多样性。座椅配置多样性包括座椅功能的多样性(座椅前后调节、上下调节及腰部支撑调节、座椅可翻转、折叠等功能)及座椅形式多样性(后排座椅采用连体座椅或是独立座椅)等，最大限度地满足不同客户群的需求。

【思考练习】

1. 简述汽车座椅真皮的识别方法。
2. 简述汽车座椅的装饰方法。

任务5 地板的装饰

【任务导入】

2016年11月8日，罗田县车主王先生买了一辆丰田卡罗拉，车子买了没有几天，地板上很脏，特别是下雨以后泥巴都粘在地板上了，对于类似汽车地板清洗困难的问题，我们应该如何处理？

【任务分析】

新车越来越多，把爱车送进4S店美容的车主也越来越多，而这些形形色色的美容项目，有的中看不中用，有的非但不中用还会给你的车子造成损害。广大车主们总是爱车心切，养车无方，针对地板很脏不好处理的问题，有的人选择安装全包围脚垫，有人选择铺地胶。有人说铺地胶成本低，好打理，可以防止雨天上车时踩脏地毯，还可以减噪音；有人说装地胶不环保，会释放有毒气体危害人体，另外，夏天潮气大，开空调水分凝结在地胶下，阻止地毯下面的水分挥发，可能会加快底盘生锈。其实凡事有利必有弊。铺不铺地胶完全取决于个人爱好。好多高档车都没铺地胶，选用了高级毛毯。其实，地胶的质量也是有好有坏，价格从一百多元至几百元不等。

【知识要求】

1. 了解汽车地胶的作用。
2. 熟悉汽车脚垫的选用。

【能力要求】

1. 掌握汽车地胶安装步骤。
2. 掌握汽车脚垫安装方法。

【相关知识点】

一、地板装饰材料的选用

新车刚买回来的时候，车室地面一般都是绒面，因此，为了美观或防止弄脏绒面，很多车主都会铺汽车地胶或安装脚垫。地胶或者脚垫尺寸不对的话，下雨天或经过泥泞路面时，很容易通过鞋把大量的水和泥巴、油污带进车内，渗到绒面上去。若长时间不处理，容易滋生细菌和发霉。裸车买回来无论在汽车装饰用品，还是养护方面上的东西还是比较少的，就像新家一样，需要车主根据自己个人喜好而慢慢添置。而车室底面绒面往往比较粗糙，外观形象不好看，而且容易在上面留下划痕或污迹，因此，铺汽车地胶或安装汽车脚垫则显得车内高档很多。

二、铺装汽车地胶

可能很多车主都不太了解地胶，不知道它到底有什么作用。其实，地胶在汽车保养中非常重要，好的地胶能起到隔音、防尘、防水、阻燃防锐器、防磨损的作用，全面保护爱车车底同时，使您爱车清洁时候更简易方便、减弱来自车底噪音、减少车内污染。部分车主认为，给爱车铺地胶只是为了清洁干净，其实铺地胶有很多的好处(图 6-21)。

首先，铺了汽车地胶之后可以隔音，降低和减少驾驶疲劳，舒缓耳鸣。经常开车的人都知道，汽车行驶时会产生噪音，再加上路边的噪音，时间长了，易造成车主疲劳，车主会感到耳鸣、多梦、心慌及烦躁，或直接引起听力下降甚至失聪。而铺了地胶以后可以隔绝噪音，让驾驶成为一种乐趣，也可以保护车主的健康。

其次，从一定意义上讲，铺地胶还省油，因为轿车底部仅一层薄钢板，加大车用空调耗能。铺垫带有隔音棉地胶后，车内隔热(冷)效果显著，降温升温快，所以精明的车主会选择地胶。

普通塑胶脚垫虽然铺设简便，对毛垫有一定保护，但边缘还是很容易进灰，且驾驶座位底下无法提供保护，而且简单铺上去的脚垫也会在车底移动走位不安全，但是地胶并没有这些缺点，并且使用寿命一般为 5～6 年或以上。

图 6-21 汽车地胶

塑胶地板的另一种俗称也叫地胶。汽车地胶是指新车买回来后铺在车底板上的一层用来保护车内卫生清洁的东西，材质不同，做工不同，一般有真皮的、发泡的，还有其他的。分为一体成型地胶、手缝地胶，不同种类地胶各有各的好处。主要是保持车内清洁美观。

地胶的类别：一般来说，地胶分为手缝和成型地胶两种。板型、手工活都好的地胶，能有效防止灰尘和脏物渗入地毡，但防水能力差一些。成型地胶是一次性压制成的，中间无缝，防泄漏性好，但遇凹凸大的车内地面时，铺出的美观性就差一些。一般地胶是用 3 mm 厚的橡胶制品做成的，颜色有灰色、米色、黑色。

有以下种 4 种情况中的任何一种就可考虑铺地胶：

(1)是用车人员不固定的。

(2)搭载乘车人员较多的。

(3)经常出入特殊地点的(如郊区、公园、医院等)。

(4)城市环境卫生条件一般的。

地胶主要功能是便于清洁、防水，至于能否减小噪音那就是心理作用大一点了，一般来说 300 元以下手工胶，700 元左右是整体胶。具体还要根据不同品牌不同规格来定价格。但同时也有人说，汽车地胶并不环保，会释放有毒有害的气体，影响人的身体健康。市场上的地胶质量有好有坏，如果车主一定要给爱车铺地胶，建议选择知名品牌产品。通常好的地胶有原车底盘形状，没有接缝，预留座孔、风口、滑道等，棱角到位、不易断裂、不用胶水粘。材料表面选用纯 PVC，底面选用优质隔音棉：环保、无毒、无味、隔音、防静电、阻燃、易清洗而且做工精细、按装快捷方便、价格合理。好的品牌保质期通常在 5 年以上。

如果车主贪图便宜，铺劣质地胶的话，不仅不会对汽车起到保护作用，反而会使大量水分凝结在地胶下，阻止地毯下面的水分挥发，可能会加快底盘生锈。劣质地胶含有大量的苯等有害物质，对人的身体不好，市场上的地胶有真有假，假的地胶不仅起不到保护汽车的目的，反而会损害爱车，而且有损车主身体健康。那么，如何分辨真伪呢？

(1)看。主要是看地胶的厚度和颜色。好的汽车地胶应该厚度均匀，边缘和中心厚度一致，背面还有一层防潮隔音棉，而且质地均匀、没有色差、表面花纹一致。

(2)摸。看地胶是否柔软,好的汽车地胶有弹性而且撕不烂,柔韧性很好,不仅铺设时比较容易,而且使用寿命也比较长。

(3)闻。好的汽车地胶太阳再晒也无刺激性气味,这样才能保证车内乘员的健康。而假的汽车地胶一开暖气或太阳照晒有刺鼻怪味即甲醛挥发,对车主的健康危害极大,造成严重的伤害。

三、脚垫的装饰

中、高档轿车上都铺有地毯,一旦有脏物,污垢留在上面,难以清理。选择一种防水、易擦洗的脚垫就十分方便。

1. 脚垫的种类

脚垫分为手工和成型脚垫两种。手工脚垫能够有效地防止灰尘和脏物的渗入,但其防水能力较差。成型脚垫是一次性压制而成,中间无缝,防漏性好,且价格低廉,如果原车的地板不平、凹凸较大,则难以达到满意的外观效果。大多的脚垫是橡胶制品,有些气味,颜色较少,用在高档车上觉得档次较低。现在可在车铺中买到小块的家用地毯,感觉也很不错,既显档次,又不算贵。

2. 手工脚垫的制作

首先调整好地毯,把脚垫处的地毯铺平。然后,用粉笔画出需要脚垫保护的区域的边缘。把脚垫和地毯一起拿到缝纫机上,在画出的区域把脚垫缝制到地毯上。也可从地毯上裁剪一块大小合适的小块地毯,经常更换,便于清洗。

【任务实施】

一、地毯装饰

20 世纪 60 年代以前,生产的汽车内饰地毯,都是经过测量、裁剪和缝制而成与汽车地板各式各样的凸起和凹坑相匹配的形状。如今所有生产厂和零配件市场的地毯都是成型的地毯,其形状与汽车地板形状相匹配。

1. 拆除旧地毯

大多数车的地毯很好拆除,从车门框上拆下防磨板,拉出地毯就行了。但也有的车辆须拆下座椅、安全带和松开脚踏板后才能拆下。

拆除时应当注意,不管地毯与何处相连都不要硬拽,先拆下连接件,然后想办法拆下旧地毯,视具体情况而定。

2. 加衬垫

一般车用地毯下面都有衬垫,生产厂和零配件市场的成型地毯背面自带衬垫。对于不带衬垫的地毯必须另行制作衬垫,然后把它粘到地板上。地板的衬垫主要有 3 种:黄麻纤维毡、泡沫和再生材料产品。再生材料是环保型产品,13 mm 厚的泡沫塑料板也很好用,它能形成双向曲面而不会出现折痕；黄麻板隔离性能好，但价格高。

用泡沫塑料制作地毯衬垫，应首先测量地板横向和纵向的尺寸。然后在每个方向上增加20%的余量，按此结果进行剪裁。剪裁完毕后，把泡沫铺好，剪去多余的材料。粘贴时，只要在泡沫的背面和地板上喷些胶，然后按下并粘贴，另一侧，也用同样的方法进行处理。

用黄麻毡和再生材料板制作地板的衬垫，需分几片来做。一片用于曲面的凸起部，两片用在两侧的地板上。对地板表面不平有较大的深坑时，每一个深坑部分需单独进行处理。

在把衬垫平整地与地板贴牢后，就可以测量、剪裁、调整和缝纫地毯了。

3. 地毯的调整与安装

剪裁、调整和安装地毯的工作通常从变速器的隆起部分开始，然后分别向驾驶员一侧和乘客一侧进行。

测量变速器隆起处的面积。纵向尺寸从驾驶室前隔板量到后边座椅的底部，横向尺寸从一侧量到另一侧，并在测量结果上加上 152 mm。测量驾驶员和乘客侧的地板面积时，前后距离也是前到隔板，后到座椅底部。大多数车的座椅不能完全遮住到车门之间的地板，所以此处地毯要一直铺到座椅的后面，也可以另用一小块地毯铺到此处。

从地毯卷上剪下 3 块面料，一定要保证地毯的绒毛倒向一致。首先，将一块地毯放在变速杆的前方，留出足够盖在驾驶室前隔板的余量，使地毯位于中央位置。地毯盖过隆起后，还分别在驾驶员和乘客侧各留有 76 mm 的余量。然后，把紧靠变速杆前方处的地毯对折，用刀片剪开一个开口，大小能使变速杆手柄刚好通过。

把地毯套过变速杆后，在原来的开口的基础上切出放射型开口，使其能套过变速杆的护套。最后剪掉多余的地毯，并把毛边压到护套的下方。

安装离合器外壳凸起部分的地毯要一直延续到仪表板。安装时把地毯在凸起处向右折出一个折痕，从乘客处的底部到驾驶员侧的底部标记出一条折痕。然后，用刀片沿这条线进行切割。

把整块地毯放在缝纫机上，在切口边缘缝制一条镶边，但前边的毛边不要缝制。对一切都满意后，便可粘牢地毯。并把其他的侧片地毯放置好，在前边画一条线。沿 45°角一直剪到凸起处接缝的开始端，把地毯折起，然后沿凸起边缘画线。在切口前把地毯片折起。在背面画出一条线直到地板的前边缘。然后，把地毯取出，沿画出的线修剪地毯的边缘，并进行缝合。然后再粘贴上地毯。在粘贴前，一定要对座椅架和座椅安全带固定架处进行开口。如果没有开口就进行粘贴，很难精确地切割出孔的位置。最后，铺驾驶员处的地毯。驾驶员侧的地毯的裁剪缝制和调整安装与乘客侧地毯的裁剪缝制和调整安装几乎相同。只是在一些老式的汽车上，操纵踏板（如加速踏板、离合器踏板、制动踏板）与地板相连或从地板孔中穿过，这些地方应当对齐并调整好。拆下加速踏板后，在地毯上切出一个和操纵杆相同的小孔，让操纵杆穿过地毯，把踏板安装在地板上。如果踏板穿过地板，必须在每个踏板前面各切出一条长缝。然后，用包边材料把这些切缝边包起来，在拐弯地方应裁剪出剪口，缓解张力。

二、全包围汽车脚垫的安装方法

（1）首先需要知道车型和款式，根据车型选择所需要的全包围脚垫，然后擦拭晾晒一下就可以进行安装（图 6-22）。

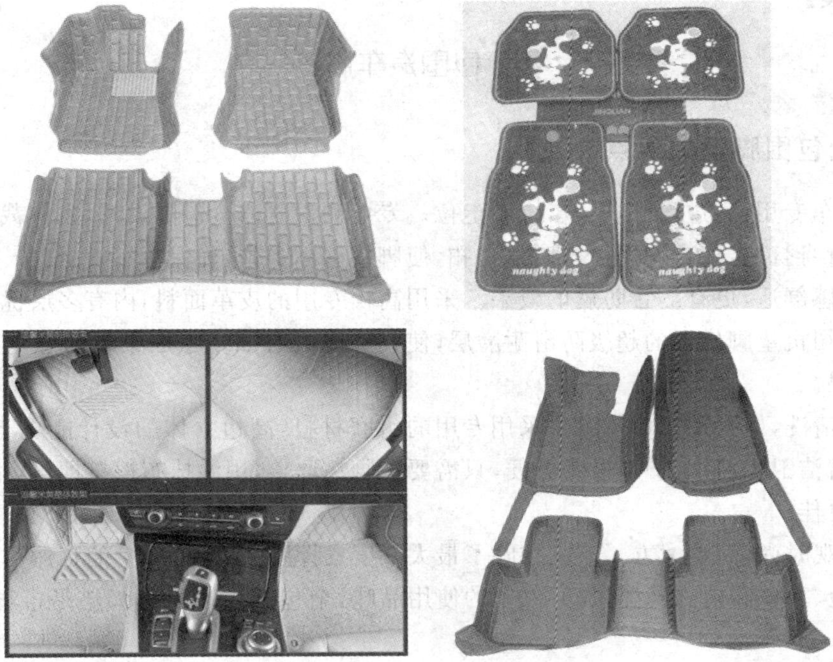

图 6-22　不同种类脚垫

(2)安装方法非常简单,清理一下磨损的旧脚垫,然后进行对脚垫位置进行简单的清理,就可以把新的脚垫放进去。

(3)卡好脚垫上的各个卡扣,固定好,这样一款崭新的汽车脚垫就安装完成了(图 6-23)。

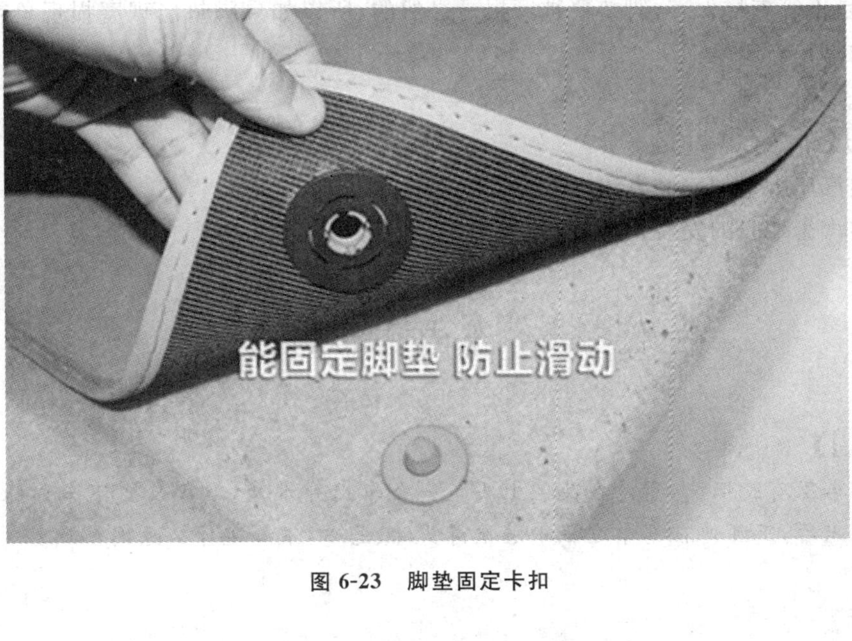

图 6-23　脚垫固定卡扣

【提示】并不是所有的全包围脚垫,就一定要把整个地毯铺满。

【知识拓展】

全包围汽车脚垫

一、全包围脚垫的优点

(1)专车专用,高边设计,安全,永不走位。专业测量立体全包围设计,立体裁剪技术,针对各款车型量身打造,配合专用原车防滑卡扣,使脚垫永不走位,确保行车安全。

(2)脚感舒适,更有隔音防震的效果。采用高档专用的皮革面料,内有多层优质环保、减震隔音材料,司机垫脚位置的超级防滑耐磨层,使脚垫既具有如地毯般柔软的感觉,又起到隔音防震的效果。

(3)易清洗,好打理。皮革脚垫采用专用的耐磨材料,高边立体的设计能更有效的保护原车绒面的清洁卫生,日常护理极为方便,只需要将脚垫取出,用湿抹布擦拭即可,用皮革清洁剂清洗效果更佳。

(4)美观时尚,简洁大方。产品在除了最大限度发挥脚垫防滑、防尘的自然功能之外,彰显脚垫的安全、环保和内饰功能,提升汽车的使用品味,全包围皮革汽车脚垫是市场最好的一款脚垫。

二、全包围汽车脚垫清洁维护

(1)脚垫安装完成之后,就需要对脚垫进行简单的清理和维护。日常的维护方法有很多种,也是比较简单有效的,比如用湿抹布进行简单的擦拭。

(2)如果是阴雨天可以进行简单的晾晒,这样也可以延长脚垫的使用寿命。

(3)但是不管怎样保养,脚垫要被磨损是必然的,所以如果脚垫出现磨损现象就需要及时地更换新的脚垫。

【思考练习】

1. 简述汽车脚垫的安装方法。
2. 简述汽车地胶的安装作用。

任务6 车内香品的选用

【任务导入】

王师傅车里有股烟味,于是在某宝上买了一个车用香水座,准备改变下车内味道,但是买回来放车里以后,王师傅在驾车过程中总觉得头晕、恶心,不知道什么原因?

【任务分析】

时下,许多有车者在汽车内放置汽车专用香水,可一旦使用了劣质香水,就会给驾驶人员和乘车者的身体带来很大伤害。目前,汽车香水在我国还没有专门的工业生产标准,所以市场上的车用香水质量参差不齐。一些劣质产品在剧烈颠簸、爆晒或温差变化大等情况下会发生漏液或爆裂，由于大部分汽车香水都属于化学合成品，因而具有一定的腐蚀性，漏出的液体如不及时清理，车内接触到的地方就会被腐蚀。劣质香水的香精含量很高，香味过于浓郁，长期使用会危害身体健康，出现头晕、咳嗽、恶心等症状，甚至引发更严重的疾病，如导致男性不育、诱发白血病或癌症等。况且，汽车内放置香水、空气清新剂等不但无法改变车内空气污染，反而会造成车内空气污染。所以，选择汽车香水一定要慎重。消除汽车内的异味，最好使用安全有效的活性炭，或者使用空气净化装置。喜欢用香水的车主，最好使用天然原料调配的香水，要注意选择正规厂家的产品，特别是地摊出售的汽车香水要慎重购买；劣质车用香水挥发得快，香气刺鼻，在阳光照射下颜色会逐渐变白，应该注意识别。使用时注意不要把汽车香水放在容易受到日晒的部位尤其是安全气囊的周围，以防发生意外时使香水成为"芬芳杀手"。

【知识要求】

1. 了解汽车香品的选用原则。
2. 熟悉汽车香品的种类。

【能力要求】

掌握汽车香品质量辨别方法。

【相关知识点】

一、车用香品的功能

一款好的汽车香水可以改善车内空气环境的同时能体现汽车主人的气质、品味、风采和文化内涵。车用香品的功用与家居生活用香品比较，车用香品对车主的实用价值似乎更大些。首先车用香品能保持车内空气卫生，起到净化空气、清除异味以及杀灭细菌的作用。车用香品的主要成分是香精，调香师根据车用香品应具备净化空气、杀菌和佢人愉悦的功能，利用天然和合成香料，经反复研究试验调配成香精，再将不同的香精按一定比例加入到基料中，这样就可以使香品散发出各种怡人的香味。而车用香品的抵抗异味、清脑、安神的功效则是通过香品中的种叫酵素的化学成分来最终实现的。车用香品也有利于行车安全。通常由于车内空气混浊，容易使人产生烦躁情绪，这对行车安全极为不利。而车用香品能够营造一个清香宜人的车内空气小环境，具有使人清醒头脑、抗抑郁和镇定安神等功效，能够减少行车事故的发生。增添车内情趣是车用香品又一个吸引人的地方。现在许多车用香品的容器造型都很可爱，除了散发出香味，还是很好的车内装饰品，能活跃车内气氛，提高驾驶乐趣。好的车内香品，就像是一首优美的抒情诗，一段迷人的乐曲，一杯浓郁的香茗。

二、车内异味和污染

1. 车内异味对人体的伤害

车内有异味是经常会有的事情，尤其是新车异味会更大。如旲车主待在有异味的空间时间久了，尤其是新车，容易产生头晕、头疼、恶心、精神不集中等症状，因为新车内的甲醛往往会超标，车主在车内待时间久了就会感觉身体不适，甚至是中毒。那么要怎样去除汽车中的异味呢？

2. 车内的空气污染来源

主要是汽车的内装，像车内使用的真皮、电镀、桃木、油漆和塑料工程等，还有车内使用的地毯、毛垫和顶篷毡等都是有害物质发挥的来源。据说内部装饰豪华的轿车更容易产生污染。

市场的产品除味的方法主要分为两方面。

(1)吸附甲醛，达到降低车内甲醛标准。

(2)用其他的香味掩盖车内的异味，包括香水、水果等。但这两方面的除味方法都只能达到有限的作用，如果把两者结合起来，然后加一定的芳香类中药材，就会达到安神、醒神、抗疲劳的作用。

吸附的产品市场有活性炭、竹炭包等，但是由于活性炭和炭包比较容易饱和，很多人也会使用玛雅蓝材料，而玛雅蓝材料成本价太高，一般所采取的产品是活性炭。增香的产品市场有香水和空气清新剂等，但香水只是用气味遮盖住了车内的味道，很多香水空气清新剂有很多对人体有害的物质，可采用的是具有芳香性的中药材，既能增加车内的香味，又能起到醒神、抗疲劳等作用。

三、车用香品的种类

在行车途中，保持车内空气清新很重要。高品位的汽车香水能为您的爱车增光添彩，也让车内的您享受到香的乐趣与美的熏陶。现代人越来越注重生活品位与个性，许多车主朋友都愿意在车内放置汽车香水，汽车香水的个性造型也可装扮爱车，同时充满别样感受的香水味道还能让生活变得更有品位和情趣，可谓一举多得。

目前市场上常用的汽车香水主要分为气雾型、液体型和固体型 3 种(图 6-24)。

液态香品　固态香品　喷雾香品　自然散发香品

图 6-24　各类香品

气雾型车用香水主要由香精、溶剂和喷射剂组成，又可分为干雾型、湿雾型等多个品种。这种香水里除臭剂可以覆盖车内某些特殊异味，比如行李箱味、烟草味、鱼腥味以及小动物体毛味等。也就是我们大家都比较熟悉的空气清新剂。

液体型汽车香水在车用香品中是最常见的，使用的人也比较多。它是由香精与挥发性溶剂混合而成，然后盛放在各种各样独具艺术造型的容器中。一般采用毛毡条或滤纸条等作为挥发体插入液体芳香剂的容器中，用来将液体吸上来挥发散香。

固体型汽车香水主要是将香精与一些材料混合，然后加压成型，见得最多的就是香膏和香珠。另外，还有一些利用芳香材料制成的车内用品，比如香味织物制成的香花、用香味陶瓷制成的艺术台笔等。其中作为汽车香水的主要成分香精，又分为柠檬香、苹果香、茉莉香、薄荷香、松木香等多种香型。车主朋友们可以根据自身的性别、喜好、性格和使用汽车香水目的的不同来选择。比如，男士就适合古龙香、琥珀香，典雅清淡的香味尽显绅士风范，品位卓然。而女士则适合柠檬香、茉莉香等果香和花香味道，甜美的气息更增添了几分柔美淑女或大家闺秀的气息。

总之车主应根据自己的爱好和爱车空间、内饰、色调特点，选一款心仪的汽车香水。不要一味追求外观的个性化，否则会显得过于突兀而丧失品位。

四、车用香品的香型与颜色关系

对于香型的选择，往往能体现出车主的喜好。车用香品的香型与颜色是有关联的。所以，选择香型只要看颜色就可以了，淡蓝色或淡绿色为薄荷香型，绿色为松木香型，紫色为葡萄香型，乳白色为茉莉香型，橘红色香为樱桃香型。

五、车用香品的选用及使用注意事项

选择车内香品，除了依据个人喜好之外，还应该考虑以下几个因素。

1. 车主工作性质

如果是工作高度紧张刺激的车主，驾车时应保持一种平稳的心态，可以选用镇定功效较好的香型，如清甜的鲜花香味，清凉的药草香味，宜人的琥珀香味等；对于工作环境较安静、工作性质较单调的车主，可以选用柠檬果香味，或者选用可以舒活神经的薄荷香味。

2. 车主个人习性

如果车主喜欢吸烟，可以选用浓郁的药草香味、清鲜的绿茶香味、甜润的苹果香味等，它们可以有效地去除烟草中的刺激气味，最好不要选择气雾型香品，因为这种香品容易着火。

3. 气候因素

冬季和夏季使用空调较频繁，应选用挥发性强的车用香品，以便有效地去除空调异味。对于喜欢自驾游的车主，在长途旅行前，特别是在容易打瞌睡的春天，应尽量避免选择甜蜜的、让人易产生睡意的一些香型。夏天车内的香品味道不要太浓烈，由于香水挥发快，热天可选择清淡的气味，以免产生刺激性。冬天可以考虑选择提神醒脑的香型。有一些比较另类的香味，如能让人感觉到森林气息的檀木香味，它散发木质香气，一般松柏等植物的根和茎所发出的香气持久而含蓄，还有一种清雅透明呈空灵韵味的海洋系列，国外有的香水甚至能调出让你从香水中体味出速度和危险的气韵。

车用香品使用注意事项：

(1)汽车内饰的汽车香水一般都要到专业的香水柜台去购买，不要买你直接闻到的那种，而是要闻已经喷在皮草或纸片上的味道来决定需要的香型。如果你是私家车主的话，推荐橘香型的香水，这款香水可以提神。

(2)车用香品有的是为了消除异味，有的是为了让大脑清醒，而有的是为了保持心情愉快。如果想提醒驾驶者在驾车时保持一种平衡的心态，不妨挑选一款具有镇定功效的香型，如清凉的药草香味、宜人的古龙香味、薄荷味、果香味、清甜的鲜花香味，这些味道都能使人神清气爽。

(3)和日常用在身体的香水一样，汽车内饰的汽车香水也可分男女之别。女士比较适宜柠檬香、苹果香的香品；男士较为适合自然香、古龙香、琥珀香的味道，这些都是开车时比较容易接受的味道。

(4)不同季节也要选择不同香水。另外，如果你的车内经常开空调，那么，最好选择具有较强挥发性的车用香品，以便及时去除空调带来的异味。

(5)尽量少用含酒精的香水，如对某款含酒精的香水情有独钟，可以随身携带在身上，在上车时候少量喷一点在车上就可以，量少的话还是可以使用的。

(6)每次加汽车香水时不要太多，够用就可以。

(7)及时清理汽车香水座中的残留物，精油类香水用久了会在瓶底形成一层油腻性残留物，要及时清理。

(8)一定使用正规厂家的产品。

【任务实施】

车用香水种类繁多，如图 6-25 所示。

图 6-25　车用香水

选择一款品质优秀的汽车香水才是最重要的，劣质的汽车香水危害多多，下面我们就来看看香港以诺国际集团为我们分析的劣质汽车香水的危害：

(1)首先从外包装上看，劣质汽车香水假厂名、假地址和假生产日期及生产批号的“三假”汽车香水，外包装做工粗糙，相关信息不全，比较含糊。

(2)劣质汽车香水中的酒精和化学香精含量都比较高，香味过于浓重。劣质汽车香水都是用工业酒精勾兑的汽车香水，不仅达不到提神醒脑、净化空气的作用，还会污染车内空气，甚至会影响健康，会对人体产生头晕、恶心等不良影响，引发疾病，长时间会对人的危害更为严重。

(3)劣质汽车香水的工业酒精含量达 75%以上，另外含有麝香、柠檬香油等几种香料成分组成。国家质监管理总局有明确的规定香水生产行业是禁止使用工业酒精，因为工业酒精中含有大量对人体有害的物质。

(4)劣质汽车香水不但挥发快，且香气刺鼻，在阳光的暴晒下容易出现漏液现象，颜色会逐渐成为白色或其他颜色。

(5)劣质汽车香水容易泄漏，且泄漏的香水对仪表台等内饰损伤也很大。

(6)劣质汽车香水在市场销售往往都是比较便宜，在有些爱车朋友不明的情况下，很容易购买到劣质汽车香水，在此提示各位爱车一族的朋友们，选择汽车香水一定要认清正规厂家生产的汽车香水。

【知识拓展】

汽车内饰的汽车香水市场调查

近日，记者走访了位于一些汽配城，市场内凡是有经营汽车内饰的汽车香水的店铺均把香水柜台摆放在最显眼的位置。据观察，市场中，价格在 50～100 元左右的车用香水占多数。在这种香水包装盒上，很难发现带有中文标识的相关介绍，且包装粗糙。据经营者介绍，售价 100 元左右的香水最好卖。同时保证所售香水都为正品，消费者可放心使用。深入了解后发现，实际情况并非如此。“车用香水放在柜台最显眼的位置，是因为香水的利润高。”一名知情者告诉记者。据了解，售价 100 元的“法国车用香水”进货价不会高于 20 元，而低价通常代表着劣质。这些劣质香水，多数都是用化学香料、工业酒精等勾兑而成。即使香水包装上标明含有“天然花香成分”，也不一定是植物香精。这些化学香料含有芳香族苯环化合物，伴随酒精挥发出来，对人体器官特别是呼吸系统产生刺激，使车内人员出现咳嗽、头晕、呕吐等症状，既有害身体健康，又影响驾驶安全。如果长期使用，还可能会造成嗅觉迟钝、视力减弱，甚至成为致癌诱因。同时，一些劣质香水还含有让香味持久的磷苯二甲酸酯，这种化学物质会导致精子活动力变低、乃至死亡，目前已经成为导致男性精子死亡的一大杀手。目前欧盟已禁止在香水等化妆品中使用此物质，但在国内市场，这种物质在一些车用香水中的使用却很普遍。

【思考练习】

1. 简述汽车香品的选用原则。

2. 简述汽车香品好坏的辨别方法。

任务 7 倒车雷达的选用与加装

【任务导入】

2016 年 12 月 12 日，湖北黄冈的姜先生买了一辆低配丰田威驰，本来是刚拿的驾照，倒车不是很熟练总是不能很好地判断车子离障碍物的距离，所以想安装倒车雷达，那么该如何进行选择呢？

【任务分析】

倒车雷达，又称泊车辅助系统，或称倒车电脑警示系统。它是汽车泊车或者倒车时的安全辅助装置，倒车雷达由组成超声波传感器(俗称探头)、控制器和显示器(或蜂鸣器)等部分组成。它能以声音或者更为直观地显示告知驾驶员周围障碍物的情况，解除了驾驶员泊车、倒车和启动车辆时前后左右探视所引起的困扰，并帮助驾驶员扫除了视野死角和视线模糊的缺陷，提高驾驶的安全性。

【知识要求】

1. 了解汽车倒车雷达的作用。
2. 熟悉汽车倒车雷达的种类及其选购。

【能力要求】

掌握安装汽车倒车雷达的流程。

【相关知识点】

一、倒车雷达的种类

1. 按显示类型分

常见的有 LED 显示屏、LCD 显示屏、后视镜式，还有无屏的、纯喇叭发声报警的倒车雷达。

2. 按报警类型分

目前市面上的主要有真人语音提醒和蜂鸣报警。

3. 按探头个数分

一般小车都是装 4 探头较多，也有安装 6、8 探头的。对于新手车主来说，前面可能也需要探头，那么可以考虑 6 个或 8 个探头的倒车雷达。当然很多款式，都支持个数配备，由车主自己选择。不过要注意，探头不同种类的款式，主机也不一样，并不通用。

4. 线束长短

普通小汽车一般显示屏(或发声喇叭)选 6 m,探头选 2.5 m 就可以了,对于大货车,或超长的商务车,可以考虑选择 6 m 长的线。

目前市场上的倒车雷达品牌可谓是种类繁多、鱼龙混杂,有铁将军、北华三松、固地、博视、奇真、台湾俊邦、豪迪等几十种品牌,价格也是几百、上千元不等,有些厂家还根据车型的不同,设计专用的倒车雷达。

二、倒车雷达的功能

一般倒车雷达可具有以下功能:

(1)雷达测距。嵌入式雷达测距,数码显示,使泊车更容易、更安全。

(2)语音报距。能及时报出与障碍物之间的距离。

(3)和弦警示音。根据不同的距离发出不同的警示音。

(4)车载免提。开车打手机,不用拿手机,即可完成通话。

(5)录/放音通话时,可随时录下谈话的重要内容,免去找纸、笔之麻烦。

三、倒车雷达的选购

现在市场上的倒车雷达品牌多达 20 多种,探头有单个或多个的,也有前后多探头的;有单用声音缓急提示的,也有声音外带数字显示距离的;有国产的,也有进口的,价格也相差很大,在 100～2 000 元之间,产品规格与种类林林总总,令消费者无所适从,而且有的产品与车型有一定的匹配适应性,选配不当会影响使用效果,因此车主一定要结合自己的汽车实际情况进行选购(图 6-26)。

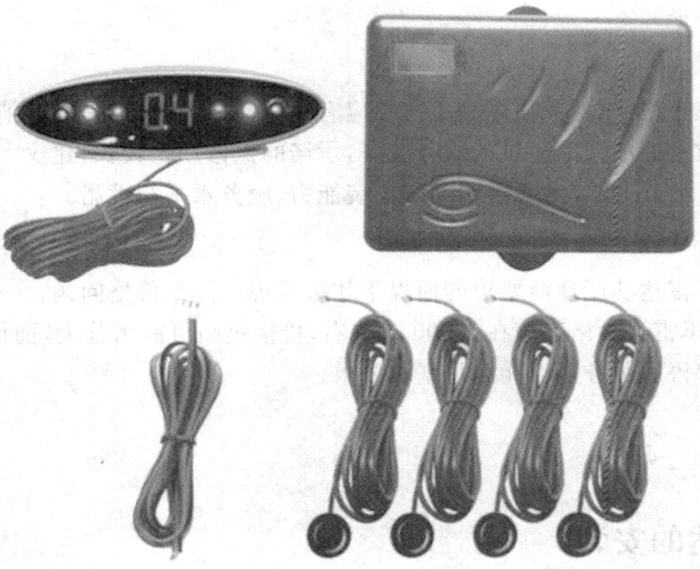

图 6-26 倒车雷达

1. 看功能

功能较齐全的倒车雷达应该具备距离显示、声响报警、区域警示和方位指示，有些产品还具备开机自检功能。

2. 看性能

性能主要从探测范围、准确性、显示稳定性和捕捉目标速度来考虑。

(1)探测范围。大多数产品范围在0.4～1.5 m，好的产品能达到0.35～2.5 m。范围宽的倒车雷达倒车时能提前测到目标，而过度的要求最小控测距离是没有意义的，因为实际使用时必须充分考虑汽车制动时的惯性因素。

(2)控测准确性。主要看两个方面：一是看显示的分辨率，一般产品为10 cm而好的产品能达到1 cm；二是要看探测误差，即显示距离与实际距离之间的误差，可以用直径10 cm的管子，放在1 m左右的位置上进行比较，好产品的探测误差应低于3 cm。

(3)显示稳定性。显示稳定性是指在障碍物反射面不太好的情况下，能否始终捕捉到并稳定地显示出障碍物的距离。

(4)捕捉目标速度。捕捉目标速度反映倒车雷达对移动物体的捕捉能力。这对于避免类似儿童或骑车人从车后突然穿过引起的碰撞事故尤为重要。倒车雷达性能方面总的要求是：测得准、测得稳、范围宽和捕捉速度快。

3. 看外观工艺

作为汽车的内外装饰件，要考虑显示器和传感器安装后是否美观，与车是否协调。从传感器外形看，可以选择纽扣式和融合式两种：纽扣式的传感器表面是平的，融合式传感器表面是有造型变化的，与后保险杠自然过渡。从尺寸上看，有超小型的、中型的和较大尺寸的。尺寸大的比较大气，小的比较隐蔽，主要取决于车后保险杠的大小和个人偏好。从颜色上看，应选择与汽车后保险杠相同或相近的颜色，否则两者颜色差异过大，安装后会使汽车颜色显得不协调。显示器应根据驾驶者的倒车习惯选用前置式或后置式，以清晰、美观为标准，有的产品可以同时使用两个显示器。

4. 看质量

倒车雷达作为汽车用品，对其质量和可靠性应有比较高的要求，但是一般消费者很难对该项指标做出判定。质量好的产品提供的服务较好，承诺的保修期比较长，建议大家选择保修期限2年以上的产品。另外，还要考虑经销商的安装能力、服务水平与承诺。

5. 看价格

建议在满足倒车雷达功能性能要求的前提下才去考虑产品的价格问题。一套配有4路传感器、性价比高的倒车雷达价格应该在1 000元左右，价格过高可能水分大，而价格过低，则需要注意产品的质量和售后服务是否能满足基本要求。

【任务实施】

一、倒车雷达的安装

安装方式有以下几种：

1. 黏附式安装

它仅限于具有粘贴性探头的报警器，这种方法无须在车体上开孔，只将报警器粘贴在适当位置即可，这种报警器一般安装在尾灯附近或行李箱门边。

具体的安装方法是：

(1)将附带橡胶圈套在感应器(探头)上，引线向下并与地面垂直。

(2)确定感应器(探头)安装位置。

(3)将感应器(探头)沿垂直方向贴合。

(4)用电吹风将双面贴加热，然后撕去面纸，贴到确定部位。

(5)将报警器的闪光指示灯安装在易被司机视线捕捉的仪表台上。

(6)将控制盒安装在不热、不潮和无水的行李箱侧面。

(7)将蜂鸣器安装在后风挡玻璃前的平台上。

(8)将感应器(探头)屏蔽线隐蔽铺设，以防压扁、刺穿，并起到美观的效果。缺点就是容易掉落。

安装步骤：

(1)将附带橡胶圈套在感应器(探头)上，引线向下并与地面垂直，探头一般不安装在汽车最尾部，以免撞坏。

(2)确定传感器(探头)安装位置，侧视90°应无障碍物，则会影响探测结果产生误报警。

(3)传感器贴合必须选择垂直方向，向上或向下均会影响使用。

(4)用电吹风将双面贴加热，然后撕去面纸，贴到确定部位，48 h后便可以达到最佳贴合效果。

(5)报警器的闪光指示灯应安装在仪表台易被司机视线捕捉的位置。

(6)控制盒安装在安全、不热、不潮湿和不溅水的位置，通常将其安装在行李箱侧面。

(7)蜂鸣器一般安装在后风挡玻璃前的平台上。

(8)传感器屏蔽线应防止压扁或刺穿，且要隐蔽铺设，以求美观。

2. 开孔式安装

它适用于具有开孔式探头的报警器，探头安装在汽车尾部或保险杠上，其他部件的安装方式与黏附式安装相同。现今市面上销售的倒车雷达都会配备有专用钻头。

安装步骤：

(1)在车尾或保险杠上开孔。

(2)将胶套安装在已打好的孔内。

(3)将已接好的探头从基材背面安装在探头胶套上。

(4)将探头喷涂成与车身或保险相配的颜色。

安装数量：

按车型和驾驶技术定探头数。倒车雷达的作用是利用超声波探测车后障碍物，并测出该障碍物的距离与方位，以达到安全倒车的目的。所以探头的多少直接关系到探测的精准度。一般倒车雷达安装2～8个探头。探头并非越多越好，而是要根据不同需要选择。

首先，如果是两厢车或紧凑型车，车身比较短小，探头就可以少装(2～4个)。但即使是小车，如果车头较长或车头倾斜较严重，比较难以目测到，像甲壳虫，还是需要在车头多安几个探头。

其次，如果是中高级车，车身较大、较长的，以安装 6 个探头最为合适。

再次，轿跑车或跑车类，则都需要安装全方位的 8 个探头。

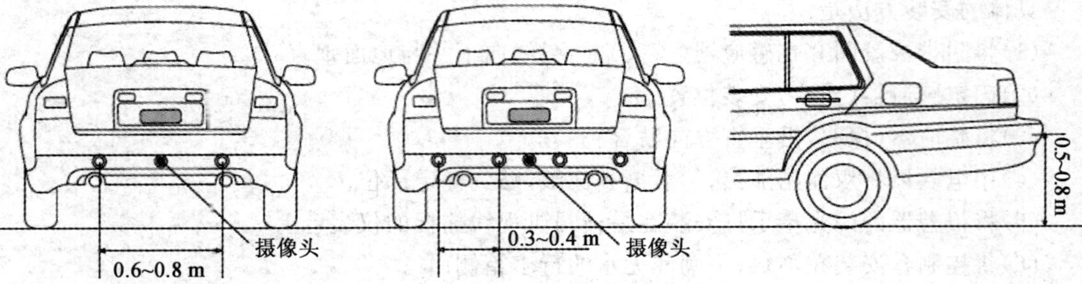

图 6-27　探头安装图(两探头最佳安装位置、四探头最佳安装位置安装高度)

安装位置：

倒车雷达的安装位置多半在仪表台或后视镜上。在仪表台上的倒车雷达，宜选择可视的类型，最好是能够实景显现的，因为一般人很难同时兼顾仪表台和后视镜。同理，另一种倒车雷达，只有车型或距离数显示，就最好安装在后视镜上。综合上述两种类型，专家建议使用智能后视镜式的倒车雷达，即安装在后视镜上的可视倒车雷达，这比抽象的车身图案更直观。

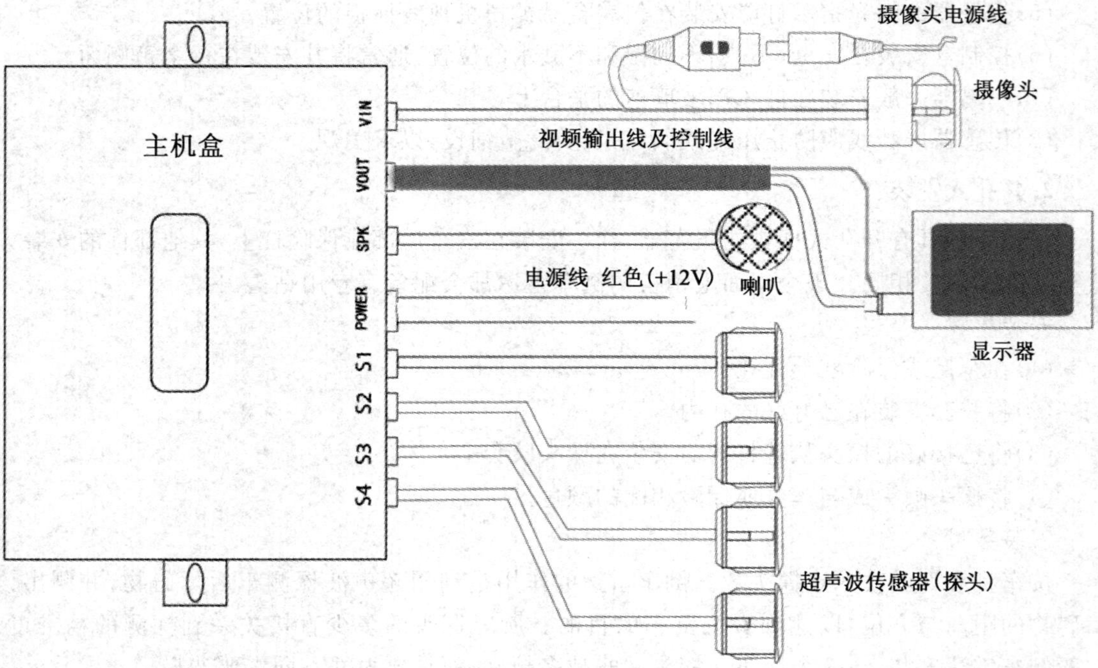

图 6-28　安装原理图

3. 倒车雷达安装注意事项

(1)倒车雷达的探头应该与主机盒上插孔一一对应,不能插错,否则可能引起非正常报警。

(2)探头、喇叭、摄像头、视频输出等线材严禁重压,防止断裂或者短路;探头安装不能过紧。

(3)应保持倒车雷达在一个干扰较低的位置,否则可能引起探测不灵敏或者不能正常工作。

(4)探头应保持干净状态,冰雪或者泥巴等物体附着会影响工作。

探头安装原理示意图及安装位置见图6-27至图6-30。

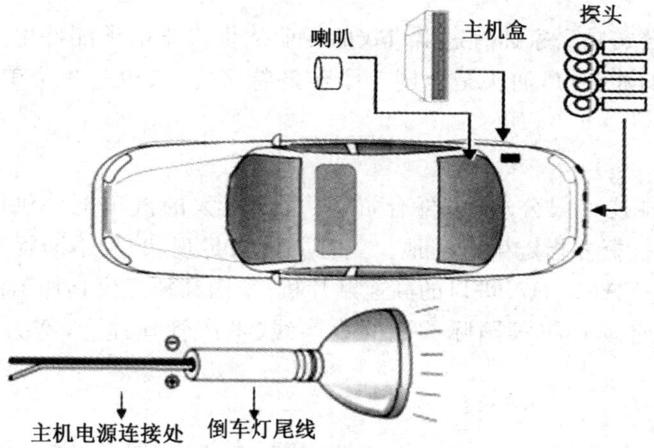

图6-29　安装位置

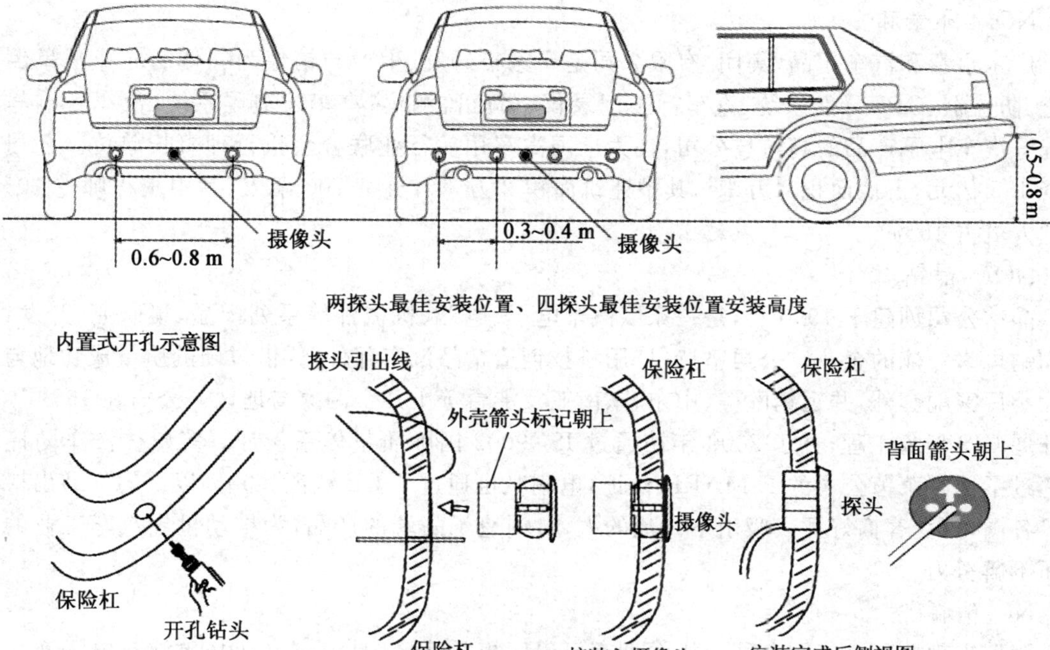

图6-30　探头安装图

【知识拓展】

十大高端雷达品牌排行榜

随着城市经济飞速发展，客流量的增加、交通运输车辆的不断增多，会车、倒车很难前后相顾，由于倒车造成财产损失和人员伤亡的事故时有发生，已引起了社会和交通部门的高度重视，驾驶人员也越来越需要安全、便捷的驾驶环境。倒车雷达的加装可以解决驾驶人员的后顾之忧，大大降低了交通事故的发生。哪些雷达是真正的群众使用后的口碑产品，下面为大家来盘点一下。

NO.1 元润

元润电子有限公司是一家拥有进出口权的专业从事汽车电子配件生产的公司，公司位于中国广东省东南部的汕头市，汕头是全国5个经济特区之一；也是一个美丽的沿海开放港口城市。

NO.2 英智

英智汽车电子科技有限公司（中外合资）系全球最大的汽车配件供应商之一——巴西EAE汽车配件集团投资并指定生产基地。英智并没满足现状，仍不断提升生产能力，技术水平，并通过引进日本YAMAHA进口的高速贴片机；德国高精度模具加工设备；日本人ICT在线检测仪及波峰全自动焊机等国际一流的生产线、生产管理理念，努力构建世界级的生产基地。

NO.3 艾奇亚

宁波雷顿科技有限公司是专业生产汽车防盗器、中控锁、倒车雷达、继电器、双向防盗器，该公司于2003年通过ISO9001，于2004年通过TS16949，专业出口，主要是与国外的车厂配套。

NO.4 永泰和

广东永泰和汽车用品(集团)有限公司是一家集研发、生产与销售为一体的专业从事倒车雷达、防盗器、GPS导航系统、汽车行驶记录仪、胎压监测仪、汽车防追尾系统、汽车音响静音系统等汽车电子产品的高科技公司，现为全国汽车用品行业联合会执行理事长单位。公司总投资1.5亿元，占地面积3万$米^2$，其中建筑面积2万$米^2$，员工700余人（其中工程师占10%，管理人员占15%）。

NO.5 晶钻

晶钻公司创建于1990年，是一家以汽车电子、电器、机械件等系列产品，集研究、开发、生产和销售为一体的企业。公司坚持以"用科技创造精品汽车部件"凭借过硬的质量成功地与国内大小厂家配套外，并远销欧美、中东、东南亚及港台等十几个国家与地区。公司在1999年全面开展CIS形象工程，并于2000年初通过ISO9002国际质量体系认证。多媒体汽车防撞雷达通过了德国莱茵公司的E-MARK认证，电喇叭也通过了CE认证。90%以上的产品出口到世界各国，深受客商好评。吸引了一流的人才，创造了高端的产品，为推动世界汽车工业的发展而不懈努力。

NO.6 瑞路

深圳市瑞路科技有限公司位于深圳市福田区梅林片区，是一家专业从事汽车电子产品研发、生产和销售的高科技公司。经过多年的发展，逐步形成了倒车雷达、车载防盗器、GPS超速预警器、车载 MP3 音频转换器、导航仪等几个产品系列，迅速成长为汽车电子行业的一支生力军。

NO. 7 赢时通

深圳市赢时通电子有限公司是集开发、生产及销售于一体的高科技民营公司。公司所涉及的领域：汽车电子。主要经营产品包括：汽车倒车雷达、汽车车载 DVD、汽车通讯产品——蓝牙车载免提可(后)视镜、汽车防盗器(油路防盗器)汽车轮胎气压/温度检测系统，产品销往全球各地。

NO. 8 PLC

PLC 专业集团成立于 1985 年，总部座落在美丽的香江之滨——香港。集团成立后，在中国大陆富饶的珠三角中山市投资 5 000 万元兴办了汽车电子防盗、照明灯具、家庭电子防盗锁三个大型专业生产基地，是年生产总值超亿元的集团化企业。贝奥斯金属制品有限公司隶属集团企业之一，是一家集研发、制造、销售、服务为一体的专业汽车防盗报警系统的生产厂商。

NO. 9 德首

“DESO”倒车雷达是汽车倒车电脑警示系统，采用超声波策距原理和数据模糊处理技术，在汽车倒车过程中能自动探测车后障碍物距离，并以距离显示、声响振警、区域警示和方位指标等四种方式提示障碍物的位置信息。让您可以掌握倒车时的距离，对碰撞事故防患于未然。

NO. 10 红蝙蝠

铁将军汽车电子厚积薄发铁将军汽车电子已有 14 年的专业开发制造历史，率先在行业内通过德国 TUV 的 ISO9001 和汽车行业最严格的 TS16949 质量管理体系认证，并与多家欧美一流汽车公司保持合作关系，产品行销全球 74 个国家和地区。秉承铁将军汽车电子一贯的专业品质，红蝙蝠 GPS 导航雷达全面提升车载 GPS 导航系统的综合性能，完成多项实用功能的集成化设计，并通过专业、快速、准确及简易的使用方式，以及更加合理的产品性价比，实现铁将军对全球用户的承诺。

雷达给我们带来的是科技、安全、便捷的现代生活，同时也能体现现代生活的高品质要求，而对于雷达的选择，应当与个人的需求实现完全匹配，只有这样才是你最佳的选择。

【思考练习】

1. 试述倒车雷达的种类。
2. 试述倒车雷达安装方法。

任务 8　汽车导航仪的选用与加装

【任务导入】

2016 年 12 月 12 日，湖北黄冈的姜先生买了一辆丰田威驰，他想在改装店里给自己的爱车配上一个导航，对于导航我们应该如何选择呢？

【任务分析】

汽车导航仪即车载 GPS 导航系统,其内置的 GPS 天线会接收到来自环绕地球的 24 颗 GPS 卫星中的至少 3 颗所传递的数据信息,结合储存在车载导航仪内的电子地图,通过 GPS 卫星信号确定的位置坐标与此相匹配,进行确定汽车在电子地图中的准确位置,这就是平常所说的定位功能。在定位的基础上,可以通过多功能显视器,提供最佳行车路线,前方路况以及最近的加油站、饭店、旅馆等信息。假如不幸 GPS 信号中断,你因此而迷了路,也不用担心,GPS 已记录了你的行车路线,你还可以按原路返回。当然,这些功能都离不开已经事先编制好的使用地区的地图软件。

【知识要求】

1. 了解汽车汽车导航仪的作用。

2. 熟悉汽车汽车导航仪的种类及其选购。

【能力要求】

掌握安装汽车导航仪的流程。

【相关知识点】

一、汽车导航仪分类

1. 导航仪按规格分类

(1)一键通智能导航。一键通智能导航是指在车载 DVD 导航的基础上增加了一键通语音导航等功能。一键通导航就是运用语音通话代替了原车载 DVD 导航的手写功能,驾乘人员只需轻轻按下通话按钮,系统将自动为您连接到一键通后台监控服务中心,接下来将会有后台客服人员为您提供服务,是目前市面上最先进的一种汽车导航仪(图 6-31)。

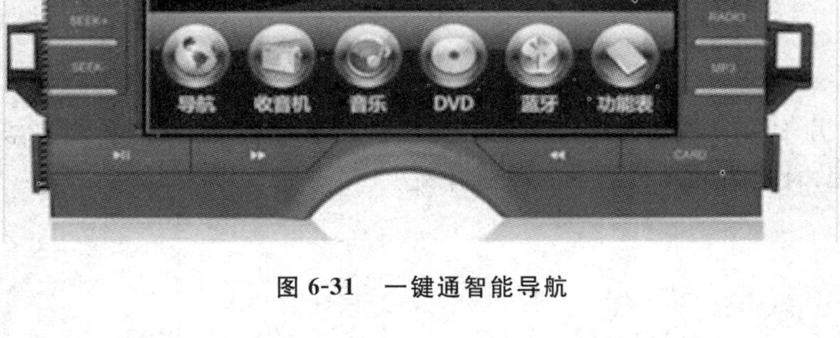

图 6-31 一键通智能导航

(2)车载 DVD 导航仪。安装在汽车中控台,一般是汽车出厂自带,不过由于价格问题,现在越来越多人选择自行购买安装此类导航仪。由于是内嵌式的,并且专车专用,所以对汽车内部装饰的一体性很好。缺点就是安装不方便,不具便携性以及价格偏高(图 6-32)。

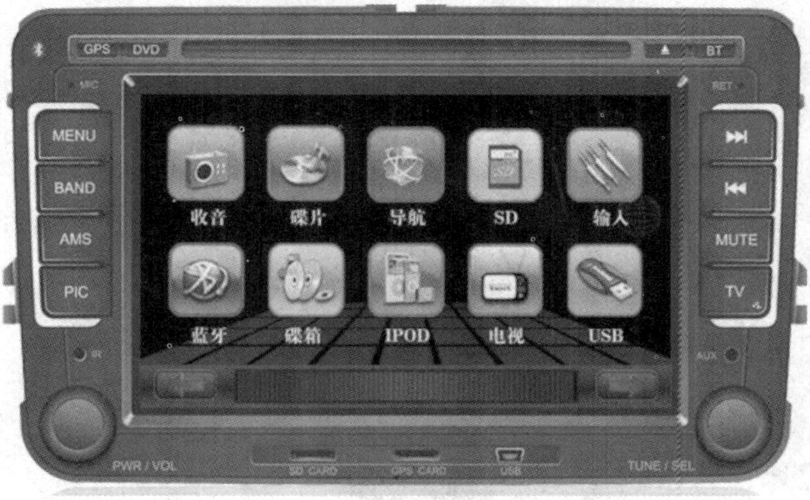

图 6-32　车载 DVD 导航仪

(3)便携式导航仪(PND)。外观和普通 MP4 完全没有区别。弥补了车载 DVD 导航仪的缺点,配置摆放灵活性大大提高,一般是靠一个支架吸盘吸附在前挡风玻璃上。地图升级,信息更新等十分方便。一般都有内置电池,不过因为 GPS 模块十分耗电,成本控制,加上也没有长时间电池续航的需要等因素,便携式导航仪一般都不具备很长时间的电池续航能力,一般在 2 h 以内,一般依靠汽车点烟器供电。国内常见品牌有纽曼、任我游、昂达、善领等,如图 6-33 所示。

图 6-33　便携式导航仪(PND)

(4)手持式导航。外观众多,类似仪器,对 GPS 定位精度要求较高,适用于相关专业领域以及GPS爱好者，价格在几千到几万不等，对平时行车需求的意义不大。车载DVD导航仪以及便携式导航仪已经足以满足我们的日常生活需求。常见品牌有任我游、佳明、麦哲伦。如图6-34所示。

图6-34 手持式导航

2. 按功能分类

这里所说的功能都是GPS导航仪的实用主体功能，像视频播放、电子书、MP3、游戏等附加功能均不算在此类中。

(1)只带地图导航功能。这也是最传统的GPS导航仪，只带地图导航功能。不过由于消费者日益增加的需求，只带地图导航功能的GPS导航仪也越来越少。

(2)地图导航+固定点预警。除了地图导航功能外，增加固定点预警功能。正好利用导航仪所带的GPS定位模块来实现固定点预警功能，通过集成相关跨平台整合软件，结合各个厂商的GPS固定点信息数据库，实现对固定点诸如照相测速点、学校、加油站等功能的预警功能，非常实用。

(3)地图导航+固定点预警+流动测速功能。这是"三合一GPS导航仪"的三种功能。在地图导航+固定点预警的基础上再增加一个流动测速功能。流动测速是相对于固定点测速的，顾名思义，流动测速设备都是可以"流动"的，例如，交警手中的雷达测速枪、测速车，可移动的雷达测速点等。对于固定测速，我们可以通过人工采集坐标的方式将固定点信息上传到各个厂商的数据库中，而流动测速显然无法通过此方法来实现。流动测速是通过集成雷达模块来对各种流动测速仪器发射的雷达波进行反侦测的。而导航仪显然没有集成雷达模块。所以我们需要通过另一种方式来为GPS增加流动测速功能，为导航仪配测速雷达。

(4)地图导航+固定点预警+流动测速功能+一键通呼叫服务。这是在原有功能的基础上，增加的一键通呼叫服务功能，是车载与互联网结合的产物，您只需按下"一件通话按钮"导航为您自动接到"凯伦圣客服中心"将有专业人员为您服务；您可以随时了解实时路况、生活资讯、酒店、机票、车票预定、道路救援、防盗定位等一系列服务。

二、汽车导航的选购

现在的汽车用品市场，鱼龙混杂，大家在购买的时候要睁大眼睛，谨慎挑选。汽车用品市场上现在拥有不下百种品牌的汽车导航产品（例如，卡仕达、欧华、路畅、飞歌、华阳这几款就是目前知名的汽车导航品牌）。这就需要您各方面的考虑和评估了，针对 GPS 汽车导航，购买适合自己的导航仪需要注意几点提示和建议。

1. 外观

外观其实不必太在意，只要能和汽车内饰搭配和谐就行了，目前的汽导航外观都很不错的。

2. 价格

其实，大家都比较关注价格问题。笔者认为，往往便宜的汽车导航产品都是一些国内的小品牌和杂品牌；产品质量很难有保证，售后那就更不要提了。而价格也不一定越高越好，也有一种情况是，新品牌的新产品价格往往不低，市场成熟度也不够。

3. 技术

国内的所有车载导航厂家，生产经营最长也就是 3～5 年的时间，在技术上也明显落后于国外品牌。

4. 功能

目前的汽车导航功能众多，包括了 MP3/MP4、FM、蓝牙、电视接收等。其实，真正需要汽车导航的人都知道，这些乱七八糟的功能都没有什么实用性。针对客户的不同，也就一两项功能可能会偶尔用到。

5. 地图

目前市场比较知名的车载导航用的地图有：四维图新、城际通、凯立德、道道通、高德等几款，都是经过测绘资质的地图厂家。孰好孰坏，因使用情况不同，习惯不同，对相应地图评价也不同。

总之，其实我们只要多多了解，询问相关销售人员，做到胸有成竹，就可以购买到放心、合适的产品，同时也不害怕被劣质汽车导航产品所欺骗了。

【任务实施】

一、汽车导航仪的安装

下面是完美安装车品逸这款福睿斯车型的车载导航的过程：

福睿斯导航安装操作说明
安装全程不破/接原车任何线路

1.用塑胶撬板工具沿中控面板上边左右两边卡扣位撬。

2.再用塑胶撬板工具沿中控边两边边角位金属卡扣位撬。

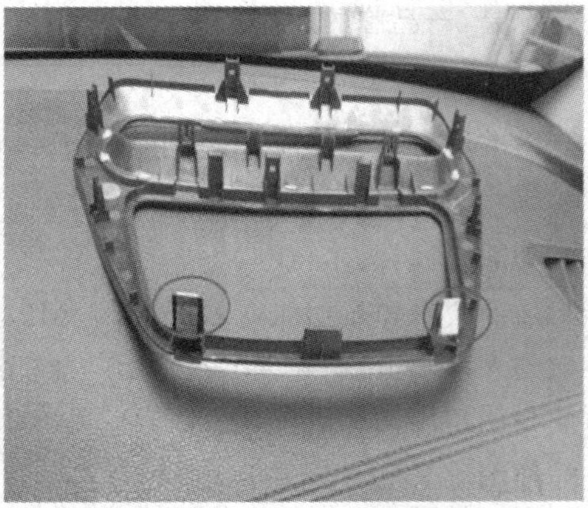

3.注意原车中控面板上的金属卡扣位置。

4.用7 mm的内六角的套筒拆掉固定CD的四颗螺丝，注意下面两个螺丝避免掉进中控。

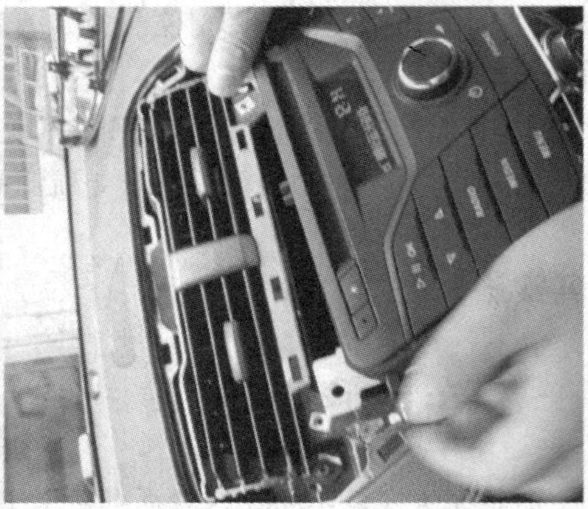

5.用手抽出原车CD主机，注意CD机下面有一个卡扣。

图 6-35　福睿斯车型的车载导航过程

6. 拆机时注意原车CD主机下面的塑胶卡扣。

7. 拔掉机尾接线。

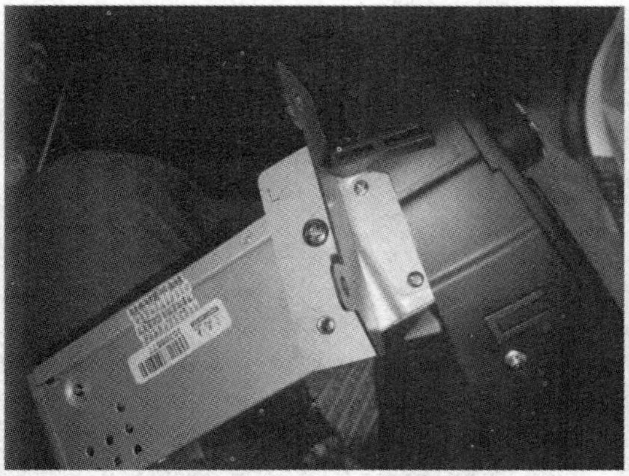

8. 将金属支架安装在导航主机上（7寸屏）。

9. 将金属支架安装在中控内（8寸屏）。

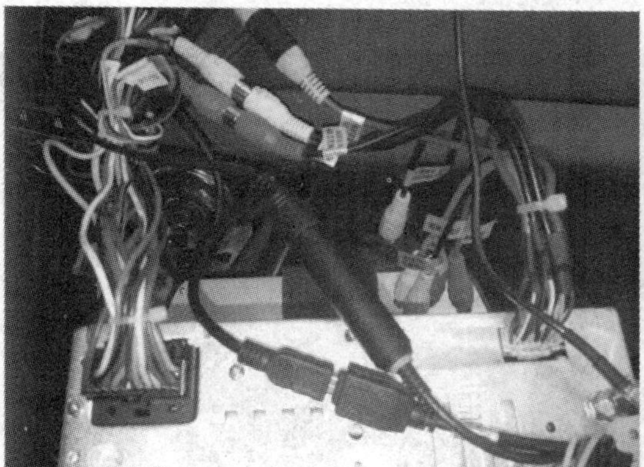

10. 对插导航机尾连接线插口。

11. 将OBO转接线由中控经方向盘底部与OBO接口对插。

图 6-35(续)

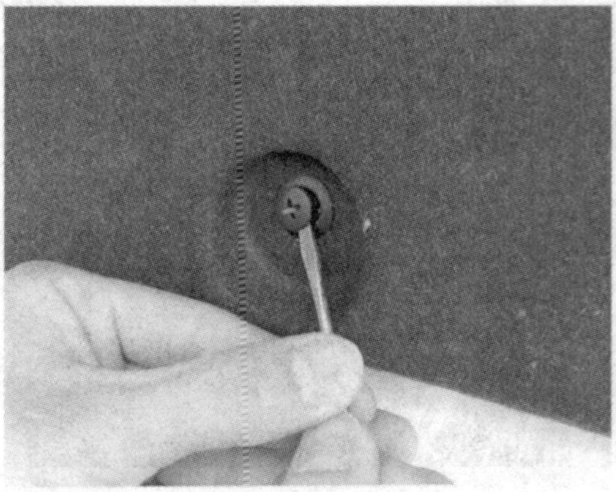

12. 用一字螺丝刀先挑起尾箱门内饰塑胶螺丝。

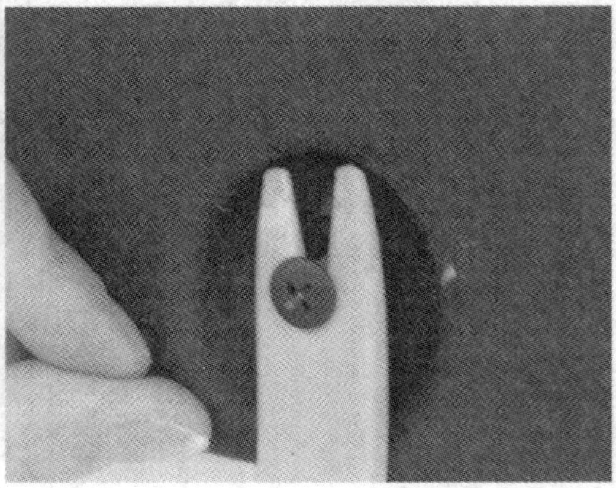

13. 再用塑胶叉板工具翘起塑胶螺丝。

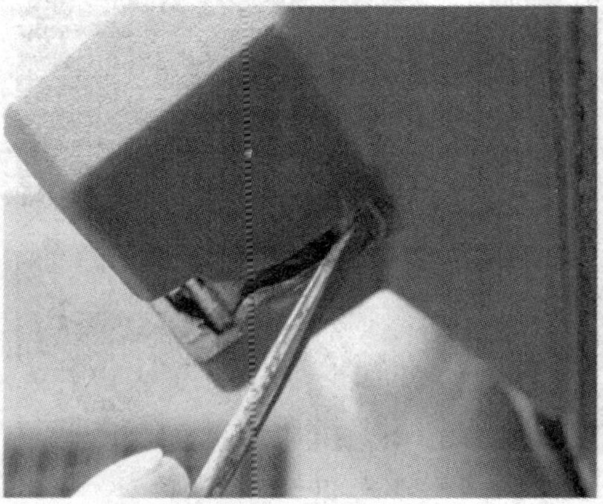

14. 用一字螺丝刀向外顶开塑胶卡位。

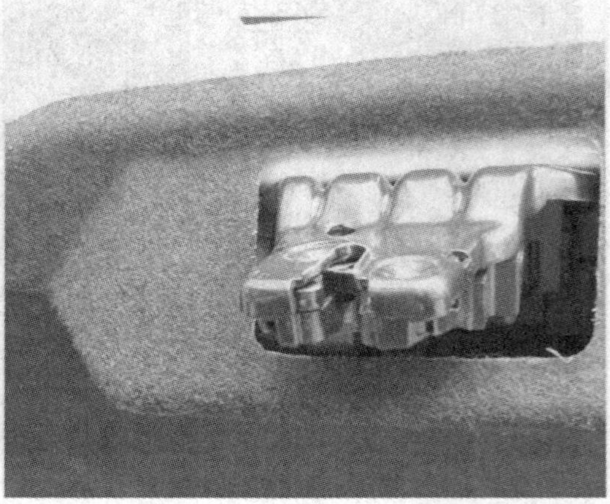

15. 取尾箱内饰板。

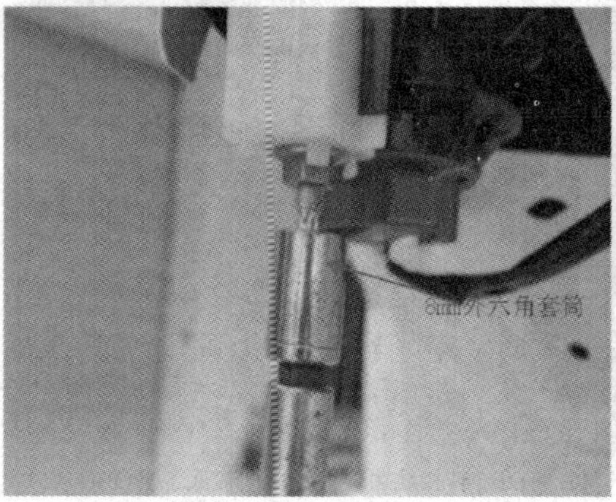

16. 用8 mm的内六角螺丝套筒拆掉左右两边尾灯4个螺丝。

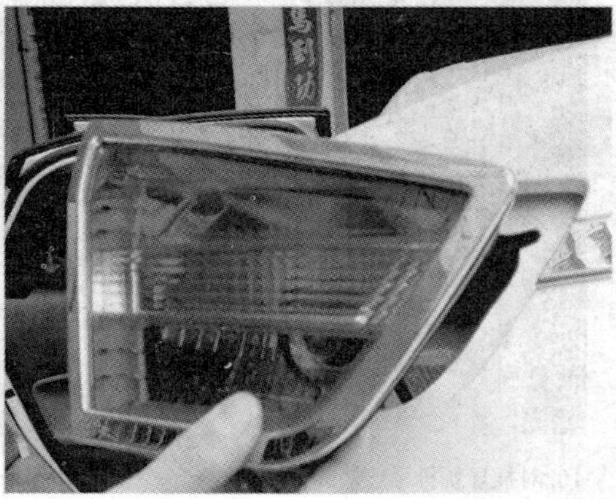

17. 取掉左右两边尾灯。

图 6-35(续)

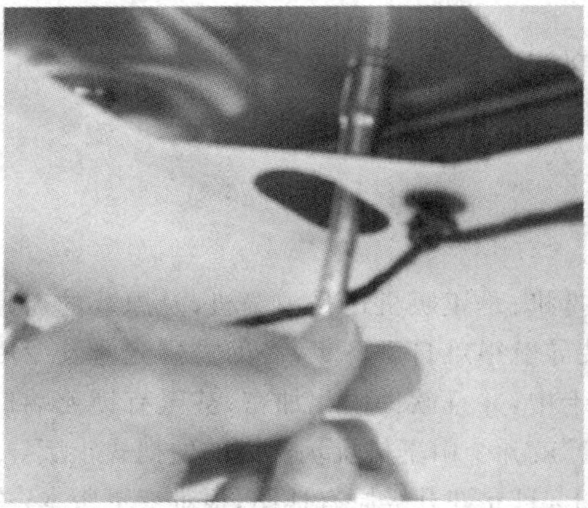

18. 用10 mm内六角螺丝套筒工具取掉一排6颗牌照灯横条的固定螺丝。

19. 用塑胶撬板工具撬横条。

20. 先撬起横条再向下拉开。

21. 取掉牌照灯的手扣，切记不接原车倒车灯线。

22. 将后视摄像头套在牌照灯罩上。

图 6-35(续)

【知识拓展】

导航升级的方法

一、动手之前

1. 了解导航仪

从宏观上直接能够辨别的，是车载机还是便携机；是正版机还是山寨机；是原装的还是加配的；是一体的还是分体的。一般来说，车载原装导航很难自己升级，有的需用光盘及专用输入仪器升级，有的导航软件是在内置硬盘或存储卡中，并且软件固化加密，甚至有锁死端口的暗箱程序，若是这样的导航，劝君罢手，喜欢“折腾”就弄个山寨机玩玩。有的便携式正版导航，设有内卡和外卡，把主要参数固定在加密的内卡上，只允许升级原有地图，很难变更版本，这一类便携导航也不在自行“折腾”之列。除此之外，其他种类的导航仪，你都可以对它“发号施令”了。当然由于导航仪自身的系统方案、架构的特殊性，像个别的老款天派、科骏达和飞利浦mips架构等导航仪，对地图非常挑剔；甚至有的索菱机子对大卡和小卡的要求也非常严格，只认apacer品牌的大小合卡；遇到这样的机子在“折腾”时会给你带来的不同程度的困难，下手前要有一定的思想准备。

2. 了解自己

自己是否有一点电脑方面的基础知识（因为导航仪本身就是一台小电脑——单板机），是否知道什么是路径、根目录、批处理文件、可执行文件等一些名词；是否具备下载并安装一些工具软件以及修改文件名、启动路径的基本能力。

搞清了上述两个方面，就可以决定是否“折腾”你的导航了，如果心里没底，激流勇退也不失为上策。

二、磨刀不误砍柴工

既然想继续“折腾”，就先了解一些升级导航的必备知识，有助于你查资料做对比，请教高手时能听明白对方的指导。

1. 圈内行话

升级导航，一般是对软件的升级（硬件升级比较简单，就是购买＋安装），而导航的软件主要包括两大部分：一部分是地图数据，另一部分是主程序。

“折腾”导航者通常采用如下术语：

①机油＝GY（GPS之友）＝升级导航者；

②兔子＝图资＝地图；

③种子＝主程序；

④O文件＝OEM＝破解文件；

⑤带壳O文件＝不能改动的破解文件；

⑥去壳O文件＝可以修改的破解文件；

⑦去瘢＝去除地图界面上的额外印记；

⑧漂＝图上显示位置与实际地理位置时符时不符的现象；

⑨搜星＝搜索到卫星信号；

⑩跳星＝定位显示很不连贯，图标有“蹦”或者“迟滞”的现象；

⑪杂交＝把不是同一个版本的主程序和地图结合在一起。

2. 专业名词的直白解释

①端口——接收卫星信号的通道，设置不对则不能搜星；

②速率（音译波特率）——类似频率，可影响信号传输的快慢；

③虚拟端口——导航仪的物理端口被占用后，要虚拟出端口给导航使用；

④2D——平面地图显示；

⑤3D——三维画面显示；

⑥模拟器——可以在电脑上模拟出一般导航仪的 WinCE 系统，从而在电脑上就可以运行导航地图等软件，不必在导航仪上试验，尤其方便车载导航的 GY 们。

⑦卡名——每台导航仪都为存储卡规定了卡名，与物理属性有关。

三、四两破千斤

要动真格的了，还是先提醒别忘了备份卡上的文件，最好是用另一张 SD 卡来做升级试验，即使不成功也不会影响正常使用。有的 SD 卡已被永久写保护处理了，只能用别的 SD 卡来做试验，有一些装道道通正版地图的 SD 卡就是这样的。

我们虽然是升级地图，但不要急于求成，而是先用端口速率检测软件来趟趟道，因为端口检测软件都很小（一般是 100 K 左右），往卡里拷方便，不占地方，并且能起到一举两得的作用：一是探个虚实，看看你的导航是否能接受这个外来的“不速之客”，所谓接受是指该软件能正常运行；二是检测一下导航仪的卡名、分辨率、端口、速率、系统以及 CPU 方案等指标，以便对症下药。下面就这两方面进行说明：

1. 如何运行端口检测软件

(1)第一类机子可通过导航仪的界面直接设置（一部分导航仪具有这种功能）启动路径，来启动端口检测软件，这种启动方式最简单，如金像王就是这样的。

(2)第二类机子可通过设置路径文件来修改可执行文件的名称，来设置启动路径，如有的可以直接打开 HBS. txt 文件进行修改。

(3)第三类机子是只有固定的启动路径，既不能通过界面来设置，也不能通过修改路径文件来设置，但在 SD 卡中能看到地图文件夹，这时把端口检测软件拷入原导航文件夹内，将端口检测软件的名称换成原导航的启动文件名称（事先将原导航的启动文件名称更名，以防重名），采用这种偷梁换柱的方式来达到启动端口检测软件的目的，如有的卡仕达机子导航目录名为 Mobilenavigator，启动文件名为 Mobilenavigator. exe，那么就将端口检测软件名改为 Mobilenavigator. exe 来冒充原导航的启动文件（可执行文件）。

2. 如何检测导航仪的端口速率

(1)用一个端口检测软件测试时，要多运行几次，相对稳定的状态下再读取数据。

(2)尽量多用几种端口检测软件来测试，至少用两种。这样得来的参数才比较准确。

端口检测软件运行后一般会自动生成参数文件，把检测的结果记录在案。

知道了导航仪的端口、速率和分辨率就可以有的放矢了，建议先下载个善领 DSA 电子狗来进一步投石问路，因为DSA是麻雀虽小(10 M左右)五脏俱全，并且具有较好的兼容性，可以用它来试验机子是否能正常搜星，将来继续留用也是不错的选择。

如果DSA运行正常，且能搜星，标志着升级的道路已经畅通。当然在折腾的过程中还会遇到意想不到的麻烦，本着先易后难，从简到繁的原则，先选择一些与卡名和目录无关，且端口速率易于修改的地图进行升级，像城际通、凯立德(高清的端口修改麻烦些)、道道通、灵图天行者等地图大部分都比较好折腾，而像新科高德、领路人等地图对卡名和目录都有严格的限制，有一定经验后再"折腾"这一类地图就易如反掌啦，到那时可以说是海阔凭鱼跃、天高任鸟飞啊，你就就随心所欲地尽情"折腾"吧！

五、凯立德地图升级

第一，先不要急着拔卡。进入导航界面，在查找哪里输入6个A自动出现版本信息，激活码，特征码(有的机器原机用的破解版可能没有激活码和特征码，这个不需要管它)把版本信息记下来就可以了。

第二，把原车卡插入电脑。这里要注意先不要动其他的，这一步是看他原来机器的端口和分辨率和卡名也就是文件名(也就是说看他原机导航路径是不是凯立德的文件名)。模拟屏的就看文件夹里面的NAVICONFIG. txt文件：

COMMPORT=端口

BAUDRATE=波特率

这两个地方要记住以后要用。

高清屏的就打开NaviResFile这个文件夹，然后在里面找到NaviConfig. dll这个也就是凯立德端口文件，在用凯立德字符串修改器打开，就可以看到地址栏的数值：3FO位置就是端口，490位置就是波特率，到此我们查看原机端口结束！

下面再看原机文件夹名字：

道道通的一般为：RTNavi；

凯立德的一般为：NaviOne。

文件夹看完了在需要看的就是原机有没有引导文件了。一般有shell. ini、Navi. ini。好帮手的一般高清的都是单图引导，所以就把地图文件夹以外的全部文件保留下来就可以了！然后格持化SD卡。

如果原机导航路径不可以设置，比如车视杰车机导航，是固体导航路径的。车世杰的机器用2521J08的零售版检测安装之后有部分机器装完之后没有声音或者收不到星，其原因是由于2521J08地图新增了一个DLL与程序名有关，因车世杰导航路径不是标准路径，因而需要人为更改文件名：

文件夹NaviOne修改为RtNavi

NaviOne. dll修改为RtNavi. dll

NaviOneSCH. dll修改为RtNaviSCH. dll

NaviOne. exe修改为RtNavi. exe

这样操作之后问题可以得到解决，运行凯立德。

第三，因为2521J08地图及2011年最新主程序与旧版大不相同。所以建议使用专版主程序搭配2521J08地图。反之会出现没有声音，漂移等诸多问题。

这里特别说明一下：旧版凯立德主程序和新地图是不可以杂交，会出现激活界面，进不去导航(除破解版)。

第四，怎么挑选适合自己的主程序？

现在就拿欧华的机器说一下失原机专用主程序：

C0987-C7302-2241J07

那么我们就需要找他对应的主程序号 0987 来升级，后面 7302 的数字代表更新版本号，数字越大代表主程序版本越高，现对两个主程序做对比：

以前是 C0987-C7302，现在是 C0987-C7502。这里就不难看出那个主程序是最新的了。

这里给大家说下怎么可以快速找到适合自己的主程序：进入 GPS 论坛找到"资源—搜索"。点击出现搜索界面，然后输入你要找到凯立德主程序名字就可以了。

凯立德版本代码标示：

(1)第一个字母，代表主程序应用的机型，可以是下面 3 种：

M：手机

P：PND，手持机

C：车载一体机

(2)第二个字母，代表主程序应用的 OEM 厂商快速写识别码或大产品类型，可以是：

C：C-Car 版通用识别码，代表 800 * 480 的 C-Car 版主程序

D：C 版通用识别码，代表 C 版主程序

F：奥可视识别码，一定是 C 版主程序

G：橡果国际识别码，一定是 C 版主程序

H：好帮用识别码，可能是 C 版主程序，也可能是 C-Car 版主程序

K：韩酷识别码，一定是 C 版主程序

N：纽曼识别码，可能是 C 版主程序，也可能是 C-Car 版主程序

R：昂达识别码，一定是 C 版主程序

W：京华识别码一定是 C 版主程 X：欣万和识别码一定是 C 版主程序

Y：神行者识别码一定是 C 版主程序

(3)第一串 4 个数字，代表机型编号凯立德的同系主程序在功能上是基本一致的，但同时为不同机型定制了适合这个机型的功能，只有使用这个机型才能通过机器上的真实按键使用，在升级主程序时，只要看这四位就知道是不是为同一机型定制的。

(4)第二串 4 个数字，代表版本可以分为三组：

第一个数字，代表主程序的颜色：

5：代表绿版，被 C 版采用

6：代表蓝版，被 C-Car 版采用

7：代表黑版，被 C-Car 版采用

第二个数字，代表主程序版本升级序号，越大，版本越新，功能越强。

最后两数字，内部流水号。

第五，主程序选择好后，我们开始选择地图。

大家应该都知道，一个完整的凯立德程序是由以下几个主要程序组成的：

启动程序(也就是第四部下载的)、地图文件、实景文件。

地图是有：

【地图】——(自行升级，必须同时更换)

NAVIBG. CLD——地图文件

NAVIMAP. CLD——地图文件

NAVIPIO. CLD——地图文件

NAVIRD. CLD——地图文件

NAVICMR. CLD—电子眼数据

KLD 3D 路口放大 NAVIIMG0xS 文件对应的分辨率如下：

NAVIIMG01S 对应 320X240，NAVIIMG03S 对应 480X234，NAVIIMG04S 对应 800X480，NAVIIMG04 对应 800X480 实景，NAVIIMG06S 对应 480X272，NAVIIMG07S 对应 400X234，NAVIIMG08S 对应 640X480，NAVIIMG10S 对应 400X240 等文件组成的！

这些也就是我们通常说的"兔子"。

第六，就是我们下载好的主程序和地图合并了。

先把我们的 SD 卡格式化，然后解压我们下载的主程序。

解压完一后可以看到一个一 NAVIONE 文件夹。打开之后可以看见：

AddrBook—你本人地址资料文件夹

Res——地图主}设置文件夹

Route——路径文件夹

Track——轨迹资料文件夹

Voice——预录语音文件夹

CNVFONT. BIN——凯立德常驻程序

AddrParams. cld——地址簿，初始若缺失会自动生成

HisTrackParams. cld——一初始若缺失会自动生

NaviParams. cld——初始若缺失会自动生成

RPParams. cld—初始若缺失会自动生成

Resource. dat——凯立德常驻程序

Resource. irf——凯立德常驻程序

VOICEWAVE. VPK——凯立德常驻程序

Loader. ini——文件路径及横竖屏设置

NAVICONFIG. txt——收星端口及波特率设置

config. exe——全屏起动

GPSLoader. exe——全屏起动含设置

NaviOne. exe——凯立德常驻程序

carelandnaviconfig. dll——凯立德常驻程序

CarelandNaviMain. dll——凯立德常驻程序

CarelandNaviRender. dll——凯立德常驻程序

CarelandNaviSymbol. dll——凯立德常驻程序

CareLandRWRS. dll——手写相关

NaviColor. dll——凯立德常驻程序

NaviOne. dll——凯立德常驻程序

Phrase2. dll——凯立德常驻程序

等文件，其他的不一一说明。

再返回上一步到 NAVIONE 文件夹下。

然后选择这个文件发送到我们的 SD 卡里面。

然后再解压我们下载的地图文件和上一步一样右键解压！我们可以看到有 11 文件(这里要注意不同时期的地图是不一样的)，全部复制粘贴到我们 SD 卡 NAVIONE 的根目录文件下，然后在这我们机器对应的实景文件和 W08 的 3D 文件。

【思考练习】

1. 试述汽车导航的选择。
2. 试述汽车导航的安装方法。

任务 9　汽车防盗器的选用与加装

【任务导入】

2016 年 12 月 12 日，湖北黄冈的姜先生买了一辆丰田威驰，他想在改装店里给自己的爱车配上汽车防盗器，那么防盗器作用和注意事项有哪些呢？

【任务分析】

汽车防盗器由于其独特的报警、阻吓作用及方便易用的特性，渐渐成为汽车的主要必备附加功能。车主们也通过加装各种型号的汽车防盗器来提升汽车的防盗功能。

【知识要求】

1. 了解汽车防盗器的作用。
2. 熟悉汽车防盗器的种类及其选购。

【能力要求】

掌握安装汽车防盗器的流程。

【相关知识点】

一、汽车防盗器的种类

1. 机械式防盗

早期的汽车防盗器材主要是机械式的防盗锁，它主要是靠锁定离合、制动、油门或转向盘、变速挡或者堵住汽车车锁孔来达到防盗的目的，但只防盗不报警。现有多种形式，如变速器档把锁、方向盘锁、制动踏板锁、离合踏板锁、汽车防盗磁片等。优点:价格便宜、安装简便、几百元甚至几十元就能搞定。缺点:体积较大、需随身携带钥匙、防盗不彻底、每次拆装比较麻烦、不用时还得找地方放置。机械锁发展至今经过了数次技术升级,已有了较可靠的方向盘锁和排挡锁等。有时车主会给车辆装上数种机械式的防盗器,据业内人士介绍,这样做可以在一定程度上阻吓盗车贼,增加盗贼实施盗窃的时间,增加盗车行为被发现的可能性。但是破解的手段众多,由于核心是一把锁,这就挡不住溜门撬锁之徒。更挡不住如液压剪之类的粗暴手段,钥匙的丢失也会造成很大麻烦。

2. 电子防盗

汽车市场上比较流行的防盗装置。启动防盗系统可将点火线圈或供油回路切断,只用在解锁钥匙的控制下才能正常解除防盗。这类方式品种繁多,国内外大部分汽车在出厂时就配置了钥匙芯片防盗系统。利用钥匙中的无线电发射芯片与本车的 ECU 通讯后才能启动汽车发动机。还有声光报警系统,汽车仪表盘上装有发光二极管,既可以让车主知道系统的工作状态,也可以对窥探车厢的偷车贼起到阻吓作用。当汽车由于外力发生震动,或车门、后备箱盖、前机舱盖被强行开启时,系统发出报警声,以阻吓盗车贼。更有双向报警系统,比单纯的闪光和声响报警系统多了一个能通知车主的功能,当汽车遭到外界侵扰时,在附近的车主能通过随身携带的液晶显示钥匙知道汽车的状态。

但是带来的麻烦是误报率较高,特别是大车经过、鞭炮响起、雷雨交加时,刺耳的报警声会影响居民的休息,引起民愤。而且警报声很容易被切掉,将车停在地下停车场或距离停车距离较远时,还接收不到反馈信号。已有法规禁止此类产品。据专家介绍,已经出现盗车团伙利用高科技的解码设备,不少电子锁能轻易被打开。

3. 生物识别防盗系统

利用人体特征作为唯一解锁的钥匙,锁止汽车发动机。具体产品有汽车指纹启动控制器和静脉扫描控制器。利用人体指纹所携带的大量信息,以及每个人的指纹的重合率几乎为零的特性,在该系统中事先存放车主指纹的信息,通过指纹的比对核实身份后才能启动汽车,即便盗车贼将汽车钥匙全部偷走也束手无策,安全性较高。

缺点:价格较高,而且启动汽车之前多一个比对指纹的动作,需要花 2 s。

4. 网络式防盗系统

主要依靠社会的公共网络监控车辆的行驶。

(1)GPS 卫星定位防盗系统。它通过 GPS 卫星定位系统,确定车辆的位置,再通过 GSM 网将位置和报警信息传送到报警中心。GPS 卫星定位汽车防盗系统属网络式防盗器,是一种主动监护式防盗器,它主要靠锁定点火或起动达到防盗的目的。GPS 应用于汽车防盗方面得益于卫星监控中心对车辆的 24 h 不间断、高精度的监控服务。GPS 防盗器不仅可以实时监测车辆位置,还可以通过车载移动电话查询车内实时图像、实时监听车内声音,还可以通过手机关闭油路、电路并锁死门窗,如果 GPS 防盗器被非法拆卸,还会发出报警信息,与此同时,还可以对汽车进行实时跟踪和定位,利用 GPS 定位功能,能迅速准确地找到被盗车辆的位置。

缺点:价格较高;需要经常支付服务费;系统运行的功率较大;隐私性会受到侵扰;车辆长期放置不使用会耗尽电平电量。车停在地下、树下、大厦旁、室内系统都不起作用。据齐齐网汽车用品专家介绍,盗贼的手段是使用手机信号干扰器,阻断车辆与报警中心的联系,使防盗系统失效。

(2)GSM、GPRS 移动防盗器。GSM 移动防盗器它依托 GSM 通讯网络,进行手机与汽车的智能联动防盗,具有防盗、监控、远程控制、远程报警、定位、反劫等多种功能,是维护社会治安、保护车主利益的有效手段。与同类产品相比,该系统还具有安装更隐蔽、技术更先进、性能更可靠等特性。具有不须建基站、报警不受距离限制的优点。

缺点:需要缴纳 GSM 号码的月租费,依赖 GSM 网的覆盖。盗贼的手段也是使用手机信号干扰器,阻断车辆与报警中心的联系,使防盗系统失效。

二、汽车防盗器的功能

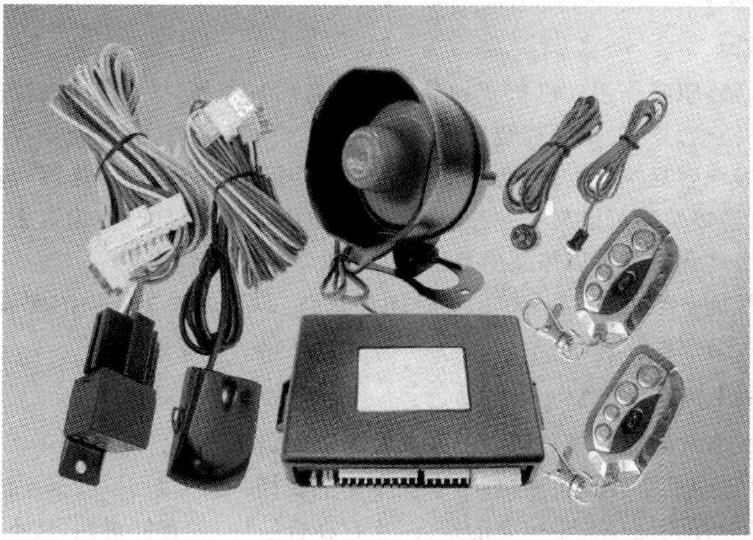

图 6-36　汽车防盗器

(1)服务功能。包括遥控开闭车门,遥控启动发动机,寻车等。

(2)警惕提示功能。提示你的车曾被人打开过车门,车门或者引擎盖没有关闭好。

(3)报警提示功能。

(4)防盗功能。即当防盗系统开启后,如果有人非法进入你的汽车想把车开走,系统就会自动切断发动机启动电路,点火电路,喷油电路等,防止车辆被盗。

三、汽车防盗器的选购

1. 考虑因素一

芯片式防盗系统:性能最好但费用偏高。这种芯片防盗器一般都是原厂生产,随车带过来的,它有两种基本类型,一是芯片数码式,一是有单独遥控器的。它的基本原理是锁住汽车启动控制系统或锁住汽车的马达、电路和油路,在没有芯片钥匙的情况下无法启动车辆,数字化的密码重码率极低,芯片和车钥匙要同时使用,缺一不可。它真正地起到了整车防盗的作用,安全性相当高,同一种车型,每一台车都单独有个匹配的密码,性能方面有很大保障。但有一个缺点就是,如果钥匙丢失了就比较麻烦,重新匹配可能要等上一段时间,因为要经过服务店直接向厂家联系,方可能重新配,而且费用也会比较高。专家提议,最好芯片和遥控的相配合使用,这样将使得汽车的防盗性能增高。

2. 考虑因素二

方向盘自锁式防盗:简便坚固。据专家介绍,这种方向盘自锁式防盗器的优点是,操作比较方便,也不影响车子本身的外观内饰,使用坏的可能性比较小,不会存在丢失的情况,防盗性能也较好,但对于那些偷车手法比较熟练的人来说,防盗性能就没有芯片防盗好,比较机械。

缺点:如果损坏了,维修起来比较麻烦,工作量较大,较耗时间,但费用方面不会很高,一般几百元就可以搞定。

3. 考虑因素三

机械式加装锁:阻吓作用。机械式加装锁一般有两种类型,分别是加装在方向盘上的T型锁和加装的排挡锁。一般车主都会选择使用这种。专家认为它的优点是:从车外面可以直接看到有锁,一般在容易被人发现的情况下,偷车贼不会大动干戈地去排除一辆车的加装锁,可见这种机械式防盗装置可以起到一种阻吓偷车贼的作用。而且即使钥匙丢了也比较方便,这种锁在100～200元之间可以重新更换。

缺点:防盗性能一般,没有原车带的锁性能那么高,而且这种加装锁的配置和原理都差不多,不分车型,偷车贼如果会开一个锁的话,那么全部的都会开了。

4. 考虑因素四

油电路暗锁:有针对性。这种防盗器主要是专业人员单方面针对某种车而设的防盗系统。它的原理是通过车内某个开关控制电路,改变原车的线档。优点是:可根据不同层次的人不同的消费需求把防盗开关设在车主想要的地方,不存在普遍性,较有针对性,且不容易被人发现,成本较小,也不存在丢失的问题。

缺点:对懂得这一品牌油电路原理的偷车贼来说,拆除会比较方便,当然,这涉及一个技术问题。专家提醒,车辆防盗,最好能做到多重保护。

5. 考虑因素五

GPS网络式防盗:名字响亮但不实用。GPS卫星定位汽车防盗系统属于网络式防盗器,它主要靠锁定点火或起动达到防盗目的,而同时还可通过GPS卫星定位系统,将报警信息和报警车辆所在位置无声地传送到报警中心。专家提醒,这种防盗技术名字叫起来很响亮,虽然有防盗的作用,但使用起来不是很实用,而且价格也昂贵,实际功用不大。往往在车辆出现危险的时候通过卫星定位发出警报,而国外在这项技术上已经相当发达,例如国外卫星定位精确到每1 mm,而国内的技术只能探测到100 m。这其中的差别就显而易见了。

6. 考虑因素六

其他普通加装防盗器:保障性较低。这类加装锁的原理是通过加装来控制原车的电路,包括门。但防盗性能较差,取消只需要几秒钟,而且存在普遍性,整体防盗功能失效容易。专家提醒各位车主,不要为了贪图方便,而弃车辆的安全于不顾。说是防盗器,实际上只起到遥控器的作用,虽然使用起来有点方便,但严格意义上说,容易误报失灵。

关于选择安装地点时的提醒：

一看其店铺是否具有经营、安装防盗器的资格，是否具有合法营业执照及公安机关的资格证书等。

二看其销售的防盗器是否注明产地，这是安装后能否得到售后服务和故障保修的基本保障。

三看其店铺是否持有防盗器生产厂家的授权书，这表明该店是否对此品牌的防盗器有比较全面的了解，并得到厂家的安装培训及认可。

四看防盗器安装完毕后，安装商是否提供加盖了该单位公章及电话号码的防盗器保修卡。

【任务实施】

汽车防盗器安装程序

1. 准备事项

(1)工具。剥线钳、测电笔(12～24V)、螺丝批(十字、一字)、绝缘胶布、工具刀、双面胶、扎带以及一些其他拆车工具(具体视车型而定)。

(2)安装电路图。仔细阅读安装电路图及安装补充说明，严格按照安装电路图进行操作，保证在安装完成后，车内系统主机、防盗主机、天线和咪头在车内的安装位置达到安装补充说明的要求。

2. 安装程序

(1)在安装前确认原车是否有中控锁。如有判断它是哪种触发形式。在安装防盗器的时候就可按照“安装电路图”中的“中控锁接线图”进行接线。

注意：若判断不定，则按照“中控锁接线图”中的正负触发进行连接，确保中控锁正常工作。

如没有则需加装中控锁。

(2)确定安装位置。拆下仪表台下端装饰板，确定车内系统主机、防盗主机、天线和咪头等部件的安装位置(一定要达到安装补充说明的距离要求)，注意防尘、防水，为分配接线打好基础。

(3)查线、接线、线路布置。查线：查出安装电路图中所需连接的线路。

分布线路：分布线路时导线应尽量隐蔽、美观，接点到主机之间的距离要预留稍长一些。

(4)接线。每测出一根线路，在确保无误的前提下连接一根，避免接错。

接线的要求：接头连接紧密，避免虚接，用绝缘胶布包好。此工序整个安装过程中最重要的一步。如果连线接错，轻则防盗器无法使用，重则烧毁车内的元器件.使车辆无法正常使用，甚至酿成火灾。

(5)查线方法。连接本防盗器需要查出车内的线路有如下几条：正电、ACC、锁头ON线、转向灯线、脚刹开关线、门边触点开关线、中控锁信号线。

正电：拔出钥匙，电笔一端搭铁，另一端在锁头引线上测试。电笔指示灯常亮的便是正电。

ACC线：将锁头钥匙打到ACC处，用电笔在锁头引线上测试，电笔指示灯亮，钥匙关掉后，指示灯灭，此根连线即为ACC线。

锁头ON线：将锁头钥匙打到ON处，用电笔在锁头引线上测试，电笔指示灯亮，然后起动发动机，会发现电笔指示灯，会明显的灭一下，然后又亮起来。将此跟线断掉，发动机熄火，此根连线即为ON线。

转向灯线：把钥匙打到 ON 档，打开某一转向灯开关。然后用电笔在转向灯开关下的线束上查找(有少量车型需在保险盒附近查找)，如果电笔指示灯随着转向灯开和关一亮一灭，此线即为转向灯线，同理查找另一根转向灯线。

脚刹开关线：此线一般在脚刹上方的触点开关处可查到。一根为常通的正电，另一根为在踩下脚刹后才有电到的线是脚刹开关线。

门边触点开关线：将驾驶位的门打开，其他门关闭。电笔夹子端接车内正电，另一端测试门边开关的线束。用手按住门边的触点，一开一关。随着门边触点的开关，电笔指示灯和车内的照明灯一亮一灭。此线即为门边触点线。

中控锁信号线：电笔一端接地，另一端测试线束中的线路(线束一般在驾驶位门边附近)，反复测试，四门的锁随着电笔指示等的亮和灭，一开一关。此线即为信号线。

(6)安装系统主机。在以上所有线路连接完成后，按照安装接线图最后确认，无误后，连接系统负电(搭铁线)，此线最好自己找一搭铁螺丝连接。所有线束包扎完毕，将系统主机和防盗主机连接，将准备好的电话卡插入系统主机的插槽，打开 SIM 卡内置的电源开关。

(7)测试。先利用手机或座机按照说明书的电话操作内容对系统主机的电话操作进行设置：设置报警电话、紧急报警电话。然后进行测试，将所有功能演示一遍，确认无误后。将所有系统部件固定在车内隐蔽处；还原所拆的汽车内饰件。最后再进行整机测试，无误后，完成安装过程。

3. 注意事项

(1)系统主机和防盗主机以及外挂天线、拾音器的距离一定要达到安装补充说明的要求，以避免误报的情况发生。

(2)安装完毕后，一定要在设置好报警电话、紧急报警电话后，再进行报警测试。否则会造成系统死机，无法进行正常的电话操作。

(3)在使用本防盗器之前，一定要请车主仔细阅读使用说明书，严格按照说明书的操作进行日常使用。

【知识拓展】

汽车防盗器十大品牌

排名前十位的品牌名单如下：

NO. 1 铁将军

广东铁将军防盗设备有限公司位于广东中山市，主要从事汽车防盗报警器、汽车倒车雷达、汽车音响、GPS 导航等汽车电子产品的研发、制造与销售，是一家现代化大型企业。

NO. 2 PLC

PLC 专业集团成立于 1985 年，总部座落于美丽的香江之滨——香港。集团成立后，在中国大陆富饶的珠三角中山市投资五千万兴办了汽车电子防盗、照明灯具、家庭电子防盗锁三个大型专业生产基地，是年生产总值超亿元的集团化企业。贝奥斯金属制品有限公司隶属集团企业之一，是一家集研发、制造、销售、服务为一体的专业汽车防盗报警系统的生产厂商。

NO. 3 雄兵

广州雄兵汽车电器有限公司是中国汽车电子安全及用品领域的先行者与佼佼者。雄兵公司主要生产汽车防盗报警器、倒车雷达、汽车中央控制门锁、大灯增光器、电子香薰器、GPS 及其零配件、执行器、闭锁器及相关整车配套产品等汽车电子产品。经过 15 年的累积，迅猛发展，雄兵公司现已成为中国最大的汽车防盗报警系统及中控电装产品专业生产厂商之一，并成为国内外十多家汽车制造厂长期指定的汽车安全产品配套制造商。

NO. 4 普达

深圳普达汽车电子有限公司虽然起步较晚，但凭着对于汽车实用性防盗的创新研发，从三年前的无名小卒一举跃居防盗品牌第四名。可以看出自主创新，重在研发的重要性。普达研发的汽车智能隐形防盗系统目前在业内已经远远超出它的俗称“普达暗锁”本身，市面上其他厂商仿照普达暗锁防盗方式生产的防盗器，汽车业界通常称为“普达锁”“三线锁”。现阶段普达是汽车隐形（暗式）防盗行业最大的生产厂家，销售量也远远超出其他品牌。

NO. 5 佐敦

广东中山市佐敦音响防盗设备有限公司专业制造的佐敦汽车、摩托车双向液晶显示防盗器、遥控自动升窗防盗器、欧美式原装别克、帕萨特款房灯延时全功能防盗器以及 GPS 全球卫星定位与 GSM 全球移动，网络防盗防抢劫系统是目前国内外比较先进的产品之一。

NO. 6 英智

英智汽车电子科技有限公司（中外合资）系全球最大的汽车配件供应商之一——巴西 EAE 汽车配件集团投资并指定生产基地。

英智公司通过 ISO9001 国际标准管理体系认证，通过严格的美国 FCC 产品质量认证。

英智公司座落于风景秀丽的中国海峡西岸经济区，国家级高新技术产业开发区——福州软件园 B 区英智科技园内，英智现拥有 1 万米^2 的生产基地，30 名专业技术员工，100 名专业人员，月生产能力达 10 万台。

NO. 7 天安

天安此防盗品牌较为特殊，其实“天安”防盗器是没有经过注册的。天安芯片防盗器是 2004 年汕头车友音响有限公司根据同类产品改进生产，后来由各技师推广而成的公众品牌。芯片防盗器质量稳定，业内连续多年采用。

NO. 8 小飞将

小飞将是今年才上榜的防盗器品牌，但在国外中东是家喻户晓的防盗器品牌。生产汽车防盗器在国内是第一批生产厂家，已经通过国外多种认证。

NO. 9 赢时通

成立于 2003 年，已经有 10 年历史，主要生产汽车防盗报警系统及升窗器。在北方市场有比较好的口碑，现在是部分汽车销售点的配套安装产品。

NO. 10 铁老大

铁老大汽车防盗品牌在我国南方一带比较有名气，销售量有猛增趋势。主要产品为普通防盗器及倒车雷达。

【思考练习】

1. 试述汽车防盗器的功能。

2. 试述汽车防盗器安装方法。

参考文献

[1] 冯培林.汽车美容[M].北京:化学工业出版社,2015.
[2] 朱晓红. 汽车美容与装饰[M].北京:中国劳动社会保障出版社,2010.
[3] 宋孟辉.汽车美容与装饰技能与实例[M].北京:化学工业出版社,2015.
[4] 安永东,张德生,刘发军.汽车改装技术与实例[M].北京:化学工业出版社,2013.
[5] 李朝东.汽车美容与装饰[M].北京:西南师范大学出版社,2017.
[6] 谭本忠. 汽车美容与装饰图解教程[M].北京:机械工业出版社,2016.
[7] 宋东方.汽车美容与装饰 500 问[M].北京:化学工业出版社,2015.
[8] 罗华.汽车美容与装饰[M].北京:机械工业出版社,2016.
[9] 佟欣,林雪峰.汽车美容与装饰一体化学生手册[M].北京:人民邮电出版社,2014.
[10] 周燕.汽车美容装饰与钣金修复[M].北京:机械工业出版社,2016.